Ring/Olsen-Ring
Internationales Privatrecht

Internationales Privatrecht

von

Dr. Gerhard Ring

o. Professor
an der TU Bergakademie Freiberg/Sachsen

und

Dr. Line Olsen-Ring, LL.M.

Honorarprofessorin für Skandinavisches Recht
an der Universität Leipzig

2. Auflage 2017

C.H.BECK

www.beck.de

ISBN 978 3 406 70648 6

© 2017 Verlag C. H. Beck oHG
Wilhelmstraße 9, 80801 München
Druck: Druckhaus Nomos
In den Lissen 12, 76547 Sinzheim

Satz: DTP-Vorlagen der Autoren

Gedruckt auf säurefreiem, alterungsbeständigem Papier
(hergestellt aus chlorfrei gebleichtem Zellstoff)

Vorwort

Dieser Grundriss zum deutschen Internationalen Privatrecht soll Studierenden und Referendaren, aber auch Rechtsanwälten und Richtern, die sich oft unter Zeitdruck in die nicht ganz leicht verständliche und einfach überschaubare Materie des Kollisionsrechts einarbeiten müssen, die Möglichkeit eröffnen, sich innerhalb kurzer Zeit einen Überblick zu verschaffen oder bereits vorhandenes Wissen zu wiederholen. Dargestellt werden die notwendigen Grundlagen für eine Behandlung grenzüberschreitender Rechtsfälle, wenn ein Lebenssachverhalt beim Aufeinandertreffen verschiedener Rechtsordnungen einer bestimmten Rechtsordnung zugeordnet werden muss. Im Zuge einer globalisierten Wirtschaft, aber auch einer verstärkten Mobilität der Individuen nimmt die praktische Bedeutung des Internationalen Privatrechts stetig zu. Welches Recht gelangt etwa auf einen in Deutschland zwischen einem Inder und einem Franzosen abgeschlossenen schuldrechtlichen Vertrag zur Anwendung? Nach welchem Recht sind die Scheidung eines Franzosen und einer US-Amerikanerin in Deutschland und die daraus resultierenden Scheidungsfolgen zu beurteilen?

Der Grundriss will verständlich und kompakt die wichtigsten Gebiete des Internationalen Privatrechts überblicksmäßig darstellen. Ausgehend von den allgemeinen Grundlagen des Internationalen Privatrechts erfolgen ein Überblick über das Personenrecht und das Recht der Rechtsgeschäfte, das Sachenrecht, das Familienrecht, das Erbrecht, das Arbeits- und das Gesellschaftsrecht. Der in der Erstauflage noch erfolgte Exkurs zum Internationalen Zivilprozessrecht ist zugunsten eines noch für 2017 in Vorbereitung befindlichen Grundrisses der Autoren zum IZVR entfallen.

Ein Prüfungsschema und Fälle aus der Rechtsprechung sowie weiterführende Literaturhinweise wollen dem Leser eine kurze und gezielte Information verschaffen, die sich auf das Wesentliche konzentriert.

Die Neuauflage berücksichtigt insbesondere die 2015 in Kraft getretene Rom IV-VO zum Internationalen Erbrecht und skizziert im Vorgriff die zum 29.1.2019 zur Geltung gelangenden europäischen Güterrechtsverordnungen (Rom IVa- und Rom IVb-VO).

Freiberg, im Januar 2017   *Prof. Dr. Line Olsen-Ring, LL.M.*
                                                         Prof. Dr. Gerhard Ring

Inhaltsverzeichnis

Abkürzungsverzeichnis

LPartG	Lebenspartnerschaftsgesetz
Ls.	Leitsatz
NJW	Neue Juristische Wochenschrift
NZG	Neue Zeitschrift für Gesellschaftsrecht
ÖJZ	Österreichische Juristenzeitschrift
OLG	Oberlandesgericht
PStG	Personenstandsgesetz
RabelsZ	Zeitschrift für ausländisches und internationales Privatrecht
RIW	Recht der Internationalen Wirtschaft
RL	Richtlinie
S.	Seite, Satz
StAZ	Das Standesamt
UAbs.	Unterabsatz
WM	Wertpapiermitteilungen
ZEuP	Zeitschrift für Europäisches Privatrecht
ZGB	Zivilgesetzbuch
ZIP	Zeitschrift für Wirtschaftsrecht

Literaturverzeichnis

Textausgabe:
Jayme/Hausmann, Internationales Privat- und Verfahrensrecht, 17. Aufl. 2014

Lehrbücher:
Junker, Internationales Privatrecht, 1998
Kegel/Schurig, Internationales Privatrecht, 9. Aufl. 2004
Koch/Magnus/Winkler von Mohrenfels, IPR und Rechtsvergleichung, 4. Aufl.
    2010
Kropholler, Internationales Privatrecht, 6. Aufl. 2006
Rauscher, Internationales Privatrecht, 4. Aufl. 2012
Siehr, Internationales Privatrecht, 2001
v. Hoffmann/Thorn, Internationales Privatrecht, 9. Aufl. 2007
v. Bar/Mankowski, Internationales Privatrecht, Band 1: Allgemeine Lehren,
    2. Aufl. 2003
v. Bar, Internationales Privatrecht, Band 2: Besonderer Teil, 2. Aufl. 2016

Fallbearbeitung:
Coester-Waltjen/Mäsch, Übungen in Internationalem Privatrecht und Rechtsver-
    gleichung, 4. Aufl. 2012
Fuchs/Hau/Thorn, Fälle zum Internationalen Privatrecht, 4. Aufl. 2012
Hay/Rösler, Internationales Privat- und Zivilverfahrensrecht – Prüfe dein Wis-
    sen, 5. Aufl. 2016
Malkus/Pierenkemper/Schulz, Standardfälle IPR, 4. Aufl. 2015
Rauscher, Klausurenkurs im Internationalen Privatrecht, 3. Aufl. 2013

Aufsätze:
Andrae, Zum Verhältnis der Haager Unterhaltskonvention 2007 und des Haager
    Protokollls zur geplanten EU-Unterhaltsverordnung, FPR 2008, 196
Baetge, Anknüpfung der Rechtsfolgen bei fehlender Geschäftsfähigkeit, IPRax
    1996, 185
Baetge, Grundfälle zum Internationalen Privatrecht, JuS 1996, 600, 802, 983
    und JuS 1997, 35
Berger, Die Rom I-VO – was im Vergleich zum EVÜ anders wird, AnwBl 2009,
    113
Busch, Adoptionswirkungsgesetz und Haager Adoptionsübereinkommen – von der
    Nachadoption zur Anerkennung und Wirkungsfeststellung, IPRax 2003, 13
Dann, Grundzüge des UN-Kaufrechts, JuS 1997, 811 und 998
Eidenmüller/Jansen/Kieninger/Zimmermann, Der Entwurf für eine Verordnung
    über ein gemeinsames Europäisches Kaufrecht, JZ 2012, 269
Einsele, Die Forderungsabtretung nach der Rom I-Verordnung, RabelsZ 74
    (2010), 91

Geimer, Salut für die Verordnung (EG) Nr. 44/2001 (Brüssel I-VO). Einige Betrachtungen zur „Vergemeinschaftung" des EuGVÜ, IPRax 2002, 69

Graziano, Das auf außervertragliche Schuldverhältnisse anzuwendende Recht nach Inkrafttreten der Rom II-Verordnung, RabelsZ 73 (2009), 1

Grohmann/Gruschinske, Beschränkungen des Wegzugs von Gesellschaften innerhalb der EU – die Rechtssache Cartesio, EuZW 2008, 463

Gruber, Scheidung auf Europäisch – die Rom III-Verordnung, IPRax 2012, 381

Gsell, Autonom bestimmter Gerichtsstand am Erfüllungsort nach der Brüssel I-Verordnung, IPRax 2002, 484

v. Halen, Das Internationale Gesellschaftsrecht nach dem Überseering-Urteil des EuGH, WM 2003, 571

v. Hein, Europäisches Internationales Deliktsrecht nach der Rom II-Verordnung, ZEuP 2009, 6

Hellgardt/Illmer, Wiederauferstehung der Sitztheorie?, NZG 2009, 94

Helms, Reform des internationalen Scheidungsrechts durch die Rom III-VO, FamRZ 2011, 1765

Henrich, Die Rechtswahl im internationalen Namensrecht und ihre Folgen, StAZ 1996, 129

Henrich, Kindschaftsrechtsreformgesetz und IPR, FamRZ 1998, 1401

Henrich, Die Angleichung im internationalen Namensrecht – Namensführung nach Statutenwechsel, StAZ 2007, 197

Hepting, Was sind abgeschlossene Vorgänge im Sinne des Art. 220 Abs. 1 EGBGB?, StAZ 1987, 188

Herbert, Fallbearbeitung und Qualifikationsprobleme im Internationalen Privatrecht, JuS 2000, 254

Honsell (Hrsg.), Kommentar zum UN-Kaufrecht, 2. Aufl. 2010

Janzen, Die neuen Haager Übereinkünfte zum Unterhaltsrecht und die Arbeiten an einer EG-Unterhaltsverordnung, FPR 2008, 218

Junker, Vom Brüsseler Übereinkommen zur Brüsseler Verordnung – Wandlungen des Internationalen Zivilprozessrechts, RIW 2002, 569

Junker, Die Rom II-Verordnung: Neues Internationales Deliktsrecht auf europäischer Grundlage, NJW 2007, 3675

Kieninger, Sitztheorie bei Sitzverlegung schweizerischer AG – Trabrennbahn, NJW 2009, 292

Kindler, Internationales Gesellschaftsrecht 2009: MoMiG, Trabrennbahn, Cartesio und die Folgen, IPRax 2009, 189

Kunz, Die neue Europäische Erbrechtsverordnung – ein Überblick (Teil I), GPR 2012, 208

Lehmann/Duczek, Grundfälle zur Rom II-VO, JuS 2012, 681und 788

Leible, Vertretung ohne Vertretungsmacht, Genehmigung und Anscheinsvollmacht im IPR, IPRax 1998, 257

Leible/Lehmann, Die neue EG-Verordnung über das auf außervertragliche Schuldverhältnosse anwendbare Recht („Rom II"), RIW 2007, 721

Lieder/Kliebisch, Nichts Neues im Internationalen Gesellschaftsrecht: Anwendbarkeit der Sitztheorie auf Gesellschaften aus Drittstaaten?, BB 2009, 338

Looschelders, Das allgemeine Vertragsrecht des Common European Sales Law, AcP 212 (2012), 581

Magnus, Die Rom I-Verordnung, IPRax 2010, 27

Mansel, Der Verordnungsvorschlag für ein gemeinsames Europäisches Kaufrecht, WM 2012, 1253 und 1309

Martiny, Neuanfang im Europäischen Internationalen Vertragsrecht mit der Rom I-Verordnung, ZEuP 2010, 747

Pfeiffer, Neues Internationales Privatrecht – zur Rom I-VO, EuZW 2008, 622

Pfeiffer, Der Stand des Internationalen Sachenrechts nach seiner Kodifikation, IPRax 2000, 270

Piltz, UN-Kaufrecht, 3. Aufl. 2001

Piltz, Vom EuGVÜ zur Brüssel I-Verordnung, NJW 2002, 789

Piltz, Neue Entwicklungen im UN-Kaufrecht, NJW 2009, 2258

Rieck, Kindesentführung und die Konkurrenz zwischen dem HKÜ und der EheEuGVVO (Brüssel IIa), NJW 2008, 182

Ring, Gesetzesvorschlag zum Internationalen Gesellschaftsrecht, IWB 2008, 821

Ring, Die Rom I-VO über das auf vertragliche Schuldverhältnisse anzuwendende Recht, IWB 2008, 1103

Ring, Die Rom II-VO über das auf außervertragliche Schuldverhältnisse anzuwendende Recht, IWB 2008, 1159

Ring, in: Grziwotz/Ring, Systematischer Praxiskommentar GmbH-Recht, 2. Aufl. 2013

Ring, Materiell-rechtliche Berücksichtigung des Auslandsbezugs bei Geltendmachung von Kindesunterhalt, FPR 2013, 13

Ring, Ehevertrag mit Auslandsbezug, in: Süß/Ring (Hrsg.), Eherecht in Europa, 3. Aufl. 2017, § 4

Ring/Olsen-Ring, Quellen des Europäischen und Internationalen Familienrechts, in: Süß/Ring (Hrsg.), Eherecht in Europa, 3. Aufl. 2017, § 1 (zit.: *Ring/Olsen-Ring*)

Ring/Olsen-Ring, Internationales Zivilverfahrensrecht (in Vorbereitung für 2017) (zit.: *Ring/Olsen-Ring*, IZVR)

Rudolf, Europäisches Kollisionsrecht für vertragliche Schuldverhältnisse – Rom I-VO, ÖJZ 2011, 149

Schäfer, Das Vertretungsstatut im deutschen IPR – einige neuere Ansätze in kritischer Würdigung, RIW 1996, 189

Schlechtriem, Internationales UN-Kaufrecht, 4. Aufl. 2007

Schlechtriem/Schwenzer, Kommentar zum Einheitlichen UN-Kaufrecht (CISG), 5. Aufl. 2008

Schulz, Inkrafttreten des Haager Kinderschutzübereinkommens v. 19.10.1996 für Deutschland am 1.1.2011, FamRZ 2011, 156

Schulze, Die EU-Verordnungen unter dem Arbeitstitel „Rom" – Das europäische Kollisionsrecht in weltbürgerlicher Absicht, Ad Legendum 2015, 184

Staudenmayer, Vorschlag für eine Verordnung des Europäischen Parlaments und des Rates über ein Gemeinsames Europäisches Kaufrecht, 2012

Staudinger/Steinrötter, Europäisches Internationales Privatrecht: Die Rom-Verordnungen, JA 2011, 241

Stoll, Zur gesetzlichen Regelung des internationalen Sachenrechts in Art. 43–46 EGBGB, IPRax 2000, 259

Wagner, Vom Brüsseler Übereinkommen über die Brüssel I-Verordnung zum Europäischen Vollstreckungstitel, IPRax 2002, 75

Wagner, Internationale und örtliche Zuständigkeit in Verbrauchersachen im Rahmen des Brüsseler Übereinkommens und der Brüssel I-Verordnung, WM 2003, 116

Wagner, Die neue Rom II-VO, IPrax 2008, 1

v. Westphalen, Das optionale Europäische Kaufrecht – eine Chance für Verbraucher und Unternehmer?, ZIP 2011, 1985

Wegmann, Rechtswahlmöglichkeiten im internationalen Familienrecht, NJW 1987, 1740

Weitzel, Das Haager Adoptionsübereinkommen vom 29.5.1993, NJW 2008, 186

Weller/Hategan, Internationales Privatrecht – Ein Examens-Crashkurs, JuS 2016, 969 und 1063

Zellweger, Die Form der schuldrechtlichen Verträge im internationalen Privatrecht, 1990

Zimmer/Naendrup, Das Cartesio-Urteil des EuGH: Rück- oder Fortschritt für das internationale Gesellschaftsrecht?, NJW 2009, 545

Kapitel 1. Allgemeine Grundlagen des Internationalen Privatrechts

Literatur: v. *Bar/Mankowski*, IPR I, §§ 1 bis 5; v. *Hoffmann/Thorn*, IPR, § 1; *Kegel/Schurig*, IPR, § 1; *Rauscher*, IPR, § 1.

Das **deutsche Internationale Privatrecht** (IPR) bestimmt, welches **1** in- oder ausländische Recht auf einen konkreten privatrechtlichen Lebenssachverhalt (über den ein deutsches Gericht zu befinden hat) zur Anwendung gelangt, wenn dieser einen **Auslandsbezug** aufweist.

Der Begriff Internationales Privatrecht ist insoweit irreführend, als **2** es sich oftmals um nationales deutsches Recht handelt. Wenn in einem Rechtsstreit ein Auslandsbezug besteht, nimmt das deutsche Gericht eine Prüfung des IPR **von Amts wegen** vor: Kommt bei der Beurteilung eines Sachverhalts die Anwendung ausländischen Rechts in Betracht, ist das deutsche IPR von Amts wegen anzuwenden (BGH NJW 1993, 2305 – Ls. 1). Als Teil des Kollisionsrechts trifft das IPR hingegen keine materiell-rechtliche Entscheidung in der Sache selbst. Das IPR ordnet somit allein einen Lebenssachverhalt beim Aufeinandertreffen verschiedener Rechtsordnungen einer bestimmten Rechtsordnung zu. Teilaspekte eines Lebenssachverhalts können dabei ggf. jeweils unterschiedlichen Rechtsordnungen zuzuordnen sein.

Während das **deutsche Internationale Zivilverfahrensrecht** **3** (IZVR, dazu *Ring/Olsen-Ring*, IZVR, 2017) die Frage entscheidet, ob ein deutsches Gericht zur Entscheidung über einen Lebenssachverhalt mit Auslandsbezug überhaupt international zuständig ist, bestimmt das IPR im Falle einer angenommenen Zuständigkeit, welches materielle Recht anwendbar ist.

A. Bestimmung des anwendbaren Rechts im Falle eines Auslandsbezugs

Nach Art. 3 EGBGB a.E. bestimmt sich das anwendbare Recht bei **4** Sachverhalten mit einer Verbindung zu einem ausländischen Staat (d.h. im Falle eines **Auslandsbezugs**) nach den Vorschriften des zweiten Kapitels (Art. 3 bis 46c) EGBGB. Etwas anderes gilt dann (vgl. die Formulierung „soweit nicht")
– unmittelbar anwendbare Regelungen der EG in ihrer jeweils geltenden Fassung (Nr. 1 – **Europäisches Kollisionsrecht**) oder

— völkerrechtliche Vereinbarungen, soweit sie unmittelbar anwendbares innerstaatliches Recht geworden sind (Nr. 2 – **Staatsverträge**), maßgeblich sind.

5   Europarechtliche Kollisionsregeln i.S. von Art. 3 Nr. 1 EGBGB sind bspw. die

— Verordnung (EG) Nr. 593/2008 des Europäischen Parlaments und des Rates vom 17.6.2008 über das auf vertragliche Schuldverhältnisse anzuwendende Recht (**Rom I-VO** – in Kraft seit dem 17.12.2009);

— Verordnung (EG) Nr. 864/2007 des Europäischen Parlaments und des Rates vom 11.7.2007 über das auf außervertragliche Schuldverhältnisse anzuwendende Recht (**Rom II-VO** – in Kraft seit dem 11.1.2009);

— Verordnung (EU) Nr. 1259/2010 des Rates vom 20.12.2010 zur Durchführung einer Verstärkten Zusammenarbeit im Bereich des auf die Ehescheidung und Trennung ohne Auflösung des Ehebandes anzuwendenden Rechts (**Rom III-VO** – in Kraft seit dem 21.6.2012);

— (ab 2019 die Verordnungen (EU) 2016/1103 des Rates vom 24.6.2016 zur Durchführung einer Verstärkten Zusammenarbeit im Bereich der Zuständigkeit, des anzuwendenden Rechts und der Anerkennung und Vollstreckung von Entscheidungen in Fragen des ehelichen Güterstands [**EuGüterrechtsVO** bzw. **Rom IVa-VO**] und 2016/1104 des Rates zur Durchführung einer Verstärkten Zusammenarbeit im Bereich der Zuständigkeit, des anzuwendenden Rechts und der Anerkennung und Vollstreckung von Entscheidungen in Fragen güterrechtlicher Wirkungen eingetragener Partnerschaften [**EuPartnerVO** bzw. **Rom IVb-VO**]);

— Verordnung (EU) Nr. 650/2012 des Europäischen Parlaments und des Rates über die Zuständigkeit, das anzuwendende Recht, die Anerkennung und die Vollstreckung von Entscheidungen und öffentlichen Urkunden in Erbsachen sowie zur Einführung eines Europäischen Nachlasszeugnisses vom 4.7.2012 (**Rom IV-VO** oder **EU-Erbrechtsverordnung [EuErbRVO]**) – in Kraft seit dem 17.8.2015;

— Verordnung (EG) Nr. 4/2009 des Rates über die Zuständigkeit und das anwendbare Recht, die Anerkennung und Vollstreckung von Entscheidungen und die Zusammenarbeit in Unterhaltssachen vom 18.12.2008 (**UnterhaltsVO** bzw. **Rom VI-VO**) – in Kraft seit dem 18.6.2011;

— Verordnung (EU) Nr. 1215/2012 des Europäischen Parlaments und des Rates vom 12.12.2012 über die gerichtliche Zuständigkeit und die Anerkennung und Vollstreckung von Entscheidungen in Zivil- und Handelssachen (**Brüssel Ia-VO, EuGVVO** bzw. **EuGVO** – in Kraft seit dem 10.1.2015 als Neufassung der Verordnung Nr. 44/2001 des Rates vom 22.12.2000 (**Brüssel I-VO** – die am 1.3.2002 in Kraft getreten war); bzw. die

– Verordnung (EG) Nr. 2201/2003 des Rates vom 27.11.2003 über die Zuständigkeit und die Anerkennung und Vollstreckung von Entscheidungen in Ehesachen und in Verfahren betreffend die elterliche Verantwortung und zur Aufhebung der Verordnung (EG) Nr. 1347/2000 des Rates vom 29.5.2000 (alte **Brüssel II-VO**) über die Zuständigkeit und die Anerkennung und Vollstreckung von Entscheidungen in Ehesachen und in Verfahren betreffend die elterliche Verantwortung für die gemeinsamen Kinder der Ehegatten (**Brüssel IIa-VO** oder **EheVO**).

Beachte: Die Kommission hat am 30.6.2016 den Vorschlag einer Verordnung über die Zuständigkeit, die Anerkennung und Vollstreckung von Entscheidungen in Ehesachen und in Verfahren betreffend die elterliche Verantwortung und über internationale Kindesentführungen veröffentlicht, die die Brüssel IIa-VO ersetzen soll.

Hinweis: Die Bezeichnung als „**Rom-VO**" weist fast ausschließlich **6** auf kollisionrechtliche Verordnungen hin, wohingegen die Bezeichnung „**Brüssel-VO**" für Verordnungen, die Verfahrensfragen regeln, verwendet wird. Dabei ist jedoch Vorsicht geboten, da der europäische Verordnungsgeber diese Differenzierung nicht mehr trennscharf durchhält und auch hybride Rechtsakte geschaffen hat (wie bspw. die Rom IV-VO).

Zudem wird das deutsche IPR auch **spezialgesetzliche Regelungen** und durch **Gewohnheits- und Richterricht** geprägt.

Prüfungsschema: **7**

I.   **Lebenssachverhalt mit Auslandsbezug** (Art. 3 a.E. EGBGB – „Soweit nicht ... bestimmt sich das anzuwendende Recht bei Sachverhalten mit einer Verbindung zu einem ausländischen Staat nach den Vorschriften dieses Kapitels (Internationales Privatrecht)"

II. Priorität vorrangigen vereinheitlichten Sachrechts (d.h. ggf. Anwendung **materiellen Einheitsrechts** [mithin des Sachrechts] – bspw. des CISG)

III. Welche Kollisionsnormen sind für welche Sachfrage maßgeblich?

   1. Vorrang **europarechtlicher Kollisionsnormen** (Art. 3 Nr. 1 EGBGB – bspw. Rom I-VO oder Rom II-VO)

2. Vorrang von **Kollisionsnormen in völkerrechtlichen Vereinbarungen**, die innerstaatlich unmittelbar anwendbar sind (Art. 3 Nr. 2 EGBGB – **staatsvertragliche Regelungen**)

3. **Kollisionsnormen des autonomen Rechts** (vor allem Normen des EGBGB) – normiert oder nicht normiert

IV. **Anwendung der Kollisionsnorm** – Subsumtion der Kollisionsnorm unter den Lebenssachverhalt (sog. **Qualifikationsfrage** – Anknüpfungsgegenstand der Kollisionsnorm)

V. **Rechtsfolge:**

1. Verweisung:

   a) **Verweisung auf deutsches Recht?** – wenn (+):

      Anwendung deutschen materiellen Rechts

   b) **Verweisung auf ausländisches Recht?** – wenn (+):

      grundsätzlich: Gesamtverweisung (Art. 4 Abs. 1 S. 1 EGBGB) – wenn auf das Recht eines ausländischen Staates verwiesen wird, so ist auch dessen IPR anzuwenden, sofern dies nicht dem Sinn der Verweisung widerspricht. Was ist das Verweisungsziel?

      aa) Verweisung im ausländischen IPR auf das eigene Recht

      bb) Rückverweisung auf das deutsche Recht (Art. 4 Abs. 1 S. 2 EGBGB) – verweist das Recht des anderen Staates auf deutsches Recht zurück, so sind die deutschen Sachvorschiften anzuwenden (*renvoi*)

      cc) Verweisung auf das Recht eines dritten Staates (ggf. aber Abbruch dieser und weiterer Verweisungen)

      nur ausnahmsweise: bloße **Sachnormverweisung** (Art. 3a Abs. 1 EGBGB) – Verweisungen auf Sachvorschriften beziehen sich auf die Rechtsnormen der maßgebenden Rechtsordnung unter Ausschluss derjenigen des IPR

   c) Verweisung auf das **Recht eines Mehrrechtsstaates** (Art. 4 Abs. 3 EGBGB):

      aa) Wird auf das Recht eines Staates mit mehreren Teilrechtsordnungen verwiesen, ohne die maßgebende

Rechtsordnung zu bezeichnen, so bestimmt das Recht dieses Staates, welche Teilrechtsordnung anzuwenden ist

bb) Fehlt eine solche Regelung (= Fehlen eines interlokalen bzw. interpersonalen Rechts), so ist die Teilrechtsordnung anzuwewnden, mit welcher der Sachverhalt am engsten verbunden ist (**engste Verbindung**)

d) **Beachte: Im Internationalen Familienrecht** kann ggf. ein **Vorrang des Einzelstatuts vor dem Gesamtstatut** bestehen (Art. 3a Abs. 3 EGBGB) – soweit Verweisungen im Familienrecht das Vermögen einer Person dem Recht eines Staates unterstellen, beziehen sie sich nicht auf Gegenstände, die sich nicht in diesem Staat befinden und nach dem Recht des Staates, in dem sie sich befinden, besonderen Vorschriften unterliegen (**lex rei sitae**)

2. **Anwendung des materiellen Rechts**, auf das verwiesen wurde:

a) Welche Normen sind überhaupt anwendbar?

b) Wenn die Normen nicht ermittelbar sind: Welches Ersatzrecht gelangt zur Anwendung?

c) Ggf. Korrektur des zur Anwendung gelangenden Rechts:

aa) Verstoß gegen *jus cogens* (im Falle international zwingender deutscher Sachnormen, etwa Art. 9 Rom I-VO – Eingriffsnormen – bei vertraglichen Schuldverhältnissen)

bb) Beachte auch Art. 40 Abs. 3 EGBGB im Deliktsrecht, wonach u.U. Ansprüche, die dem Recht eines anderen Staates unterliegen, nicht geltend gemacht werden können

cc) Gesetzesumgehung (*fraus legis*)?

dd) Verstoß der ermittelten ausländischen Norm gegen den deutschen *ordre public* – bei hinreichendem Inlandsbezug (Art. 6 EGBGB)

B. Sach- und Kollisionsnormen

Literatur: *v. Bar/Mankowski*, IPR I, § 4 III 3 (Eingriffsnormen) und § 7 I (Grundfragen der Anknüpfung); *v. Hoffmann/Thorn*, IPR, § 4; *Kegel/Schurig*, IPR, § 6; *Rauscher*, IPR, Rn. 159 ff.

8   Es ist zwischen **Sach-** und **Kollisionsnormen** zu unterscheiden. Während erstere die materielle Rechtsfolge in der Sache bereits abschließend regeln, bestimmen letztere als Verweisregeln die in einem konkreten Kollisionsfall – in dem mehrere Rechtsordnungen aufeinander treffen – anwendbare Rechtsordnung (**Anknüpfung** als Verbindung zwischen dem Tatbestand und der Rechtsfolge einer Kollisionsnorm). Sie bestimmen aber noch keine unmittelbar daraus resultierende Rechtsfolge. Eine Kollisionsnorm entscheidet damit die Frage, ob auf einen konkreten Sachverhalt ausländisches oder deutsches Sachrecht zur Anwendung gelangt.

9   **Beachte:** Ausnahmsweise kann einer Norm aber auch eine **Doppelfunktion** zukommen. D.h., sie kann funktional sowohl Kollisions- als auch Sachnorm sein, nämlich dann, wenn sie ihrem Tatbestand nach einen Auslandsbezug aufweist, auf der Rechtsfolgenseite aber bereits schon eine konkrete materielle Rechtsfolge anordnet.

I. Sachnormen

10   Verweisungen auf Sachvorschriften beziehen sich nach Art. 3a Abs. 1 EGBGB auf die Rechtsnormen der maßgebenden Rechtsordnung – mithin auf das materielle Recht – unter Ausschluss derjenigen des IPR.

11   Dem Einzelstatut gebührt dabei ein Vorrang: Soweit Verweisungen im Dritten Abschnitt des EGBGB (Familienrecht) das Vermögen einer Person dem Recht eines Staates unterstellen, beziehen sie sich gemäß Art. 3a Abs. 2 EGBGB nicht auf Gegenstände, die sich nicht in diesem Staat befinden und nach dem Recht des Staates, in dem sie sich befinden, besonderen Vorschriften unterliegen.

II. Kollisionsnormen

12   Unter einer Kollisionsnorm versteht man eine Norm des IPR (unabhängig von ihrem Ursprung, d.h. des Europa-, Völker- oder autonomen nationalen Rechts), die die auf einen Sachverhalt mit Auslandsberührung anwendbare Rechtsordnung benennt. Die Kollisionsnormen (als Verweisungs- oder Anknüpfungsvorschriften) können in selbständige und unselbständige, in einseitige und allseitige sowie in wandelbare und nicht wandelbare unterschieden werden. Weiterhin existieren Exklusivnormen und versteckte Kollisionsnormen.

Selbständige Kollisionsnormen (als unmittelbare Verweisungs- **13** normen) bestimmen unmittelbar die Rechtsordnung, die auf den konkret in Rede stehenden Sachverhalt anwendbar ist (vgl. bspw. Art. 9 S. 1 EGBGB, wonach die Todeserklärung, die Feststellung des Todes und des Todeszeitpunkts sowie Lebens- und Todesvermutungen dem Recht des Staates unterliegen, dem der Verschollene in dem letzten Zeitpunkt angehörte, in dem er nach den vorhandenen Nachrichten noch gelebt hat). Eine selbständige Kollisionsnorm beinhaltet in ihrem Tatbestand zweierlei:
– einen **Anknüpfungsgegenstand** (d.h. die Angabe einer Rechtsmaterie, nach deren Sachnormen das anzuwendende Recht bestimmt werden soll, bspw. die Rechtsmaterien „Ehe" oder „Rechtsnachfolge von Todes wegen") und
– einen **Anknüpfungspunkt** (der die Verbindung zwischen Anknüpfungsgegenstand und anzuwendendem Sachrecht herstellt, nachstehende Rn. 20).

Unselbständige Kollisionsnormen (als sonstige Anknüpfungsre- **14** geln) sind hingegen nur Hilfsnormen. Sie verweisen erst in Verbindung mit weiteren, selbständigen Kollisionsnormen (auf die sie Bezug nehmen) auf das anwendbare Recht (vgl. bspw. Art. 4 Abs. 1 S. 1 EG-BGB, der erst aufgrund einer Verweisung durch eine andere selbständige Kollisionsnorm zur Anwendung gelangt und dann bestimmt, dass, wenn auf das Recht eines anderen Staates verwiesen wird, auch dessen IPR anzuwenden ist, sofern dies nicht dem Sinn der Verweisung widerspricht).

Allseitige Kollisionsnormen – die das deutsche Kollisionsrecht seit **15** der IPR-Reform 1986 weitgehend beherrschen – formulieren im Unterschied zu **einseitigen Kollisionsnormen**, die allein (und schon im Tatbestand) festlegen, wann das eigene innerstaatliche Recht zur Anwendung gelangt (vgl. z.B. Art. 6 EGBGB – *ordre public*), dass der Anknüpfungspunkt (der sich nach abstrakten Kriterien, wie bspw. der Staatsangehörigkeit, dem Wohnsitz oder dem gewöhnlichen Aufenthalt bestimmt) in Wahrung der Souveränität anderer Staaten alle Rechtsordnungen erfassen kann. Nur die deutschen Gerichte werden durch die Anknüpfung gebunden.

Wandelbare Kollisionsnormen enthalten im Unterschied zu **nicht** **16** **wandelbaren Kollisionsnormen** keinen festen Anknüpfungszeitpunkt. Entscheidend ist der Zeitpunkt, zu dem die Bestimmung zur Anwendung gelangt.

Exklusivnormen sind Kollisions- (Verweisungs-) normen, die in- **17** ländische Partei- bzw. Ordnungsinteressen systemwidrig (mit dem

Gefahrenpotential „hinkender Rechtsverhältnisse" – Rn. 51 – bzw. eines „forum shopping") privilegieren: Die Exklusivnorm tritt neben eine kollisionsrechtliche Grundnorm und ordnet für bestimmte Konstellationen als Rechtsfolge die Anwendbarkeit deutschen Rechts an – bspw. Art. 13 Abs. 3 S. 1 EGBGB, wonach eine Ehe im Inland nur in der hier vorgeschriebenen Form geschlossen werden kann (arg.: staatliches Ordnungsinteresse).

Beispiel: Infolgedessen ist eine in Deutschland stattfindende rein kirchliche Eheschließung zwischen Staatsangehörigen eines Landes, das auch eine **nur** kirchliche Eheschließung anerkennt (z.B. Dänemark), im Inland unwirksam. Heiraten zwei Dänen hingegen in einem dritten Staat, der (wie Deutschland) nur die obligatorische Zivilehe anerkennt (z.B. Frankreich), ist diese Eheschließung in Deutschland aber formwirksam (vgl. Art. 13 Abs. 1 i.V.m. Art. 11 Abs. 1 EGBGB). Art. 13 Abs. 3 S. 1 EGBGB kann nämlich nicht verallseitigt werden.

18   Im Unterschied zu ausdrücklichen Kollisionsnormen finden sich **versteckte Kollisionsnormen** in anderen Bestimmungen (also „versteckt", bspw. in gerichtlichen Zuständigkeitsnormen, die die Anwendbarkeit des eigenen, innerstaatlichen Rechts anordnen).

III. Anknüpfung

19   Die Frage, ob nach Maßgabe einer IPR-Norm ein bestimmtes Sachrecht zur Anwendung gelangt, ist für den konkret in Rede stehenden **Lebenssachverhalt** zu ermitteln. **Anknüpfungspunkte** (auch **Anknüpfungsmomente** genannt, die i.d.R. im Tatbestand der Kollisionsnorm geregelt sind) führen dann dazu, dass das **Sachrecht** (d.h. die in der jeweiligen Sache zur Anwendung gelangende Rechtsordnung – sog. *lex causae*) durch die auf diesen Lebenssachverhalt anwendbaren **Kollisionsnormen** bestimmt wird.

1. Anknüpfungspunkte

20   Anknüpfungspunkte, die die Verbindung zwischen Anknüpfungsgegenstand (vorstehende Rn. 13) und anzuwendendem Sachrecht herstellen, sind bspw. folgende:

a) Die Staatsangehörigkeit

21   Die Staatsangehörigkeit bestimmt sich allein nach dem Recht des Staates, in dem die Staatsangehörigkeit bestehen soll (vgl. Art. 3 des Europäischen Übereinkommens über die Staatsangehörigkeit vom 6.11.1997): Jeder Staat bestimmt nach seinem eigenen Recht, wer seine Staatsangehörigen sind. Die Staatsangehörigkeit knüpft entweder an die Abstammung (d.h. an die Staatsangehörigkeit eines Elternteils – *ius sanguinis*) oder an den Ort der Geburt (*ius soli*) an. Die Staatsangehörigkeit bestimmt das Heimatrecht (*lex patriae*) einer Person (**Personalstatut**): **rein personale Anknüpfung** (Staatsangehörigkeit als Anknüpfungspunkt für das Personalstatut, vgl. Art. 5 EGBGB).

Die §§ 3 Nr. 1 und 4 Abs. 1 S. 1 Staatsangehörigkeitsgesetz (StAG) bestimmen, wer **Deutscher** ist. Deutscher ist, wer von mindestens einem Elternteil abstammt, der die deutsche Staatsangehörigkeit besitzt. **22**

Vgl. aber auch § 4 Abs. 3 StAG, wonach – gemäß dem *ius-soli*-Grundsatz ein **23** Kind ausländischer Eltern die deutsche Staatsangehörigkeit durch seine Geburt im Inland erwirbt, wenn ein Elternteil seit acht Jahren rechtmäßig seinen gewöhnlichen Aufenthalt im Inland hat und ein unbefristetes Aufenthaltsrecht (als freizügigkeitsberechtigter EU- bzw. EWR-Bürger oder als Inhaber einer EU-Aufenthaltserlaubnis bzw. Niederlassungserlaubnis) oder als Staatsangehöriger der Schweiz oder dessen Familienangehöriger eine Aufenthaltserlaubnis auf Grund des Abkommens vom 21.6.1999 zwischen der EG und ihren Mitgliedstaaten einerseits und der Schweizerischen Eidgenossenschaft andererseits über die Freizügigkeit (BGBl. 2001 II, S. 810) besitzt.

Aber: Ein Deutscher, der nach dem 31.12.1999 die Staatsangehörigkeit nach § 4 **24** Abs. 3 StAG (oder durch Einbürgerung nach § 40b StAG) erworben hat und eine (zweite) ausländische Staatsangehörigkeit besitzt, hat nach Erreichen der Volljährigkeit und nach entsprechendem Hinweis gemäß § 29 Abs. 1 StAG schriftlich zu erklären, ob er die deutsche oder die ausländische Staatsangehörigkeit behalten will. Äußert er sich nicht bis zur Vollendung des 23. Lebensjahres, verliert er ex lege gemäß § 29 Abs. 3 StAG die deutsche Staatsangehörigkeit. Optionspflichtig in diesem Sinne ist nach § 29 Abs. 1 Nr. 2 i.V.m. Abs. 1a StAG aber **nur**, wer nicht im Inland aufgewachsen ist. (d.h. sich acht Jahre gewöhnlich im Inland aufgehalten, sechs Jahre hier eine Schule besucht, über einen deutschen Schulabschluss oder eine abgeschlossene Berufsausbildung verfügt bzw. einen vergleichbar engen Bezug zu Deutschland hat und für den die Optionspflicht im Einzelfall eine besondere Härte bedeuten würde).

Literatur: *Benicke*, Auswirkungen des neuen Staatsangehörigkeitsrechts auf das deutsche IPR, IPRax 2000, 171.

Probleme ergeben sich dann, wenn eine Person über mehrere **25** Staatsangehörigkeiten verfügt (sog. **Doppel- oder Mehrstaater**), wobei eine mehrfache Staatsangehörigkeit kollisionsrechtlich nicht erwünscht ist.

Beachte hierbei Art. 5 Abs. 1 S. 1 EGBGB, wonach – wenn auf das **26** Recht des Staates verwiesen wird, dem eine Person angehört (**Staatsangehörigkeit**) und diese mehreren Staaten angehört (**Mehrstaater**) – das Recht desjenigen dieser Staaten anzuwenden ist, mit dem die Person am engsten verbunden ist (**engste Verbundenheit**). Dies bezeichnet man als die **effektive Staatsangehörigkeit**. Die effektive Staatsangehörigkeit wird insbesondere (indiziell) durch den gewöhnlichen Aufenthalt der in Rede stehenden Person oder durch den Verlauf ihres Lebens bestimmt. Ist ein Mehrstaater allerdings auch Deutscher, so geht diese Rechtsstellung (d.h. die deutsche Staatsangehörigkeit bzw. der Status nach Art. 116 Abs. 1 GG i.V.m. Art. 9 Abs. 2 Nr. 5 FamRÄndG) gemäß Art. 5 Abs. 1 S. 2 EGBGB (ohne Berücksichtigung der effektiven Staatsangehörigkeit) nach deutschem IPR vor (sog. **Eigenrechtsvorbehalt – pro domo-Regel**).

27   Im Hinblick auf **Staatenlose** (d.h. Personen, die kein Staat nach seinem Staatsangehörigkeitsrecht als Staatsangehörige behandelt) und ggf. auch auf **Flüchtlinge** (die ihre Staatsangehörigkeit nicht offenbaren wollen) bestimmt Art. 5 Abs. 2 EGBGB (**Substitution**) folgendes: Ist eine Person de jure staatenlos oder kann ihre Staatsangehörigkeit nicht festgestellt werden (de facto-Staatenlosigkeit), so ist das Recht des Staates anzuwenden, in dem sie ihren „gewöhnlichen Aufenthalt" oder, mangels eines solchen, ihren (schlichten) „Aufenthalt" hat. Wird auf das Recht des Staates verwiesen, in dem eine Person ihren Aufenthalt oder ihren gewöhnlichen Aufenthalt hat, und ändert eine nicht voll geschäftsfähige Person den Aufenthalt ohne den Willen des gesetzlichen Vertreters, so führt diese Änderung allein nach Art. 5 Abs. 3 EGBGB nicht zur Anwendung eines anderen Rechts. Dadurch soll vor allem internationalen Kindesentführungen (sog. *legal kidnapping*) entgegengewirkt werden.

28   Darüber hinaus bieten aber auch **internationale Abkommen** (denen – aufgrund ihrer völkerrechtlichen Qualität – ein Vorrang vor Art. 5 Abs. 2 EGBGB gebührt) Abhilfe, z.B.

29 – Art. 12 Abs. 1 des **Abkommens über die Rechtsstellung der Flüchtlinge (Genfer Flüchtlingsabkommen)** vom 28.7.1951 (in Kraft getreten am 22.4.1954, ergänzt am 31.1.1967 durch das Genfer Protokoll über die Rechtsstellung der Flüchtlinge, in Kraft getreten am 4.10.1967), wonach sich das Personalstatut jedes Flüchtlings nach dem Recht des Landes seines Wohnsitzes oder, in Ermangelung eines Wohnsitzes, nach dem Recht seines Aufenthaltslandes bestimmt.

30   **Beachte:** In Deutschland anerkannte Asylbewerber erlangen nach § 2 Abs. 1 AsylVerfG den Status von Konventionsflüchtlingen mit der Folge, dass Art. 12 der Genfer Flüchtlingskonvention auf sie anwendbar ist.

Oder

– Art. 12 Abs. 1 des **New Yorker Übereinkommens** vom 28.9.1954 **31**
über die Rechtsstellung der Staatenlosen (BGBl. 1976 II 474),
wonach sich das Personalstatut eines Staatenlosen nach den Gesetzen des Landes seines Wohnsitzes oder, wenn er keinen Wohnsitz
hat, nach den Gesetzen seines Aufenthaltslandes bestimmt.

Der **Anknüpfungspunkt „Staatsangehörigkeit"** hat bspw. Bedeu- **32**
tung im Hinblick auf die

– Rechts- und Geschäftsfähigkeit (Art. 7 Abs. 1 EGBGB), den
– Namen (Art. 10 EGBGB) oder
– (vielfach) für das Ehe- (Art. 13 bis 15 EGBGB) und Kindschaftsrecht (Art. 19 bis 23 EGBGB).

b) Der gewöhnliche Aufenthalt

Die Bedeutung des Anknüpfungsmerkmals „**gewöhnlicher Aufent-** **33**
halt" (**Aufenthaltsprinzip** – *residence*) ist gegenüber dem Merkmal
„Staatsangehörigkeit" im Hinblick auf die Bestimmung des Personal-
statuts stetig gewachsen (vgl. bereits das HKindUntÜ 1956 bzw. Art. 4
Abs. 1 HUntÜ 1973 [beide zwischenzeitlich abgelöst durch Art. 3
Abs. 1 HUntProt 2007] sowie Art. 1 und 2 MSA und Art. 5 sowie
Art. 15 Abs. 1 KSÜ bzw. die neueren europäischen IPR-
Verordnungen, bspw. Art. 21 Rom IV-VO (oder ab 2019 auch Art. 26
Abs. 1 Buchst. a Rom IVa-VO respektive Rom IVb-VO), die grund-
sätzlich an das Aufenthaltsprinzip anknüpfen): **personal-lokale An-**
knüpfung.

Der „gewöhnliche Aufenthalt" ist zu unterscheiden vom „**schlichten** **34**
Aufenthalt" (d.h. dem Ort, an dem sich eine Person tatsächlich auf-
hält, ohne Rücksicht auf die Dauer, ohne Rücksicht auf ein subjektives
Element [Wille] und ohne Rücksicht auf die Legalität des Aufenthalts).
Der schlichte Aufenthalt bestimmt nach Art. 5 Abs. 2 EGBGB das
Personalstatut von Staatenlosen (vorstehende Rn. 27), die keinen
gewöhnlichen Aufenthalt haben. Er unterscheidet sich auch vom
„**Wohnsitz**" als einem weiteren (hilfsweise in Betracht kommenden)
Anknüpfungsmerkmal (dazu nachstehende Rn. 45 f.).

„**Gewöhnlicher Aufenthalt**" – der nicht gleichzeitig an mehreren **35**
Orten begründet sein kann – setzt zweierlei voraus: Zum einen einen
auf Dauer angelegten Aufenthalt (ohne dass dieser bislang schon
länger währte – wobei eine entsprechende Intention ausreicht). Zum
anderen muss der Ort den (freiwillig gewählten) **Daseinsmittelpunkt**
der Person bilden. Zwangsunterbringungen begründen damit keinen
gewöhnlichen Aufenthalt.

„**Gewöhnlicher Aufenthalt**" ist nach einer Entscheidung des BGH **36**
(NJW 1975, 1068) der Ort oder das Land, an bzw. in dem der Schwerpunkt der Bindungen der betreffenden Person, mithin ihr **Daseinsmit-**

telpunkt, liegt: Dabei seien nicht unerhebliche Anforderungen an die Feststellung des gewöhnlichen Aufenthalts zu stellen. Zu fordern sei nicht allein ein Aufenthalt von einer Dauer, die im Unterschied zum „einfachen" oder „schlichten" Aufenthalt nicht nur gering sein dürfe. Vielmehr sei das Vorhandensein weiterer Beziehungen zum Aufenthaltsort zu verlangen, speziell in familiärer oder beruflicher Hinsicht (**soziale Integration**), in denen – im Vergleich zu einem sonst in Betracht kommenden Aufenthaltsort – der Schwerpunkt der Bindungen der betreffenden Person zu sehen sei. Vom Begriff des Wohnsitzes (nachstehende Rn. 45) unterscheide sich – so der BGH – der „gewöhnliche Aufenthalt" im Wesentlichen nur dadurch, dass der Wille, den Aufenthaltsort zum Mittelpunkt oder Schwerpunkt der Lebensverhältnisse zu machen, nicht erforderlich ist. Es handele sich bei dem gewöhnlichen Aufenthalt somit um einen „faktischen" Wohnsitz, der ebenso wie der gewillkürte Wohnsitz Daseinsmittelpunkt sein muss. Eine Entscheidung, ob im Einzelfall der Aufenthalt als gewöhnlicher Aufenthalt zu qualifizieren ist, liege wesentlich auf dem Tatsachengebiet. Durch zeitweilige Abwesenheit, auch von längerer Dauer, werde der gewöhnliche Aufenthalt normalerweise nicht aufgehoben, sofern die **Absicht** besteht, an den früheren Aufenthaltsort zurückzukehren. Das werde insbesondere auch dann gelten, wenn jemand sich außerhalb des Wohnorts seiner Eltern ausbilden lässt.

37   Die Frage, ob und wo ein **Minderjähriger** seinen „gewöhnlichen Aufenthalt" begründet hat, ist **autonom** aufgrund der tatsächlichen Gegebenheiten – d.h. ohne Berücksichtigung des gewöhnlichen Aufenthalts seiner Sorgeberechtigten bzw. deren Willen (und damit im Unterschied zu § 11 BGB in Bezug auf den Wohnsitz des Minderjährigen) – zu bestimmen.

38 | **Fall (BGHZ 78, 293):** Ein Minderjähriger, der vom nicht oder nicht allein sorgeberechtigten Elternteil gegen den Willen des anderen (sorgeberechtigten) Elternteils in einen anderen Staat verbracht worden ist, hat nach Ansicht des BGH dort seinen „gewöhnlichen Aufenthalt" i.S. des MSA, wenn es zu einer sozialen Einbindung des Minderjährigen in die Lebensverhältnisse am neuen Aufenthaltsort und damit zu einer tatsächlichen Verlegung des Daseinsmittelpunktes gekommen ist. Wenn der Minderjährige sowohl dem früheren als auch dem neuen Aufenthaltsstaat angehört, kann es in einem solchen Fall zu einem Wechsel der effektiven Staatsangehörigkeit kommen mit der Folge, dass ein gesetzliches Sorgerechts- (früher: Gewalt-) verhältnis, das nach dem früher effektiv gewesenen Heimatrecht bestanden hatte, nach Art. 3 MSA unbeachtlich wird.

Der Anknüpfungspunkt „**gewöhnlicher Aufenthalt**" ist bspw. rele- **39** vant im Hinblick auf
- Art. 5 EGBGB (Personalstatut),
- Art. 10 Abs. 2 S. 1 Nr. 2, Abs. 3 S. 1 Nr. 2 EGBGB (Name),
- das Kindschaftsverhältnis (vgl. Art. 19 bis 23 EGBGB),
- die Rom III-VO (nachstehende Rn. 406 ff.),
- Art. 21 Abs. 1 Rom IV-VO,
- (vgl. ab 2019 auch Art. 26 Abs. 1 Buchst. a Rom IVa-VO respektive Rom IVb-VO),
- Art. 4 Abs. 1 Rom I-VO (Schuldvertragsrecht)
- Art. 6 Abs. 1 Rom I-VO (Verbraucherschutzrecht),
- Probleme einer Kindesentführung nach dem HKÜ bzw.
- Alternativ- oder Subsidiäranknüpfungen im Ehe- (Art. 13 Abs. 2 Nr. 1 und 14 Abs. 1 Nr. 2 und Abs. 3 EGBGB) und Kindschaftsrecht.

Der „**gewöhnliche Aufenthalt**" ist dort, wo der Betreffende objektiv **40** seinen Lebensmittelpunkt hat und subjektiv länger bleiben will (wobei Minderjährige zwar einen eigenen, d.h. nicht von ihren Eltern abgeleiteten „gewöhnlichen Aufenthalt" haben, im Hinblick auf den Aufenthaltswillen aber auf den Willen des gesetzlichen Vertreters abzustellen ist). Zudem ist eine (angestrebte) soziale Integration erforderlich. Der gewöhnliche Aufenthalt wird i.d.R. (widerlegbar) nach einem sechsmonatigen Aufenthalt begründet, unabhängig davon, ob dieser rechtmäßig oder rechtswidrig ist.

c) Der Handlungsort

Der Handlungsort (*lex loci actus*) hat als lokale Anknüpfung bspw. **41** in folgenden Fällen Bedeutung:
- Art. 13 Abs. 3 S. 1 EGBGB bestimmt im Hinblick auf die Form der Eheschließung, dass eine Ehe im Inland nur in der hier vorgeschriebenen Form geschlossen werden kann.
- Für die Form der Vornahme eines Rechtsgeschäfts ist nach Art. 11 Abs. 1 EGBGB der Ort der Vornahme des Vertragsschlusses (**Ortsform − Recht des Vertragsabschlussortes,** *lex loci contractus*) gleichberechtigtes Anknüpfungsmerkmal neben dem Geschäftsstatut. Dieser Grundsatz wird auch als *locus regit actum* („Der Ort bestimmt die Handlung") bezeichnet.
- Der Gebrauchsort einer Vollmacht (d.h. der Ort, wo der Vertreter von seiner Vollmacht Gebrauch macht) ist für Fälle gewillkürter Stellvertretung maßgeblich.
- Das Recht am Ort des begangenen Delikts (*lex loci delicti commissi*) findet auf unerlaubte Handlungen Anwendung (Tat- oder Schadensort, vgl. etwa Art. 40 Abs. 1 S. 1 EGBGB).

d) Der Erfolgsort (lokale Anknüpfung)

Soweit nach der Rom II-VO nichts anderes vorgesehen ist, ist nach deren Art. 4 Abs. 1 auf ein außervertragliches Schuldverhältnis aus unerlaubter Handlung das Recht des Staates anzuwenden, in dem der Schaden eintritt.

e) Der Ort der Belegenheit einer beweglichen oder unbeweglichen Sache

42   Der Belegenheitsort (*lex rei sitae* – lokale Anknüpfung) bestimmt die maßgebliche Rechtsordnung für die an Sachen bestehenden dinglichen Rechte (mithin das Sachenrecht). Vgl. Art. 43 Abs. 1 EGBGB, wonach Rechte an einer Sache dem Recht des Staates unterliegen, in dem sich die Sache befindet.

f) Der Gerichtsort

43   Das **Verfahrensrecht** knüpft an das am jeweiligen Gerichtsort anwendbare Verfahrensrecht (*lex fori*) an (näher *Ring/Olsen-Ring*, IZVR 2017).

g) Der Wille der Parteien

44   Der Wille der Parteien (**Parteiautonomie** – Freiheit der Rechtswahl) kommt als Anknüpfungsmerkmal insbsondere im Schuldvertragsrecht zur Anwendung. So unterliegt etwa nach Art. 3 Abs. 1 S. 1 Rom I-VO der Vertrag dem von den Parteien gewählten Recht. Deren Rechtswahl wird ggf. durch zwingende Regelungen zugunsten des Verbraucherschutzes (vgl. Art. 6 Abs. 2 Rom I-VO), des Arbeitnehmerschutzes (vgl. Art. 8 Abs. 1 Rom I-VO in Bezug auf Individualarbeitsverträge) bzw. des öffentlichen Interesses (vgl. Art. 9 Abs. 1 Rom I-VO – Eingriffsnormen) begrenzt. Die Anknüpfung an den **Parteiwillen** überträgt die Privatautonomie des materiellen Rechts in das IPR. Als weitere Anwendungsbereiche sind bspw. zu nennen: das
– Namensrecht (Art. 10 Abs. 2 und 3 EGBGB),
– Ehewirkungsrecht (Art. 14 Abs. 2 und 3 EGBGB),
– Ehescheidungsrecht (Art. 5 Rom III-VO),
– Ehegüterrecht (Art. 15 Abs. 2 EGBGB, wobei nur bestimmte Rechtsordnungen gewählt werden können – vgl. ab 2019 auch die EU-Güterrechtsverordnungen, Art. 22 Abs. 1 Rom IVa-VO respektive Art. 22 Abs. 1 Rom IVb-VO) bzw. das
– Erbrecht (Art. 22 Rom IV-VO).

h) Der Wohnsitz

Der Begriff „Wohnsitz" – wobei das Recht des Wohnsitzstaates **45** auch als *lex domicilii* bezeichnet wird – setzt objektiv eine tatsächliche Anwesenheit an einem Ort und subjektiv den Willen voraus, dort länger zu bleiben (vgl. das Tatbestandsmerkmal „niederlässt" in § 7 Abs. 1 bzw. § 8 Abs. 1 BGB). Bei Minderjährigen leitet sich deren Wohnsitz nach § 11 BGB von dem ihrer Eltern ab. Im Unterschied zum Begriff des *„domicile"* im common-law (verstanden als „Gebiet einheitlicher Jurisdiktion" [*Rauscher*, IPR, Rn. 285]: jeder Mensch hat nur ein *domicile* – Erwerb des ersten abgeleiteten *domicile of origin* durch Geburt; später: *domicile of choice* durch physische Präsenz und willentliche Einstellung, an einem Ort für unbestimmte Zeit bleiben zu wollen) kann ein Wohnsitz an mehreren Stellen begründet werden.

Eine Anknüpfung an den Wohnsitz erfolgte bis zum Inkrafttreten **46** der Rom IV-VO im deutschen autonomen IPR – im Unterschied zu einer Reihe internationaler Abkommen (bspw. der Genfer Flüchtlingskonvention oder dem New Yorker Staatenlosen-Übereinkommen, vorstehende Rn. 29 ff.) – nur noch in Art. 26 Abs. 1 Nr. 3 EGBGB alt (hier aber in Inkorporation von Art. 11 des Haager Testamentsreform-Übereinkommens).

i) Der Ort der Hauptverwaltung einer juristischen Person

Der Ort der Hauptverwaltung einer juristischen Person gewinnt im **47** **Internationalen Gesellschaftsrecht** Bedeutung (**Gesellschaftsstatut**). Dabei gelangt das Recht am tatsächlichen Sitz der Gesellschaft zur Anwendung (zum Streit Sitztheorie versus Gründungstheorie noch nachstehend Rn. 569 ff.).

j) Die „engste Verbindung"

Im Rahmen einer umfassenden Berücksichtigung (Bewertung) aller **48** Einzeltatsachen (Anknüpfungsmomente), die selbst noch kein taugliches Anknüpfungskriterium bilden, ist festzustellen, welche Kriterien das Rechtsverhältnis beherrschen. Vgl. bspw. Art. 4 Abs. 4 Rom I-VO, wonach die „engste Verbindung" im Internationalen Schuldvertragsrecht lediglich als subsidiäres Anknüpfungskriterium in Betracht kommt. Nach Art. 14 Abs. 1 Nr. 3 EGBGB unterliegen die allgemeinen Ehewirkungen im Rahmen einer Stufenleiter (subsidiär, „hilfsweise") dem Recht des Staates, mit dem die Ehegatten auf andere Weise gemeinsam am engsten verbunden sind (dazu nachstehende Rn. 53).

2. Feste, alternative, kumulative und subsidiäre Anknüpfung

49   Die Anknüpfung kann fest, alternativ, kumulativ oder subsidiär sein. Bezieht sich die Kollisionsnorm nur auf einen Anknüpfungspunkt (vgl. Art. 7 Abs. 1 EGBGB – Rechts- und Geschäftsfähigkeit), spricht man von einer **festen Anknüpfung.** Sieht eine Norm hingegen mehrere gleichrangige Anknüpfungspunkte vor, steht eine **alternative Anknüpfung** in Rede (vgl. etwa Art. 11 EGBGB bzw. Art. 11 Abs. 1 Rom I-VO [Form eines Rechtsgeschäfts, das an das Recht des Abschlussortes oder jenes des Geschäftsinhalts anknüpft]). Dann können mehrere Rechtsordnungen **wahlweise** zur Anwendung gelangen, wenn die jeweiligen Anknüpfungskriterien erfüllt sind. Ein Rechtsvorgang ist in diesem Fall dann wirksam, wenn er nach einer dieser wahlweise dem Rechtsanwender beliebig zur Verfügung stehenden Rechtsordnungen wirksam ist (**Günstigkeitsprinzip**).

50   Im Unterschied zur alternativen Anknüpfung treten **Ausweichklauseln** als Anknüpfungsnormen neben die Grundsatzanknüpfung und erlauben – aber nur – in Ausnahmefällen, dass eine andere Rechtsordnung als die, auf die grundsätzlich verwiesen wird, zur Anwendung gelangt (so *Rauscher*, IPR, Rn. 338). Vgl. bspw. Art. 23 S. 2 EGBGB. Danach ist – soweit es zum Wohl des Kindes erforderlich ist – im Hinblick auf die Erforderlichkeit und die Erteilung der Zustimmung zu einer Abstammungserklärung, Namensänderung oder der Annahme als Kind (anstelle des Rechts des Staates, dem das Kind angehört, vgl. Art. 23 S. 1 EGBGB bzw. der Anknüpfungsmerkmale der Art. 21 und 22 EGBGB) deutsches Recht anzuwenden. Ausweichklauseln (auch als **Ausnahmeklauseln** bezeichnet) sind also Kollisionsnormen, die eine Abweichung von der grundsätzlich anzuwendenden Kollisionsnorm für den Fall erlauben, dass der Sachverhalt eine „wesentlich engere Bindung" zu einer anderen als der regelmäßig berufenen Rechtsordnung aufweist.

51   Bei einer **kumulativen (gekoppelten) Anknüpfung** (i.S. einer Häufung von Anknüpfungskriterien) können zur Beurteilung der Anknüpfung unterschiedliche Rechtsordnungen herangezogen werden. Vgl. etwa Art. 13 Abs. 1 EGBGB, wonach die Voraussetzungen der Eheschließung für jeden Verlobten dem Recht des Staates unterliegen, dem er angehört (**Kumulation von Rechten**). In einer solchen Konstellation gelangen mehrere Rechtsordnungen auf denselben Fall gleichzeitig zur Anwendung. Der Vorgang erlangt nur dann Rechtswirksamkeit, wenn er nach allen Rechtsordnungen wirksam ist. Dadurch soll „hinkenden Rechtsverhältnissen" entgegengewirkt werden (vgl. auch Art. 23 S. 1 EGBGB).

Enthält eine Kollisionsnorm eine **Anknüpfungsleiter**, können **sub- 52 sidiäre Anknüpfungen** in Betracht kommen (d.h. Anknüpfungen, die nur erfolgen, wenn ein vorrangiges Merkmal ausfällt), z.b.:

Nach Art. 14 Abs. 1 EGBGB unterliegen die allgemeinen Ehewir- 53 kungen dem Recht des Staates, dem beide Ehegatten angehören oder während der Ehe zuletzt angehörten (wenn einer von ihnen diesem Staat noch angehört, Nr. 1 – erste Stufe), **sonst** dem Recht des Staates, in dem beide Ehegatten ihren gewöhnlichen Aufenthalt haben oder während der Ehe zuletzt hatten (wenn einer von ihnen dort noch seinen gewöhnlichen Aufenthalt hat, Nr. 2 – zweite Stufe), **hilfsweise** dem Recht des Staates, mit dem die Ehegatten auf andere Weise am engsten verbunden sind (Nr. 3 – dritte Stufe).

Oder Art. 17 Abs. 1 EGBGB i.V.m. Art. 8 Rom III-VO, wonach – 54 in Ermangelung einer Rechtswahl nach Art. 5 Rom III-VO – die Ehescheidung dem Recht des Staates unterliegt, in dem die Ehegatten zum Zeitpunkt der Anrufung des Gerichts ihren gewöhnlichen Aufenthalt haben (Buchst. a), **oder anderenfalls** in dem die Ehegatten (beim Vorliegen bestimmter Voraussetzungen) zuletzt ihren gewöhnlichen Aufenthalt hatten (Buchst. b), **oder anderenfalls** dessen Staatsangehörigkeit beide Ehegatten im Zeitpunkt der Anrufung des Gerichts besitzen (Buchst. c), **oder anderenfalls** des angerufenen Gerichts (Buchst. d).

3. Exkurs: Gesetzesumgehung (*fraus legis*)

Literatur: *v. Bar/Mankowski*, IPR, Bd. 1, § 7 I; *v. Hoffmann/Thorn*, IPR, § 6 Rn. 122 ff.; *Kegel/Schurig*, IPR, § 14; *Kropholler*, IPR, § 23.

Eine Gesetzesumgehung (*fraus legis* oder *fraude à la loi*) ist der 55 Versuch, die Verweisung auf ein bestimmtes Sachrecht dadurch zu erreichen, dass ein Lebenssachverhalt manipulativ einer anderen als der eigentlich einschlägigen Kollisionsnorm unterworfen wird. Dabei kann zwischen echter und unechter Gesetzesumgehung differenziert werden.

Eine **echte Gesetzesumgehung** zeichnet sich objektiv durch eine 56 Manipulation des Anknüpfungspunktes aus, die subjektiv durch ein bewusst missbräuchliches Verhalten der Parteien erfolgt. Voraussetzung ist, dass die Rechtsfolge in eklatanter Weise dem Gesetzeszweck widerspricht. In diesem Fall ist die Gesetzesumgehung rückgängig zu machen. Dies geschieht durch eine Zugrundelegung des Rechts, das eigentlich zur Anwendung gelangen soll.

Bezieht sich die Täuschung hingegen nur auf Tatsachen, die zur 57 Anknüpfung oder Qualifikation notwendig sind, spricht man von einer

unechten Gesetzesumgehung (Rechtsumgehung), da eine Gesetzesumgehung letztlich nicht erfolgt. In entsprechenden Konstellationen ist nach Aufklärung der Sachlage der neu ermittelte Sachverhalt bei der Anknüpfung zugrunde zu legen.

IV. Qualifikation

Literatur: *Rauscher*, IPR, Rn. 442 ff.

58   Unter Qualifikation versteht man die Subsumtion eines Lebenssachverhalts anhand der festgestellten Anknüpfungspunkte unter eine Kollisionsnorm – mit anderen Worten: Die Ermittlung des sachlichen Anwendungsbereichs einer Kollisionsnorm. In diesem Kontext kann es bspw. zu folgenden Problemen kommen:

1. Rechtsinstitute, die dem deutschen Recht fremd sind

59   – Z.B. die **gleichgeschlechtliche Ehe**: Eine im Ausland (konkret in den Niederlanden) geschlossene gleichgeschlechtliche Ehe ist im deutschen Recht als eingetragene Lebenspartnerschaft zu behandeln (BGH FamRZ 2016, 1251).
  – Die **Trennung von Tisch und Bett** (BGHZ 47, 324 (332)): Da dieses Rechtsinstitut dem deutschen Recht unbekannt ist, kommt es nach Ansicht des BGH für die Frage seiner Einordnung nach deutschem Kollisionsrecht darauf an, diese Rechtseinrichtung nach ihrem Sinn und Zweck zu erfassen, ihre Bedeutung vom Standpunkt des ausländischen Rechts aus zu würdigen und sie mit Einrichtungen der deutschen Rechtsordnung zu vergleichen. Auf der so gewonnenen Grundlage sei das Rechtsinstitut den aus den Begriffen und Abgrenzungen der deutschen Rechtsordnung aufgebauten Merkmalen deutscher Kollisionsnormen zuzuweisen – weswegen der BGH unter den Begriff der „Scheidung" i.S. von Art. 17 EGBGB auch die in ausländischen Rechten vorgesehene Trennung ohne Auflösung des Ehebandes fasst. Deutsche Gerichte könnten daher auf Trennung unter Aufrechterhaltung des Ehebandes erkennen, wenn diese nach dem maßgebenden ausländischen Recht zulässig ist und nach den deutschen Gesetzen die Scheidung der Ehe dem Grunde nach zulässig wäre (BGHZ 47, 324 – Ls.). Bzw. die
60   – **Morgengabe** im islamischen Recht (vgl. *Ring*, § 4 Rn. 59 ff.; dazu auch noch nachstehende Rn. 389) mit den Möglichkeiten einer Anknüpfung an das Scheidungs-, Güterrechts- oder Unterhaltsstatut.

2. Diskrepanzen zwischen deutschem IPR und deutschem Sachrecht

Diskrepanzen zwischen dem deutschen IPR und deutschem Sach- **61** recht bestehen bspw. beim Gegensatz zwischen Zugewinnausgleich (§ 1371 Abs. 1 BGB) und Ehegattenerbrecht (§ 1931 BGB), wobei hier wegen der güterrechtlichen Qualifikation des § 1371 Abs. 1 BGB Art. 15 EGBGB zur Anwendung gelangt. So hat etwa das LG Mosbach (Besprechung von *Hohloch* in JuS 1999, 296) dazu entschieden, dass eine Ehefrau, soweit das auf sie anwendbare österreichische Erbstatut keinen Zugewinnausgleich vorsieht, nach dem deutschen Güterrechtsstatut einen Zugewinnausgleichsanspruch gemäß § 1371 BGB hat, der aber der Höhe nach beschränkt ist: Die Ehefrau dürfe nicht mehr erhalten als ihr bei einheitlicher Anwendung des deutschen Erb- und Güterrechtsstatuts zustünde (vgl. dazu ab 2019 Art. 26 Abs. 1 Rom IVa- respektive Rom IVb-VO).

Eine Diskepanz tritt auch auf, wenn das ausländische Recht ein **62** Rechsinstitut systematisch einem anderen Bereich zuordnet als das inländische Recht (bspw. dem US-amerikanischen Statutes of Frauds; bzw. die Verjährung, die nach deutschem Recht ein Institut des materiellen Rechts ist [vgl. §§ 194 ff. BGB], nach Common Law hingegen als Klageverjährung, mithin prozessrechtlich qualifiziert wird), wobei die Qualifikation nach der *lex fori* erfolgt. Das Recht des Landes, in dem der Anspruch geltend gemacht wird, steuert dann die Qualifikation.

Beachte: Völkerrechtliche IPR-Verträge sowie Verträge des euro- **63** päischen IPR sind im Interesse der Rechtsvereinheitlichung vertragsautonom zu qualifizieren.

Zum Abgrenzungsproblem eines Handelns unter „fremdem Recht" *Rauscher*, IPR, Rn. 492 f.

V. Erstfrage, Vorfrage, Teilfrage

Literatur: *v. Bar/Mankowski*, IPR, Bd. 1, § 7 III; *v. Hoffmann/Thorn*, IPR, § 6 Rn. 42 ff.; *Kegel/Schurig*, IPR, § 9; *Kropholler*, IPR, § 32; *Rauscher*, IPR, Rn. 494 ff.

In der Literatur werden die Begrifflichkeiten Erstfrage, Vorfrage **64** und Teilfrage von Autor zu Autor verschieden und damit verwirrend verwendet. Hier sollen die Begrifflichkeiten wie folgt verstanden werden:

Wie eine Rechtsfrage (oder **Hauptfrage**) kollisionsrechtlich anzu- **65** knüpfen ist, kann von einer weiteren Frage (der sog. **Vorfrage**) i.S.

eines präjudiziellen Rechtsverhältnisses abhängig sein. Wenn die weitere Frage sich im Tatbestand einer Kollisionsnorm als dort vorausgesetzte Rechtsfrage oder vorausgesetztes Rechtsverhältnis i.S. einer kollisionsrechtlichen Vorfrage oder einer Vorfrage i.w.S. stellt, bezeichnet man sie als **Erstfrage** (oder **kollisionsrechtliche Vorfrage**, d.h. eine Vorfrage im Tatbestand einer Kollisionsnorm, wie bspw. die „Ehe" in den Art. 14 bis 17 EGBGB). Eine Erstfrage kann bspw. für die Bestimmung des Scheidungsstatuts (Art. 17 EGBGB) das Bestehen einer Ehe sein. So hat der BGH (NJW 2002, 1268) entschieden, dass sich die Vorfrage, ob eine Person im Zeitpunkt ihrer Eheschließung bereits wirksam geschieden und der neue Partner deshalb aus der Sicht des maßgebenden deutschen Rechts an einer Eheschließung (wegen des zweiseitig wirkenden Verbots der Doppelehe) nicht gehindert ist, nach Art. 17 Abs. 1 S. 1 EGBGB alt im konkretem Fall nach russischem Recht bestimmte. Wenn sich hingegen die weitere Frage in einer Sachnorm des anwendbaren Sachrechts nach bereits erfolgter Anknüpfung der Hauptfrage stellt, steht eine materiell-rechtliche **Vorfrage** i.e.S. in Rede. Die Vorfrage stellt sich, wenn die für die Lösung der Hauptfrage relevante Sachnorm das Bestehen oder Nichtbestehen eines Rechtsverhältnisses tatbestandlich voraussetzt.

66   Die Vorfrage wird grundsätzlich selbständig nach der deutschen *lex fori* bestimmt – d.h. so, wie „wenn die Frage als Hauptfrage aufträte" (*Rauscher*, IPR, Rn. 506). Nur ausnahmsweise wird eine unselbständige Anknüpfung nach der *lex causae* vorgenommen, bspw. im Namensrecht (vgl. Art. 10 Abs. 1 EGBGB) bzw. im Hinblick auf familienrechtliche Umstände, die Vorfragen des Staatsangehörigkeitserwerbs sind. Die in Art. 10 Abs. 1 EGBGB enthaltene Verweisung auf das Heimatrecht des Namensträgers ist eine Gesamtverweisung i.S. des Art. 4 Abs. 1 S. 1 EGBGB, die auch das Kollisionsrecht des ausländischen Staates erfasst, so dass etwaige Rück- und Weiterverweisungen zu beachten sind (BGH NJW 2007, 3347): Rückverweisungen sind im Rahmen der objektiven Anknüpfung nach Art. 10 Abs. 1 EGBGB dort zu beachten, wo ein fremdes Kollisionsrecht diese aufgrund einer abweichenden Qualifikation der Namensfrage ausspricht (im konkreten Fall die Namensführung einer geschiedenen türkischen Ehefrau als Scheidungsfolge gemäß türkischem IPR).

67   Eine Vorfrage tritt auf, wenn eine Kollisionsnorm (Fall der Erstfrage) oder eine durch eine Kollisionsnorm berufene Sachnorm (Fall einer materiell-rechtlichen Vorfrage i.e.S.) den Eintritt einer Rechtsfolge vom Bestehen oder Nichtbestehen eines bestimmten Rechtsverhältnisses tatbestandlich abhängig macht.

68   Eine **Teilfrage** (bspw. die Ehefähigkeit [die sich im Rahmen des Art. 14 EGBGB stellt], die Geschäftsfähigkeit [Art. 7 Abs. 1 EGBGB] bzw. die Form eines Rechtsgeschäfts [Art. 11 EGBGB]) ist von den Begrifflichkeiten Erst- oder Vorfrage strikt zu trennen. Die Teilfrage ist eine Tatbestandsvoraussetzung der Hauptfrage. Sie steht dann in Rede, wenn Teile eines Rechtsverhältnisses vom Hauptstatut getrennt (abgespalten) werden und deshalb auch kollisionsrechtlich getrennt angeknüpft werden müssen (bspw. die Geschäftsfähigkeit nach Art. 7 EGBGB bzw. die Vertretungsmacht, die nach Art. 1 Abs. 2 Buchst. a bzw. g Rom I-VO von der VO nicht erfasst werden und losgelöst vom Vertragsstatut anzuknüpfen sind). Vgl. in Bezug auf die Form eines Rechtsgeschäfts auch Art. 11 Rom I-VO bzw. Art. 11 EGBGB, die an das nach der VO oder dem EGBGB anzuwendende materielle Recht bzw. an die Formerfordernisse des Ortsrechts anknüpfen. Dann existiert i.d.R. eine eigenständige Kollisionsnorm. Die Teilfrage stellt sich also nicht schon im Tatbestand der Kollisionsnorm selbst. Da eine Teilfrage mit der Hauptfrage grundsätzlich einen einheitlichen Lebenssachverhalt bildet, erfolgt normalerweise eine Regelanknüpfung (d.h. die Teilfrage beurteilt sich nach der berufenen materiellen Rechtsordnung). Ausnahmsweise kann aber auch eine Sonderanknüpfung stattfinden, die ggf. einzelne Interessen besser berücksichtigt.

Vgl. zum Problem einer **Nachfrage** die Entscheidung des RG im **Tennessee-Wechsel-Fall** (RGZ 7, 21) in der es um die Frage ging, ob ein deutscher Richter, wenn eine eingeklagte Wechselforderung materiell nicht dem am Sitz des (deutschen) Prozessgerichts geltenden, sondern einem Recht des Auslands unterliegt (Tennessee/USA), nach diesem ausländischen Recht die Verjährung aber nur ein prozessuales, die Forderung nicht selbst berührendes Rechtsinstitut ist, und der deutsche Richter stets nur einheimisches Recht anzuwenden hat (*lex fori*-Maxime), die Verjährung nach deutschem Recht zu beurteilen oder (obwohl die Forderung begründet ist) die Klage zu verwerfen hat.

VI. Verweisung

Literatur: *v. Bar/Mankowski*, IPR, Bd. 1, § 7 IV; *v. Hoffmann/Thorn*, IPR, § 6 Rn. 73 ff.; *Kegel/Schurig*, IPR, § 10; *Kropholler*, IPR, § 24 und § 25; *Rauscher*, IPR, Rn. 189 ff.

Nach erfolgter Anknüpfung und Qualifikation (Subsumtion) unter **69** eine Kollisionsnorm kommt es auf der Rechtsfolgenseite zu einer Verweisung auf die anzuwendende Rechtsordnung, die gemäß Art. 4 Abs. 1 S. 1 EGBGB grundsätzlich mit dem Zweck, einen internationalen Entscheidungsgleichklang zu erzielen, Gesamtnormverweisung ist (**Grundsatz der Gesamtnormverweisung**). Unter einer Gesamtnormverweisung versteht man eine kollisionsrechtliche Verweisung, die sich auch auf das Kollisionsrecht der verwiesenen Rechtsordnung bezieht. Sie ist Voraussetzung einer Rück- oder Weiterverweisung. Wird auf das Recht eines anderen Staates verwiesen, so ist bei einer Gesamtnormverweisung also **auch dessen IPR** anzuwenden (**Verweis auf die gesamte Rechtsordnung**), sofern dies nicht dem Sinn der Verweisung widerspricht (**Sinnvorbehalt**). Eine **Sachnormverweisung** liegt hingegen dann vor, wenn sich die Verweisung **nicht auch auf das Kollisionsrecht** der verwiesenen Rechtsordnung bezieht, sondern unmittelbar auf deren materiell-rechtlichen Wirkungen (unter Ausschluss einer Rück- oder Weiterverweisung (vgl. Art. 3a Abs. 1 EGBGB). Im Rahmen einer **Gesamtnormverweisung** ist zunächst zu prüfen, welches Sachrecht nach dem IPR der berufenen Rechtsordnung zur Anwendung gelangt. Drei Konstellationen sind möglich:

70   Das ausländische IPR erklärt das eigene materielle (Sach-) Recht für anwendbar. D.h. also, es findet eine **Annahme der Verweisung** statt. Zu bedenken ist ggf. allein, ob das damit zur Anwendung gelangende ausländische Recht gegen den deutsche *ordre public* (Art. 6 EGBGB) verstößt.

71   Das ausländische IPR kann aber auch deutsches Recht für anwendbar erklären (**Rückverweisung**). Eine **Zurückverweisung** (sog. *renvoi au premier degré*) bedeutet, dass das IPR des ausländischen Staates auf die Rechtsordnung des verweisenden Staates zurückverweist. Wird auf die Rechtsordnung Deutschlands zurückverwiesen, bestimmt Art. 4 Abs. 1 S. 2 EGBGB, dass in diesem Fall die deutschen Sachvorschriften anzuwenden sind. Damit kommt es also zu keiner Gesamtnormverweisung (was die Gefahr weiterer Hin- und Zurückverweisungen in sich bergen würde), sondern zu einer Sachnormverweisung (Unanwendbarkeit des deutschen IPR – bloße Anwendbarkeit der deutschen Sachnormen). Das deutsche Recht nimmt eine Rückverweisung – unabhängig davon, ob die Rückverweisung auf deutsches Recht als Gesamtverweisung oder als Sachnormverweisung erfolgt – immer an.

72   **Beachte:** Es kommt jedoch dann zu **keinem internationalen Entscheidungsgleichklang**, wenn sowohl das ausländische als auch das deutsche IPR einen *renvoi* zulässt und damit die Rückverweisung annimmt. Verweist das ausländische IPR auf deutsches Recht und das deutsche IPR umgekehrt auf ausländisches Sachrecht, wenden beide Staaten jeweils ihr eigenes Recht an.

73   Das ausländische IPR kann weiterhin die Rechtsordnung eines Drittstaates für anwendbar erklären (**Weiterverweisung**). Auch im Falle einer Weiterverweisung (sog. *renvoi de second degré*) stellt sich dann die Frage, ob es sich bei dem Verweis auf die Rechtsordnung des dritten Staates um eine **Gesamtnormverweisung** (wobei sich dann erneut das Problem einer Weiter- oder Rückverweisung stellt) oder um eine **Sachnormverweisung** handelt. Eine Gesamtnormverweisung birgt die Gefahr einer nicht endenden Kette von Verweisungen in sich. Wie dem begegnet werden soll, ist im deutschen IPR umstritten. Diese Konstellation hat im EGBGB keine Regelung erfahren, da eine analoge Regel zu Art. 4 Abs. 1 S. 2 EGBGB (Annahme der Rückverweisung) fehlt. Nach h.M. soll möglichst ein **internationaler Entscheidungsgleichklang** gewahrt werden.

Wiederum sind unterschiedliche Konstellationen denkbar (so *Rauscher*, IPR, Rn. 352 ff.):

Das ausländische IPR – auf das zuerst verwiesen wurde – qualifi- **74** ziert seine Verweisung auf das Recht eines Drittstaates als Sachnormverweisung: Das Sachrecht dieses Drittstaates gelangt zur Anwendung und die Verweisungskette endet dort.

Das ausländische IPR – auf das zuerst verwiesen wurde – qualifi- **75** ziert seine Verweisung auf das Recht des Drittstaates als Gesamtverweisung: Aus deutscher Perspektive gelangt jetzt auch das IPR des Drittstaates zur Anwendung. Kommt es in der – bis dahin sich ggf. perpetuierenden – Verweisungskette zu einer Annahme der Verweisung, findet das Sachrecht des annehmenden Drittstaates Anwendung. Kommt es im Rahmen der Verweisungskette hingegen zu einer Zurückverweisung auf deutsches Recht, gelangt Art. 4 Abs. 1 S. 2 EGBGB zur Anwendung (Annahme der Rückverweisung).

Soweit die Parteien selbst das Recht eines Staates wählen können **76** (**Rechtswahl**), ist es ihnen gemäß Art. 4 Abs. 2 EGBGB nur gestattet, auf die Sachvorschriften zu verweisen.

In **Ausnahmefällen** (vgl. den Wortlaut in Art. 4 Abs. 1 S. 1 EG- **77** BGB: „sofern dies ... dem Sinn der Verweisung widerspricht", sog. **Sinnvorbehalt**) kann es aber auf Grund der Ausrichtung am Parteiwillen und am Sinn und Zweck der Verweisung auch zu einer **Sachnormverweisung** kommen (mit Ausschluss einer Rückverweisung), d.h. einer direkten Verweisung auf das Sachrecht einer Rechtsordnung (unter Ausschluss von dessen IPR, vgl. Art. 3a Abs. 1 EGBGB). Dies begründet eine Einschränkung des Grundsatzes der Gesamtnormverweisung. Ein entsprechender Ausnahmefall kann bspw. bei einer ausdrücklich getroffenen Rechtswahl der Vertragsparteien in Betracht kommen. Im Falle der Zulässigkeit einer Rechtswahl durch die Parteien ist nur die Wahl des Sachrechts, nicht jedoch eine Verweisung auf Kollisionsnormen statthaft (vgl. Art. 4 Abs. 2 EGBGB). Eine Sachnormverweisung liegt aber auch dann vor, wenn die Verweisungsnorm ausdrücklich die Sachnormen einer verwiesenen Rechtsordnung für anwendbar erklärt, vgl. bspw.

– im **deutschen autonomen IPR** Art. 12 EGBGB (wonach sich im Interesse eines Schutzes des anderen Vertragsteils – wenn ein Vertrag zwischen Parteien geschlossen wird, die sich in demselben Staat befinden – eine natürliche Person, die nach den Sachvorschriften des Rechts dieses Staates rechts-, geschäfts- und handlungsfähig wäre, grundsätzlich nur dann auf ihre aus den Sachvorschriften des Rechts eines anderen Staates abgeleitete Rechts-, Geschäfts- und Handlungsfähigkeit berufen kann, wenn der andere Vertragsteil bei Vertragsabschluss diese Rechts-, Geschäfts- und Handlungsfähigkeit kannte oder kennen musste);

– im **europäischen IPR** (das grundsätzlich eine Rückverweisung ausschließt) Art. 20 Rom I-VO, Art. 24 Rom II-VO und Art. 11 Rom III-VO. Art. 34 Rom IV-VO schließt gleichermaßen eine Rück- und Weiterverweisung aus, es sei denn, dass es sich um das Recht eines Drittstaats handelt. Und

– im **völkerrechtlichen IPR** Art. 12 HUntProt (Ausschluss der Rückverweisung).

Eine Rück- oder Weiterverweisung kann auch versteckt auftreten (**versteckte Rück- oder Weiterverweisung**, sog. *hidden renvoi*).

Exkurs: Das OLG Stuttgart (FamRZ 1997, 958) hat sich mit der **versteckten Rückverweisung** (*hidden renvoi*) nach kalifornischem Recht auf deutsches Kindschaftsrecht befasst: Die Regelung der elterlichen Sorge nach Scheidung der Ehe der Eltern folgt – auch schon im Scheidungsverbundverfahren – nicht dem Scheidungs(folgen)statut, sondern dem Kindschaftsstatut des Art. 19 EGBGB. Nach dem hiernach maßgeblichen Recht des Staates Kalifornien als dem Recht des Aufenthaltsortes des Kindes kommt im Wege der versteckten Rückverweisung das materielle deutsche Recht zur Anwendung. Für die US-amerikanischen Gerichte stellt sich aus dem nicht kodifizierten Common Law die maßgebliche Frage nach der „*jurisdiction*". Bejaht ein US-Gericht seine **jurisdiction**, so wendet es sein eigenes Recht an. Für die Regelung des Sorgerechts bestimmt aber der von Kalifornien ratifizierte *Uniform Child Custody Jurisdiction Act* ggf. die Zuständigkeit eines anderen Gerichts.

VII. Statutenwechsel

Literatur: *v. Bar/Mankowski*, IPR, Bd. 1, § 7 I 3; *v. Hoffmann/Thorn*, IPR, § 5 Rn. 97 ff.; *Kegel/Schurig*, IPR, § 13; *Kropholler*, IPR, § 32; *Rauscher*, IPR, Rn. 431 ff.

78   Unter **Statut** versteht man die für eine bestimmte Rechtsfrage **maßgebliche Rechtsordnung** (bspw. das Vertrags-, Delikts- oder Erbsta-

tut). Ein **Statutenwechsel** – d.h. ein Wechsel des durch die erfolgte Anknüpfung zur Anwendung berufenen Rechts (Wechsel der maßgeblichen Rechtsordnung) – kann
– infolge einer Änderung der Anknüpfungstatsachen (**Statutenwechsel i.e.S.** – bspw. führt der Wechsel einer Staatsangehörigkeit zur Änderung des Personalstatuts, vgl. Art. 5 Abs. 1 EGBGB [Staatsangehörigkeitsanknüpfung]) bzw.
– durch die Änderung einer Kollisionsnorm durch den Gesetzgeber (bzw. eine territoriale Neugestaltung des Staatsgebietes – **Statutenwechsel i.w.S.**)
eintreten. Für **vollständig abgeschlossene Sachverhalte** kann (im Unterschied zu noch nicht abgeschlossenen Tatbeständen bzw. zu unter dem alten Statut begonnenen, aber noch nicht abgeschlossenen sog. „gestreckten Tatbeständen", die noch nicht vollendet sind und die zur Anwendung eines neuen Statuts führen) infolge einer Änderung der anknüpfungsrelevanten Tatsachen kein Statutenwechsel mehr stattfinden (**unwandelbare Anknüpfung**, die zu einem bestimmten Zeitpunkt das anwendbare Recht endgültig – auch mit Wirkung für die Zukunft – festlegt). Hier gelangt das im Zeitpunkt der Vollendung des Sachverhalts maßgebliche Statut (auch im Interesse eines Vertrauensschutzes) zur Anwendung.

VIII. Vorrang des Einzelstatuts und Anpassung (Angleichung)

Literatur: *v. Bar/Mankowski*, IPR, Bd. 1, § 7 I 4; *v. Hoffmann/Thorn*, IPR, § 4 Rn. 19 und § 9 Rn. 61 ff.; *Kegel/Schurig*, IPR, § 12 I und II; *Kropholler*, IPR, S. 121 ff. *Rauscher*, IPR, Rn. 551 ff. und Rn. 561 ff.

Unter **Anpassung** (auch **Angleichung** genannt) versteht man die **79** Auflösung von Normwidersprüchen, die sich aufgrund der Anwendung mehrerer Rechtsordnungen auf ein und denselben Lebenssachverhalt ergeben. Art. 3a Abs. 2 EGBGB löst bspw. das Spannungsverhältnis zwischen Belegenheitsrecht (*lex rei sitae* als Einzelstatut) und Gesamtstatut (wodurch einzelne Sachfragen – bspw. der Erbfall oder die Wirkungen des Ehegüterrechts – in Bezug auf das gesamte Vermögen, losgelöst vom Ort der Belegenheit, einem einheitlichen Statut unterstellt werden) dadurch auf, dass die Sonderregeln des Belegenheitsrechts zur Anwendung gelangen: Soweit Verweisungen im Dritten Abschnitt des EGBGB (Familienrecht) das Vermögen einer Person dem Recht eines Staates unterstellen, beziehen sie sich nicht auf Gegenstände, die sich nicht in diesem Staat befinden und nach dem Recht des Staates, in dem sie sich befinden, besonderen Vorschriften unterliegen. Folge ist eine unterschiedliche rechtliche Qualifikation des

Vermögens unter Berücksichtigung des Einzelstatuts, mithin der *lex rei sitae* (Vorrang des Einzelstatuts), bspw. (zu den Falltypen *Rauscher*, IPR, Rn. 553 ff.)

– wenn das ausländische Recht kollisionsrechtliche **Sondervorschriften** trifft oder auch
– im Falle einer schlichten **kollisionsrechtlichen Spaltung** (wenn ein Teil eines Nachlasses etwa dem Belegenheitsrecht unterstellt wird – vgl. aber Art. 21 Abs. 1 Rom IV-VO, wonach – sofern die VO nichts anderes vorsieht – die gesamte Rechtsfolge von Todes wegen dem Recht des Staates unterliegt, in dem der Erblasser im Zeitpunkt seines Todes seinen gewöhnlichen Aufenthalt hatte [**Grundsatz der Nachlasseinheit**, nachstehende Rn. 545]).

80   U.U. kann ein und derselbe Lebenssachverhalt wegen eines Aufeinandertreffens mehrerer Rechtsordnungen verschiedenen Kollisionsnormen und damit unterschiedlichen und sich dabei auch widersprechenden Statuten unterfallen. Entsprechende Konstellation treten auf als

– **Normenhäufung:** Die Lösungsansätze der in Rede stehenden Rechtsordnungen bieten zwar jeweils eine Lösung. In ihrer Häufung führen sie aber zu einer Anspruchsmehrheit, die rechtlich nicht gewollt ist.
– **Normenwiderspruch**, d.h. eine Normenunverträglichkeit, nach der Rechte, die eine Rechtsordnung gewährt, von den anderen Rechtsordnungen nicht anerkannt werden. Bzw. als
– **Normenmangel:** Die in Rede stehenden Rechtsordnungen vermögen den Sachverhalt nicht zu lösen.

81   In den genannten Fallgestaltungen muss ggf. eine **Anpassung** (Angleichung) i.S. einer Korrektur der Ergebnisse (mithin der Verweisung) vorgenommen werden.

82   Wie dabei zu verfahren ist, ist umstritten. Nach h.M. ist das Problem durch eine Einschränkung oder eine Erweiterung der Verweisung international-privatrechtlich zu lösen. Die Anpassung (Angleichung) ist so vorzunehmen, dass auf den in Rede stehenden Lebenssachverhalt einheitlich nur eine Rechtsordnung anzuwenden ist.

IX. Rechtsspaltung (Mehrrechtsstaaten)

Literatur: *v. Bar/Mankowski*, IPR, Bd. 1, § 4 VI; *v. Hoffmann/Thorn*, IPR, § 6 Rn. 117 ff.; *Kegel/Schurig*, IPR, § 11; *Kropholler*, IPR, §§ 29 und 30; *Rauscher*, IPR, Rn. 9 ff.

83   Wird auf das Recht eines Staates mit mehreren Teilrechtsordnungen (Mehrrechtsstaaten mit gespaltenem Rechtssystem [territorial, bspw. die USA, deren Bundesstaaten über jeweils eigenständige international-privatrechtliche Regelungen verfügen, bzw. personal]) verwiesen (wobei die Spaltung sowohl das Privatrecht als auch das IPR erfassen kann), ohne die maßgebende Teilrechtsordnung zu bezeichnen, so bestimmt nach Art. 4 Abs. 3 S. 1 EGBGB das Recht dieses Staates (d.h. das interne Kollisionsrecht des Mehrrechtsstaates), welche **Teilrechtsordnung** anzuwenden ist. Mehrrechtsstaaten können also eine interlokale, eine interpersonale oder auch (in Bezug auf das Eherecht) eine interreligiöse Rechtsspaltung aufweisen. Dann kann es allein nach Maßgabe des IPR dieser Teilrechtsordnung ggf. zu einer Rück- oder Weiterverweisung kommen

Fehlt eine solche Regelung (d.h. besteht kein einheitliches internes **84** Kollisionsrecht im Mehrrechtsstaat), so ist nach der subsidiären Anknüpfung des Art. 4 Abs. 3 S. 2 EGBGB (nach deutschem Rechtsverständnis) die Teilrechtsordnung anzuwenden, mit welcher der Sachverhalt am engsten verbunden ist („**engste Verbindung**" des Sachverhalts mit dem Gegenstand der ursprünglichen Anknüpfung). Das OLG Düsseldorf (FamRZ 1995, 1202) hat etwa entschieden, dass im Fall einer Zugewinnausgleichsklage, bei der die Parteien aus verschiedenen Teilrepubliken des früheren Jugoslawiens stammten, nach Art. 4 Abs. 3 S. 1 EGBGB eine Teilrechtsordnung Anwendung findet, zu der die Parteien bei der Eheschließung die engsten Beziehungen hatten (im konkreten Fall Anwendung der Art. 46, 47 des Gesetzes über die Ehe in der Wojwodina).

Die subsidiäre Anknüpfung gelangt nach h.M. aber dann nicht zur **85** Anwendung, wenn sich die Verweisung bereits auf ein „konkretes Teilrecht" (bspw. den Ort des Vertragsschlusses oder die *lex rei sitae*) bezieht (arg e contrario Art. 4 Abs. 3 S. 1 EGBGB).

Auf den Fall einer **intertemporalen Kollision** – mithin die Frage, **86** ob altes oder neues Recht anwendbar ist – findet Art. 4 Abs. 3 EGBGB keine unmittelbare Anwendung: „Es entscheidet die Rechtsordnung, in der die Reform des Rechts stattgefunden hat, welche Sachverhalte von der Reform erfasst sind" (so *Rauscher*, IPR, Rn. 413).

Vgl. auch Art. 220 EGBGB, der eine Übergangsvorschrift zum Gesetz vom **87** 25.7.1986 zur Neuregelung des IPR trifft. Umstritten ist zwischen Rechtsprechung (BGH NJW 1990, 636) und Literatur, wann ein Lebenssachverhalt im Rechtssinne „abgeschlossen" ist. Nach Ansicht des BGH (a.a.O.) normiere Art. 220 Abs. 1 EGBGB einmal im Interesse des Vertrauensschutzes den auch sonst für das intertemporale Privatrecht anerkannten Satz von der Nichtrückwirkung der Neuregelung. Der Vorschrift könne im Wege des Umkehrschlusses auch entnommen werden, dass Tatbestände, die zum maßgeblichen Stichtag zwar schon angelaufen, aber noch nicht zum Abschluss gelangt waren, dem Anwendungsbereich der Neuregelung unterfielen. Es komme jedoch weiter auch auf den Geltungswillen der neuen Vorschrift und ihre daraus abzuleitende Reichweite an, die durch Auslegung festzustellen seien.

Literatur: *Hepting*, Was sind abgeschlossene Vorgänge im Sinne des Art. 220 Abs. 1 EGBGB?, StAZ 1987, 188.

88   Vgl. zum intertemporalen Kollisionsrecht nach der Wiedervereinigung Deutschlands im Hinblick auf Sachverhalte, die vor dem 2.10.1990 der DDR zuzuorden waren, die Art. 230 bis 236 EGBGB.

Im europäischen IPR regeln i.d.R. **Übergangsbestimmungen** die Kollisionsfrage, bspw. Art. 18 Abs. 1 Rom III-VO, Art. 83 Rom IV-VO bzw. Art. 75 Abs. 1 UnterhaltsVO.

X. Öffentliche Ordnung (*ordre public*)

Literatur: *v. Bar/Mankowski*, IPR, Bd. 1, § 7 VIII; *v. Hoffmann/Thorn*, IPR, § 6 Rn. 136 ff.; *Kegel/Schurig*, IPR, § 16; *Kropholler*, IPR, § 36; *Rauscher*, IPR, Rn. 580 ff.

89   Eine Rechtsnorm eines anderen Staates ist nach dem *ordre public*-Grundsatz des Art. 6 EGBGB als Ausnahmenorm nicht anzuwenden, wenn (1) ihre Anwendung (im Einzelfall) zu einem Ergebnis führt, das (2) mit wesentlichen Grundsätzen des deutschen Rechts offensichtlich unvereinbar ist. Es geht um den Schutz des deutschen *ordre public*, d.h. grundlegender deutscher Rechtsanschauungen i.S. elementarer Wertungen durch eine Verhinderung der Anwendung einer ausländischen Norm. Eine ausländische Norm ist insbesondere dann nicht anzuwenden, wenn die Anwendung mit den Grundrechten unvereinbar wäre. Erforderlich ist in jedem Fall ein **Inlandsbezug** des in Rede stehenden Sachverhalts.

90   **Beispiel:** Einem ausländischen **Eheverbot der Religionsverschiedenheit** ist – so der BGH (BGHZ 56, 180) – die Beachtung zu versagen, wenn der Ausländer mit einem deutschen Staatsangehörigen in der Bundesrepublik Deutschland die Ehe eingehen will.

91   **Weitere Beispiele:** Die Bestimmung des ägyptischen Rechts, die ausnahmslos Personen (und damit auch Kinder) von der **gesetzlichen Erbfolge** ausschließt, wenn sie nicht derselben Religion wie der (im Beispielsfall ein muslimischer) Erblasser angehören, beinhaltet nach Ansicht des OLG Hamm (IPRax 2006, 461) einen erheblichen Eingriff in den Schutzbereich des Art. 3 Abs. 3 GG: Die Anwendung dieser Norm indiziere bei einem gegebenen Inlandsbezug einen Verstoß gegen den deutschen *ordre public*. Bei der Abwägung gegenläufiger Grundrechtspositionen könne ein konkret feststellbarer Erblasserwille, die Rechtsfolgen seines Heimatrechts eintreten zu lassen, zu einem abweichenden Ergebnis führen. Der Beachtlichkeit des Erblasserwillens stehe in diesem Zusammenhang nicht entgegen, dass sein Heimatrecht die Errichtung einer auf den

Ausschluss von der gesetzlichen Erbfolge gerichteten letztwilligen Verfügung nicht ermögliche.

AG Kulmbach (FamRZ 2004, 1956) zum Fall der Verstoßung einer in Pakistan lebenden afghanischen Ehefrau durch eine einseitige, in Pakistan erfolgende Erklärung (*talaq*) ihres in Deutschland lebenden Ehemannes.

BVerfG (NJW 2003, 2598) zur Frage der Vollstreckung von *„punitive damages"* in Deutschland im Spannungsverhältnis zum ordre public.

Sonderausprägungen des allgemeinen *ordre public*-Grundsatzes **92** des Art. 6 EGBGB finden sich mit identischer Rechtsfolge zudem bspw. in den **Vorbehaltsklauseln** der
– Art. 13 Abs. 3 S. 1 EGBGB (wonach eine Ehe im Inland grundsätzlich nur in der hier vorgeschriebenen Form geschlossen werden kann);
– Art. 17 Abs. 2 EGBGB (wonach eine Ehe im Inland nur durch ein Gericht geschieden werden kann); bzw.
– Art. 40 Abs. 3 EGBGB, wonach Ansprüche, die dem Recht eines anderen Staates unterliegen, nicht geltend gemacht werden können, soweit sie
– wesentlich weiter gehen als zur angemessenen Entschädigung des Verletzten erforderlich (Nr. 1),
– offensichtlich anderen Zwecken als einer angemessenen Entschädigung des Verletzten dienen (Nr. 2) oder
– haftungsrechtlichen Regelungen eines für die Bundesrepublik Deutschland verbindlichen Übereinkommens widersprechen (Nr. 3).

Vgl. auch die europa- und völkerrechtlichen IPR-Regelungen hinsichtlich des **93** *ordre public*-Grundsatzes in Art. 21 Rom I-VO, Art. 26 Rom II-VO, Art. 12 Rom III-VO bzw. Art. 13 HUntProt.

Die Regelung des Art. 6 EGBGB muss vor dem Hintergrund gese- **94** hen werden, dass die Anwendung der Rechtsnormen eines anderen Staates im Inland die Souveränität der deutschen Staatsmacht durchbricht. Die Anwendung fremder Rechtsnormen durch deutsche Gerichte soll dort ihre Grenzen finden, wo sie fundamentalen Grundsätzen der deutschen Rechtsordnung (d.h. den guten Sitten, dem Zweck deutscher Gesetze und weiterhin auch dem Grundrechtekatalog, vgl. Art. 6 S. 2 EGBGB) widerspricht. Eine Ablehnung der Anwendbarkeit eines ausländischen Rechts über den *ordre public*-Grundsatz des Art. 6 EGBGB hinaus darf jedoch nur dann erfolgen, wenn die Anwendung zu einer **schlechthin nicht mehr akzeptablen Verletzung des Kernbestandes der deutschen Rechtsordnung** führen würde. Zum Kernbestand gehören das Grundgesetz selbst, das Völkerrecht und (bei

Anwendung europäischen Rechts auch) die Grundfreiheiten (deren Anwendung ggf. selbst wieder zu einer Einschränkung des deutschen *ordre public* führen kann).

95   **Beispiel:** Der BGH (BGHZ 169, 240) hat zur Frage Stellung genommen, ob die **Unscheidbarkeit einer Ehe nach kanonischem Recht** (katholisches Ostkirchenrecht) mit Art. 6 Abs. 1 GG und deutschem *ordre public* vereinbar ist: Jedenfalls könne eine Unvereinbarkeit des kirchlichen Scheidungsverbots mit Art. 6 Abs. 1 GG nicht schon generell mit dem Hinweis darauf verneint werden, Art. 6 Abs. 1 GG garantiere nicht nur die Eheschließungsfreiheit, sondern schütze auch und vor allem die bestehende Ehe, indem das Grundgesetz Ehe und Familie unter den besonderen Schutz der staatlichen Ordnung stelle, so dass die Nichtscheidbarkeit einer Ehe nicht gegen den deutschen *ordre public* verstoße. Richtig sei zwar, dass die Eigenständigkeit der Rechtsordnung anderer Staaten (und auf dem Umweg über deren Kollisionsrecht ggf. auch des ausländischen Rechts) zu beachten und bei der Ablehnung, deren Vorschriften anzuwenden, Zurückhaltung geboten sei. Dies gelte umso mehr, wenn auch innerhalb des deutschen Verfassungsrechts das Grundrecht der Eheschließungsfreiheit im Falle einer bereits bestehenden Ehe mit dem Gebot kollidiere, den Bestand dieser Ehe zu schützen. Andererseits sei aber zu berücksichtigen, dass der *ordre public* nicht statisch und unveränderlich ist, sondern als Substrat der geltenden Rechtsordnung ebenso wie diese eine Ausprägung der elementaren Wertvorstellungen der inländischen und zunehmend auch der europäischen Rechtsgemeinschaft darstelle, dem Wandel dieser Wertvorstellungen unterworfen sei und ihm – wenn auch bisweilen mit zeitlicher Verzögerung – folge. Deshalb komme eine Unvereinbarkeit mit der durch Art. 6 Abs. 1 GG garantierten Eheschließungsfreiheit – und ggf. auch mit dem verfassungsrechtlichen Grundsatz der Verhältnismäßigkeit – durchaus in Betracht, wenn das ausländische (kanonische) Recht Ehegatten an einer unheilbar zerrütteten Ehe lebenslänglich festhalte. Daraus könne sich im Einzelfall die Folge ergeben, dass dieses Recht (sei es die ausländische Kollisionsnorm, die auf das kanonische Recht weiter verweist, sei es das kanonische Recht selbst) nach Art. 6 EGBGB nicht anzuwenden ist.

96   Voraussetzung einer Anwendung des *ordre public*-Grundsatzes nach Art. 6 EGBGB ist immer ein **hinreichender Inlandsbezug** des Sachverhalts. Je geringer der Inlandsbezug ist, umso gravierender muss der Verstoß gegen fundamentale Grundsätze der deutschen Rechtsordnung ausfallen, um Art. 6 EGBGB zur Anwendung gelangen zu lassen.

Gelangt der *ordre public*-Grundsatz zur Anwendung, ist allein die konkrete, nichtakzeptable Norm des ausländischen Rechts – nicht hingegen das gesamte ausländische Sachrecht – unanwendbar. An die Stelle der nicht anwendbaren ausländischen Sachnorm tritt dann eine einschlägige Norm der *lex fori*. Sofern dies ausnahmsweise zu keiner Lösung führt, kann der Sachverhalt in Gänze auch einer anderen Rechtsordnung (der *lex fori* oder der *lex causae*) unterstellt werden.

Beispiel: Der BGH (BGHZ 120, 29) hatte die Frage zu entscheiden, wann ein **97** ausländisches Recht, das die elterliche Sorge nach der Scheidung dem Vater belässt (konkret: das minderjährige Kind steht nach Art. 1180 iran. ZGB unter dem *walayat* [der Gewalt] seines Vaters und dessen männlicher Vorfahren), wegen Verstoßes gegen den *ordre public* nach Art. 6 EGBGB nicht anzuwenden ist: Art. 6 S. 1 EGBGB untersagt die Anwendung einer Rechtsnorm eines anderen Staates, wenn ihre Anwendung zu einem Ergebnis führt, das mit wesentlichen Grundsätzen des deutschen Rechts offensichtlich unvereinbar ist. Eine ausländische Rechtsnorm ist insbesondere dann nicht anzuwenden, wenn ihre Anwendung mit den Grundrechten unvereinbar ist. Eine Grundrechtsverletzung im Einzelfall durch Anwendung einer Vorschrift fremden Rechts sei als unvereinbar mit dem deutschen *ordre public* stets von vornherein ausgeschlossen. Allerdings führe nicht jede Anwendung ausländischen Rechts, die bei einem Inlandsfall grundrechtswidrig wäre, bereits zur „offensichtlichen Unvereinbarkeit" mit wesentlichen Grundsätzen des deutschen Rechts. Vielmehr bedürfe es einer ausreichenden Inlandsbeziehung des Einzelfalls, um einen Verstoß gegen den *ordre public* anzunehmen. Es komme auch darauf an, ob und inwieweit das Grundrecht in Bezug auf den konkreten Sachverhalt Geltung beansprucht, insbesondere auch unter Berücksichtigung der Gleichstellung anderer Staaten und der Eigenständigkeit ihrer Rechtsordnungen. Es könne auch eine den Besonderheiten des Falles, insbesondere deren Grad der Inlandsbeziehungen angepasste Auslegung der Grundrechte angezeigt sein. Im konkreten Fall komme ein Verstoß gegen den *ordre public*, dessen Beachtung auch das deutsch-iranische Niederlassungsabkommen nach dessen Art. 8 Abs. 3 S. 2 nicht entgegenstehe, in Betracht: Nach der Rechtsprechung des BVerfG sei das Kind Grundrechtsträger. Es habe ein eigenes Recht auf Entfaltung seiner Persönlichkeit i.S. der Art. 1 Abs. 1 und Art. 2 Abs. 1 GG. Die Elternverantwortung sei auf das Wohl des Kindes ausgerichtet und müsse das Kind in seiner Individualität als Grundrechtsträger berücksichtigen. Bei einem etwaigen Interessenkonflikt zwischen Elternverantwortung und Kind komme dem Kind der Vorrang zu. Ausschlaggebend sei deshalb auch bei der Entscheidung über die elterliche Sorge nach Scheidung der Ehe das Wohl des Kindes. Diesem Wohl entspreche es, dass nach dem Förderungsprinzip derjenige Elternteil die elterliche Sorge erhalten soll, bei dem das Kind vermutlich die meiste Unterstützung für den Aufbau seiner Persönlichkeit erwarten könne. Ferner sei es von Verfassungs wegen geboten, den Willen des Kindes zu berücksichtigen, soweit dies mit seinem Wohl vereinbar sei. Auf eine ausländische Staatsangehörigkeit des Kindes komme es nicht an, da das Grundrecht aus Art. 2 Abs. 1 GG auch ausländischen Staatsangehörigen in der Bundesrepublik zustehe.

Sollten weitere Feststellungen – so der BGH – ergeben, dass das Wohl der Kinder deren Verbleib bei der Mutter erfordert, führe die Anwendung des iranischen Rechts dann nicht zu einem Verstoß gegen den *ordre public*, wenn das iranische Recht die Möglichkeit vorsieht, die tatsächliche Personensorge mit dem Recht der Aufenthaltsbestimmung der Mutter zu übertragen Sollte jedoch eine solche Möglichkeit nach iranischem Recht ausscheiden, würde ein Verstoß gegen den *ordre public* nicht zwangsläufig dazu führen, dass für die Regelung der elterlichen Sorge deutsches Recht zur Anwendung kommt. Vielmehr wäre zu versuchen, die Regelungslücke, die durch die Nichtanwendung der dem *ordre public* zuwiderlaufenden Vorschrift entsteht, nach Möglichkeit nach dem iranischen Recht zu schließen. Dies könnte etwa in der Weise geschehen, dass dem Vater die Vermögenssorge belassen bleibt, während der Mutter die Personensorge – u.U. auch das Recht, die Kinder in Unterhaltssachen zu vertreten, – übertragen wird.

Kapitel 2. Personenrecht und Recht der Rechtsgeschäfte

A. Personenrecht

Literatur: *v. Hoffmann/Thorn*, IPR, § 7 Rn. 1 ff.; *Kropholler*, IPR, §§ 42 und 43 (natürliche Personen und Name) sowie § 55 (Gesellschaften); *Rauscher*, IPR, Rn. 603 ff.; *Siehr*, IPR, §§ 15 bis 19 (natürliche Personen) und § 41 (Gesellschaften).

Das Personalstatut bestimmt die **allgemeine Rechts- und Ge-** **98** **schäftsfähigkeit** natürlicher Personen nach dem Recht des Heimatstaates (vgl. Art. 7 Abs. 1 EGBGB).

Vgl. im Hinblick auf Staatenlose und Flüchtlinge die Hilfsanknüp- **99** fungen unter Anknüpfungspunkte, Rn. 27 ff.

Die allgemeine Rechts- und Geschäftsfähigkeit als **Vorfrage** eines **100** Rechtsgeschäfts wird nach Art. 7 Abs. 1 EGBGB grundsätzlich **selbständig angeknüpft**. Sie unterfällt dann nicht dem Vertragsstatut (vgl. etwa Art. 1 Abs. 2a Rom I-VO, wonach der Personenstand sowie die Rechts-, Geschäfts- und Handlungsfähigkeit von natürlichen Personen – unbeschadet des Art. 13 Rom I-VO – vom Anwendungsbereich der Verordnung ausgenommen sind).

Von der allgemeinen Rechts- und Geschäftsfähigkeit ist die **beson-** **101** **dere Rechts- und Geschäftsfähigkeit** zu unterscheiden, bspw.
– die Ehemündigkeit (vgl. Art. 13 Abs. 1 EGBGB) oder
– die Testierfähigkeit (vgl. Art. 26 Abs. 1 Buchst. a i.V.m. Art. 24 und 25 Rom IV-VO).
Die besondere Rechts- und Geschäftsfähigkeit beurteilt sich nach dem Statut der Hauptfrage (**Wirkungsstatut**).

Den mit einer Anknüpfung der allgemeinen Rechts- und Geschäfts- **102** fähigkeit an das Personalstatut ggf. einhergehenden Problemen für den Rechtsverkehr – da die Verkehrsteilnehmer in anderen Staaten oft das Heimatrecht ihres Geschäftspartners nicht kennen – versucht die **Verkehrsschutzregel des Art. 12 EGBGB (Schutz des anderen Vertragsteils)** zu begegnen (**Vertrauensschutz**): Wird ein Vertrag zwischen Personen geschlossen, die sich in „demselben Staat" befinden (mit der Folge einer Unanwendbarkeit der Regelung auf grenzüberschreitende Distanzgeschäfte), so kann sich eine natürliche Person, die nach den Sachvorschriften des Rechts dieses Staates (d.h. des Vertragsschlussortes) rechts-, geschäfts- und handlungsfähig wäre, nach

Art. 12 S. 1 EGBGB nur dann auf ihre aus den Sachvorschriften des
Rechts eines anderen Staates abgeleitete Rechts-, Geschäfts- und
Handlungs**un**fähigkeit berufen, wenn der andere Vertragsteil bei Vertragsabschluss diese Rechts-, Geschäfts- und Handlungsunfähigkeit
kannte oder kennen musste (vgl. die Legaldefinition von Kennenmüs-
sen in § 122 Abs. 2 BGB). Dies gilt jedoch gemäß Art. 12 S. 2 EGBGB
nicht für familienrechtliche und erbrechtliche Rechtsgeschäfte sowie für
Verfügungen über ein in einem anderen Staat belegenes Grundstück,
womit es hier bei der Anwendung des nach Art. 7 EGBGB berufenen
Rechts bleibt. *Rauscher* (IPR, Rn. 620) bejaht i.Ü. eine analoge Anwendbarkeit des Art. 12 EGBGB auf **einseitige Rechtsgeschäfte**.

103   Vgl. auch die Parallelregelung des Art. 13 Rom I-VO (der seit Ende 2009
Art. 12 EGBGB in Bezug auf schuldrechtliche Verträge verdrängt hat). Danach
kann sich bei einem zwischen Personen geschlossenen Vertrag, wenn sich die
Vertragsparteien in demselben Staat befinden, eine natürliche Person, die nach
dem Recht dieses Staates rechts-, geschäfts- und handlungsfähig wäre, nur dann
auf ihre sich nach dem Recht eines anderen Staates ergebende Rechts-, Ge-
schäfts- und Handlungs**un**fähigkeit berufen, wenn die andere Vertragspartei bei
Vertragsschluss diese Rechts-, Geschäfts- und Handlungsunfähigkeit kannte
oder infolge von Fahrlässigkeit nicht kannte.

104   Die zivilprozessuale **Partei- und Prozessfähigkeit** (dazu näher
Ring/Olsen-Ring, IZVR, 2017) bestimmt sich – so die h.A. – nach
dem Verfahrensrecht des Personalstatuts (mithin dem Zivilprozessrecht
des Heimatstaates, so *Rauscher*, IPR, Rn. 625: Eine Vorfragenanknüp-
fung an das nach Art. 7 EGBGB berufene Statut folge nur dann, wenn
das Verfahrensrecht die Partei- an die Rechtsfähigkeit bzw. die Pro-
zess- an die volle Geschäftsfähigkeit binde). So hat der BGH (BGHZ
125, 196 – Ls. 1, unter Bezugnahme auf BGH NJW 1981, 2640) etwa
entschieden, dass sich die Zulässigkeit einer **gewillkürten Prozess-
standschaft** in Fällen mit Auslandsberührung grundsätzlich nach
deutschem Prozessrecht als der *lex fori* bestimmt. Nach diesem Recht
richte sich insbesondere auch die Frage, wie das erforderliche eigene
Interesse des Prozessstandschafters an der Prozessführung beschaffen
sein müsse.

I. Rechtsfähigkeit

105   Die **allgemeine Rechtsfähigkeit** (als Fähigkeit eines Rechtssub-
jekts Träger von Rechten und Pflichten zu sein) einer (natürlichen)
Person (die nach deutschem Recht gemäß § 1 BGB – ggf. im Unterschied zu anderen Rechtsordnungen – mit der Vollendung der Geburt
beginnt und mit dem [Hirn-] Tod der Person endet) unterliegt nach

Art. 7 Abs. 1 S. 1 EGBGB dem Recht des Staates, dem die Person angehört (**Heimatrecht – Personalstatut**).

Im Unterschied dazu bestimmt sich die **besondere Rechtsfähigkeit** 106 (d.h. die Fähigkeit an bestimmten Rechten oder Rechtsgeschäften teilzuhaben, dazu bereits vorstehende Rn. 101) nach dem **Wirkungsstatut** des jeweils in Rede stehenden Rechts- oder Erwerbsvorgangs (bspw. die Erbfähigkeit nach dem Erbstatut, Art. 23 Abs. 2 Buchst. c i.V.m. Art. 23 Abs. 1, 21, 22 Rom IV-VO).

Im Hinblick auf das **Transplantationsrecht** soll – aus Praktikabili- 107 tätserwägungen heraus – hingegen auf das Recht des Sterbeortes abzustellen sein (*Junker*, IPR, Rn. 293).

Das **Verschollenheitsrecht** (Todeserklärung infolge Verschollen- 108 heit) ist in Art. 9 EGBGB geregelt: Nach Art. 9 S. 1 EGBGB unterliegen die Todeserklärung, die Feststellung des Todes und des Todeszeitpunkts sowie Lebens- und Todesvermutungen dem Recht des Staates, dem der Verschollene in dem letzten Zeitpunkt angehörte, in dem er nach den vorhandenen Nachrichten noch gelebt hat (**letztes Heimatrecht**). Dies gilt gleichermaßen für eine **Kommorienten- bzw. Vorversterbensvermutung** nach § 11 VerschG (so *v. Hoffmann/Thorn*, IPR, § 7 Rn. 4 – „Kann nicht bewiesen werden, dass von mehreren gestorbenen oder für tot erklärten Menschen der eine den anderen überlebt hat, so wird vermutet, dass sie gleichzeitig gestorben sind" – ggf. mit der Notwendigkeit einer Anpassung bei unterschiedlicher Staatsangehörigkeit der Verschollenen). War der Verschollene in diesem Zeitpunkt Angehöriger eines fremden Staates (d.h. Ausländer), so kann er nach deutschem Recht für tot erklärt werden, wenn hierfür ein „berechtigtes Interesse" besteht (so Art. 9 S. 2 EGBGB). Dies ist bspw. im Falle eines letzten gewöhnlichen Aufenthalts im Inland oder bei hier belegenem Vermögen denkbar.

Im Hinblick auf die **internationale Zuständigkeit deutscher Ge-** 109 **richte zur Todeserklärung** gilt § 12 VerschG: Für Todeserklärungen und Verfahren bei der Feststellung der Todeszeit sind die deutschen Gerichte nach § 12 Abs. 1 VerschG zuständig, wenn der Verschollene oder der Verstorbene in dem letzten Zeitpunkt, in dem er nach den vorhandenen Nachrichten noch gelebt hat, Deutscher war oder seinen gewöhnlichen Aufenthalt im Inland hatte. Die deutschen Gerichte sind auch dann zuständig, wenn ein berechtigtes Interesse an einer Todeserklärung oder Feststellung der Todeszeit durch sie besteht (so § 12 Abs. 2 VerschG), um einen Gleichlauf von internationaler Zuständigkeit und anwendbarem Recht herbeizuführen. Gleichwohl sind die Zuständigkeiten nach § 12 Abs. 1 und 2 VerschG gemäß § 12 Abs. 3 VerschG nicht ausschließlich.

110   Das Statut der Rechtsfähigkeit ist **wandelbar (Möglichkeit eines Statutenwechsels)**. D.h., es gilt das jeweilige Heimatrecht. Allerdings werden die Folgen eines Statutenwechsels durch Art. 7 Abs. 2 EGBGB im Interesse einer Statuswahrung (wobei eine Verbesserung des Status umgekehrt nicht ausgeschlossen wird) beschränkt: Eine „einmal erlangte" Rechtsfähigkeit wird durch den Erwerb oder den Verlust der Rechtsstellung als Deutscher nicht beeinträchtigt (Grundsatz *„semel maior, semper maior"*). Obgleich Art. 7 Abs. 2 EGBGB als einseitige Kollisionsnorm ausgestaltet ist, wird die Regelung analog für alle Fälle eines Wechsels des Personalstatuts angewendet (so *Rauscher*, IPR, Rn. 618). Die einseitig formulierte Kollisionsnorm des Art. 7 Abs. 2 EGBGB ist also **allseitig auszubauen**.

111   **Exkurs Gesellschaftsstatut**: Die Rechtsfähigkeit juristischer Personen bemisst sich nach Maßgabe des Internationalen Gesellschaftsrechts – d.h. dem **Gesellschaftsstatut**. Dazu näher nachstehende Rn. 569 ff.

II. Geschäftsfähigkeit

Literatur: *Baetge*, Anknüpfung der Rechtsfolgen bei fehlender Geschäftsfähigkeit, IPRax 1996, 185; *v. Hoffmann/Thorn*, IPR, § 7 Rn. 6 ff.; *Rauscher*, IPR, Rn. 612 ff.

112   Die Geschäftsfähigkeit einer Person unterliegt nach Art. 7 Abs. 1 S. 1 EGBGB dem Recht des Staates, dem die Person angehört. Damit erfolgt in Art. 7 Abs. 1 S. 1 EGBGB in Bezug auf die **allgemeine Geschäftsfähigkeit** einer (natürlichen) Person keine Anknüpfung an das Wirkungsstatut, d.h. an das Recht, das den Geschäftsinhalt bestimmt. Das Wirkungsstatut bestimmt nur, ob ein Rechtsgeschäft volle Geschäftsfähigkeit voraussetzt. Mit Art. 7 Abs. 1 S. 1 EGBGB erfolgt also eine gesonderte Anknüpfung (**Teilfrage**) an das Recht des Staates, dem die Person angehört (**Heimatrecht – Personalstatut**).

113   Nach dem Personalstatut (Heimatrecht) beurteilen sich gleichermaßen die **Rechtsfolgen fehlender Geschäftsfähigkeit** (d.h. beschränkte Geschäftsfähigkeit oder Geschäftsunfähigkeit). Dies gilt auch, soweit die Geschäftsfähigkeit durch Eheschließung nach dem Grundsatz „Heirat macht mündig" erweitert wird (d.h. das Personalstatut mit der Eheschließung volle Geschäftsfähigkeit gewährt, was nach deutschem Recht seit 1976 nicht mehr der Fall ist), so Art. 7 Abs. 1 S. 2 EGBGB.

114   **Beachte:** Vormundschaft, Betreuung und Pflegschaft unterfallen Art. 24 EGBGB.

Die **besondere Geschäftsfähigkeit** (vorstehende Rn. 101 und 106) **115** knüpft hingegen an das Wirkungsstatut an (z.B. die **Deliktsfähigkeit** an das Deliktsstatut nach Art. 15 Abs. 1 Buchst. a Rom II-VO respektive Art. 40 EGBGB bzw. die **Testierfähigkeit** an das Erbstatut nach Art. 26 Abs. 1 Buchst. a i.V.m. Art. 24 und 25 Rom IV-VO).

Das Statut der Geschäftsfähigkeit ist **wandelbar (Möglichkeit eines** **116** **Statutenwechsels)**, d.h. es gilt das jeweilige Heimatrecht. Allerdings werden die Folgen eines Statutenwechsels durch Art. 7 Abs. 2 EGBGB im Interesse einer Statuswahrung beschränkt (wobei eine Verbesserung des Status umgekehrt nicht ausgeschlossen wird): Eine „einmal erlangte" Geschäftsfähigkeit wird durch den Erwerb oder den Verlust der Rechtsstellung als Deutscher nicht beeinträchtigt. D.h. der **Grundsatz** **„einmal geschäftsfähig, immer geschäftsfähig"** gilt im Interesse eines Schutzes wohlerworbener Rechte auch nach einem Wechsel der Staatsangehörigkeit (mithin nach einem Statutenwechsel). Obgleich Art. 7 Abs. 2 EGBGB als einseitige Kollisionsnorm ausgestaltet ist, wird die Regelung analog für alle Fälle eines Wechsels des Personalstatuts angewendet (so *Rauscher*, IPR, Rn. 618). Die einseitig formulierte Kollisionsnorm des Art. 7 Abs. 2 EGBGB ist also **allseitig auszubauen**.

Beachte jedoch: Die praktische Relevanz von Art. 7 EGBGB im **117** Hinblick auf die Geschäftsfähigkeit ist in Bezug auf vertragliche Schuldverhältnisse wegen **Art. 13 Rom I-VO** respektive **Art. 12 EGBGB** (Schutz der anderen Vertragspartei) gering. Die genannten Regelungen sehen beim Vorliegen bestimmter Voraussetzungen im Hinblick auf die Geschäftsfähigkeit eine **alternative Anknüpfung an das Recht des Abschlussortes** (d.h. an die Ortsform) vor. Bei einem zwischen Personen, die sich in demselben Staat befinden, geschlossenen Vertrag kann sich aus **Gründen des Verkehrsschutzes** (Schutz gutgläubiger Vertragspartner, die darauf vertrauen, dass sie mit einer geschäftsfähigen Person kontrahieren) nach Art. 13 Rom I-VO eine natürliche Person, die nach dem Recht dieses Staates rechts-, geschäfts- und handlungsfähig wäre, nur dann auf ihre sich nach dem Recht eines anderen Staates ergebende Rechts-, Geschäfts- und Handlungs**un**fähigkeit berufen (Fall einer **Normenkollision**), wenn die andere Vertragspartei bei Vertragsschluss diese Rechts-, Geschäfts- und Handlungs**un**fähigkeit kannte oder infolge von Fahrlässigkeit nicht kannte. Den Geschäftsunfähigen trifft dabei die Beweislast für die Bösgläubigkeit. Dies wird durch die Parallelregelung des Art. 12 EGBGB (**Schutz des anderen Vertragsteils**) bestätigt, wonach – wenn ein Vertrag zwischen Personen geschlossen wird, die sich in demselben Staat befinden – sich eine natürliche Person, die nach den Sachvorschriften des Rechts dieses Staates rechts-, geschäfts- und handlungsfähig wäre, nur dann auf ihre aus den Sachvorschriften des Rechts eines anderen Staates abgeleitete Rechts-, Geschäfts- und Handlungs**un**fähigkeit berufen kann, wenn der andere Vertragsteil bei Vertragsabschluß diese Rechts-, Geschäfts- und Handlungs**un**fähigkeit kannte oder kennen musste (was jedoch nicht für familienrechtliche und erbrechtliche Rechtsgeschäfte sowie für Verfügungen über ein in einem anderen Staat belegenes Grundstück gilt). Art. 12 EGBGB soll auf einseitige Rechtsgeschäfte anwendbar sein (so *v. Hoffmann/Thorn*, IPR, § 7 Rn. 10)

III. Namensrecht (Art. 10 EGBGB)

Literatur: *Henrich*, Die Rechtswahl im internationalen Namensrecht und ihre Folgen, StAZ 1996, 129; *ders.*, Die Angleichung im internationalen Namensrecht – Namensführung nach Statutenwechsel, StAZ 2007, 197; *v. Hoffmann/Thorn*, IPR, § 7 Rn. 12 ff.; *Rauscher*, IPR, Rn. 668 ff.

1. Grundsätze des Namensstatuts

118   Art. 10 EGBGB unterstellt den Namen einem **eigenen Namensstatut**, womit der Name einen **eigenen Anknüpfungsgegenstand** bildet.

119   Eine **behördliche bzw. gerichtliche Namensänderung** richtet sich i.Ü. auch nach dem Personalstatut (vgl. dazu ferner das *Istanbuler CIEC-Übereinkommen über die Änderung von Namen und Vornamen* vom 14.9.1958, BGBl 1961 II, S. 1076).

120   Bei **Mehrstaatern** gelangt Art. 5 Abs. 1 EGBGB zur Anwendung. Danach ist das Recht desjenigen Staates anzuwenden, mit dem die Person am engsten verbunden ist (insbesondere durch ihren gewöhnlichen Aufenthalt oder durch den Verlauf ihres Lebens), wobei, wenn die Person auch Deutscher ist, diese Rechtsstellung vorgeht.

121   Bei unterschiedlicher Staatsangehörigkeit der **Ehegatten** richtet sich der Ehename nach der Eheschließung nach dem Recht des jeweiligen Heimatstaats.

122   **Fall:** Der EuGH hat am 2.10.2003 (C – 148/02 – **Carlos Garcia Avello**) entschieden, dass Angehörige eines Mitgliedstaats, die sich rechtmäßig im Hoheitsgebiet eines anderen Mitgliedstaats aufhalten, sich auf das Recht aus ex Art. 12 EGV (nunmehr Art. 18 AEUV) berufen können. Sie dürfen in Bezug auf die Regeln, nach denen sich ihr **Familienname** bestimmt, nicht aus Gründen der Staatsangehörigkeit diskriminiert werden. Die ex Art. 12 und ex

Art. 17 EGV (nunmehr Art. 18 und Art. 20 AEUV) seien dahin auszulegen, dass sie es den Verwaltungsbehörden eines Mitgliedstaats verwehren, einen Antrag auf Änderung des Namens in diesem Staat wohnender minderjähriger Kinder mit doppelter Staatsangehörigkeit (derjenigen dieses Staates und derjenigen eines anderen Mitgliedstaats) abzulehnen, wenn dieser Antrag darauf gerichtet ist, dass diese Kinder den Namen führen können, den sie nach dem Recht und der Tradition des zweiten Mitgliedstaats hätten.

Der EuGH (NJW 2009, 135 – Ls. – **Grunkin-Paul**) hat zudem festgestellt, dass ex Art. 18 EGV (nunmehr Art. 21 AEUV – wonach jeder Unionsbürger das Recht hat, sich im Hoheitsgebiet der Mitgliedstaaten vorbehaltlich der in den Verträgen und in den Durchführungsvorschriften vorgesehenen Beschränkungen und Bedingungen frei zu bewegen und aufzuhalten) ggf. einer Verfahrensweise entgegensteht, dass die Behörden eines Mitgliedstaats es unter Anwendung des nationalen Rechts ablehnen, den **Nachnamen eines Kindes** anzuerkennen, der in einem anderen Mitgliedstaat bestimmt und eingetragen wurde, in dem dieses Kind – das wie seine Eltern nur die Staatangehörigkeit des erstgenannten Mitgliedstaats besitzt – geboren wurde und seitdem wohnt.

In einer weiteren Entscheidung hat der EuGH (EuGRZ 2011, 25 – Ls. – **Sayn-Wittgenstein**) festgestellt, dass Art. 21 AEUV dahin auszulegen sei, dass er es den Behörden eines Mitgliedstaats (im konkreten Fall Österreich) nicht verwehrt, die Anerkennung des Nachnamens eines Angehörigen dieses Staates in allen seinen Bestandteilen, wie er in einem zweiten Mitgliedstaat (Deutschland), in dem dieser Staatsangehörige wohnt, bei seiner Adoption als Erwachsener durch einen Staatsangehörigen dieses zweiten Staates bestimmt wurde, abzulehnen, wenn dieser Nachname einen **Adelstitel** enthält, der im ersten Mitgliedstaat (Österreich) aus verfassungsrechtlichen Gründen unzulässig ist. Voraussetzung sei, dass die in diesem Zusammenhang von den Behörden des ersten Mitgliedstaats (Österreich) ergriffenen Maßnahmen aus Gründen der öffentlichen Ordnung gerechtfertigt seien (d.h. zum Schutz der Belange, die sie gewährleisten sollen, erforderlich sind und in einem angemessenen Verhältnis zu dem legitimerweise verfolgten Zweck stehen). Es erscheine nicht unverhältnismäßig, wenn ein Mitgliedstaat das Ziel der Wahrung des Gleichheitssatzes dadurch erreichen wolle, dass er seinen Angehörigen den Erwerb, den Besitz oder den Gebrauch von Adelstiteln oder von Bezeichnungen verbietet, die glauben machen könnten, dass derjenige, der den Namen führt, einen solchen Rang innehat.

> Vor diesem Hintergrund sei eine solche Ablehnung nicht als eine
> Maßnahme anzusehen, die das Recht der Unionsbürger auf Freizü-
> gigkeit und auf freien Aufenthalt ungerechtfertigt beeinträchtigt.
>
> Kürzlich hat der EuGH (in der Rechtssache **Bogendorff von Wolf-
> fersdorff**, C-438/14) entschieden, dass Art. 21 AEUV dahin auszu-
> legen sei, dass die Behörden eines Mitgliedstaats nicht verpflichtet
> sind, den Nachnamen eines Angehörigen dieses Mitgliedstaats an-
> zuerkennen, wenn dieser auch die Staatsangehörigkeit eines ande-
> ren Mitgliedstaats besitzt, in dem er diesen Namen erworben hat,
> den er frei gewählt hat und der mehrere nach dem Recht des erstge-
> nannten Mitgliedstaats nicht zulässige Adelsbestandteile enthält.
> Voraussetzung ist (was das nationale Gericht überprüfen muss),
> dass eine solche Ablehnung der Anerkennung in diesem Zusam-
> menhang insoweit aus Gründen der öffentlichen Ordnung gerecht-
> fertigt ist, als sie geeignet und erforderlich ist, sicherzustellen, dass
> der Grundsatz der Gleichheit aller Bürger des besagten Mitglied-
> staats vor dem Gesetz gewahrt wird.

123   Die **Namensführung** (d.h. die Führung eines Vor- und Nachnamens, eines Zwischennamens, deren [geschlechts- bzw. familienspezi-
fische] Schreibweise [z.B. *dottir* bzw. *son* im isländischen Recht] und
ggf. des Rechts zur Führung eines Adelstitels, Künstlernamens oder
Pseudonyms) wird also vom **Personalstatut** beherrscht.

124   Hingegen wird der **Schutz des Namens** deliktsrechtlich angeknüpft.
Die Namensführung stellt dabei eine selbst anzuknüpfende Vorfrage dar.

2. Grundanknüpfung

125   Der Name einer Person (i.S. der Führung des gesamten Namens)
unterliegt nach der **Grundanknüpfung** in Art. 10 Abs. 1 EGBGB dem
Recht des Staates, dem die Person angehört (**Heimatrecht – Anknüpfung des Namensstatuts an das Personalstatut**).

3. Möglichkeiten einer Rechtswahl

126   Die grundsätzliche Anknüpfung an das Heimatrecht in Art. 10
Abs. 1 EGBGB erfährt durch die **Möglichkeiten einer Rechtswahl**
(**Namensstatutwechsel**) Durchbrechungen in
– Art. 10 Abs. 2 EGBGB für Ehegatten und in
– Art. 10 Abs. 3 EGBGB für Kinder.

127   **Ehegatten** können – neben der Grundanknüpfung des Art. 10
Abs. 1 EGBGB – bei oder nach der Eheschließung (selbst wenn sie im

Ausland erfolgt ist – und ohne zeitliche Befristung) gemäß Art. 10 Abs. 2 S. 1 EGBGB gegenüber dem Standesamt ihren künftig zu führenden Namen wählen. Damit soll ihnen die Möglichkeit eines einheitlichen Namensrechts und eine Anpassung an die gewöhnliche Namensführung am Aufenthaltsort eröffnet werden. Die Namenswahl kann erfolgen

- (wenn die Ehegatten unterschiedliche Heimatrechte haben) nach dem Recht des Staates, dem einer der Ehegatten angehört, Nr. 1 (**Wahl des Heimatrechts eines der Ehegatten** – ungeachtet des Art. 5 Abs. 1 EGBGB [womit auch ein nicht effektives Heimatrecht gewählt werden kann]) oder
- (wenn beide Ehegatten Ausländer sind) nach deutschem Recht, wenn einer von ihnen seinen gewöhnlichen Aufenthalt im Inland hat, Nr. 2 (**Wahl deutschen Rechts**).

Exkurs: Nach Art. 17b Abs. 2 S. 1 EGBGB findet Art. 10 Abs. 2 EGBGB **128** auf die **eingetragene Lebenspartnerschaft** entsprechende Anwendung.

Die Möglichkeit der Rechtswahl birgt allerdings die Gefahr „hin- **129** kender Rechtsverhältnisse" in sich, wenn ein Heimatrecht diese Rechtswahl nicht anerkennt.

Nach der Eheschließung abgegebene Erklärungen müssen öffentlich **130** beglaubigt werden (Art. 10 Abs. 2 S. 2 EGBGB). Für die Auswirkungen der Wahl auf den Namen des Kindes ist nach Art. 10 Abs. 2 S. 3 EGBGB die Regelung des § 1617c BGB sinngemäß anzuwenden.

Das Heimatrecht bestimmt auch den **Kindesnamen** (vgl. Art. 10 **131** Abs. 1 EGBGB), sofern nach Art. 10 Abs. 3 EGBGB keine Rechtswahl getroffen wird. Der **Inhaber der elterlichen Sorge** – wer das ist, bestimmt sich nach der selbständig anzuknüpfenden Vorfrage, d.h. nach dem gemäß Art. 21 EGBGB anzuwendenden Recht des Staates, in dem das Kind seinen gewöhnlichen Aufenthalt hat (strittig) – kann nach Art. 10 Abs. 3 S. 1 EGBGB (ohne zeitliche Begrenzung) gegenüber dem Standesamt bestimmen, dass das Kind den Familiennamen erhalten soll

- nach dem Recht eines Staates, dem ein Elternteil angehört, Nr. 1 (**Wahl des Heimatrecht eines Elternteils** – ungeachtet des Art. 5 Abs. 1 EGBGB [womit auch ein nicht effektives Heimatrecht gewählt werden kann]); bzw.
- nach deutschem Recht, wenn ein Elternteil seinen gewöhnlichen Aufenthalt im Inland hat, Nr. 2 (**Wahl deutschen Rechts**); oder
- (im Falle einer Namenserteilung) nach dem Recht des Staates, dem ein den Namen Erteilender angehört, Nr. 3 (**Wahl des Heimatrechts des Erteilenden**).

132   Art. 10 Abs. 3 S. 1 EGBGB bietet somit zum Heimatrecht (Personalstatut) des Kindes **alternative Rechtswahlmöglichkeiten**. Umstritten ist, ob die **Abstammung** des Kindes als unselbständige Vorfrage nach den Kollisionsnormen des Namenstatuts zu entscheiden ist.

133   Nach der Beurkundung der Geburt abgegebene Erklärungen müssen gemäß Art. 10 Abs. 3 S. 2 EGBGB öffentlich beglaubigt werden.

4. Namensangleichung bei einem Wechsel des Namensstatuts

134   Art. 47 EGBGB (Vor- und Familiennamen) trifft **Regelungen zur Namensangleichung bei einem Wechsel des Namensstatuts** (d.h. im Falle eines **Statutenwechsels**): Hat eine Person nach einem anwendbaren ausländischen Recht einen Namen erworben und richtet sich ihr Name fortan nach deutschem Recht, so kann sie nach Art. 47 Abs. 1 S. 1 EGBGB durch Erklärung gegenüber dem Standesamt

– aus dem Namen Vor- und Familiennamen bestimmen (Nr. 1, im Hinblick auf Rechtsordnungen, die keine Differenzierung zwischen Vor- und Familiennamen kennen),

– bei Fehlen von Vor- oder Familiennamen einen solchen Namen (eigenständig) wählen (Nr. 2),

– Bestandteile des Namens ablegen, die das deutsche Recht nicht vorsieht (Nr. 3),

– die ursprüngliche Form eines nach dem Geschlecht oder dem Verwandtschaftsverhältnis abgewandelten Namens annehmen (Nr. 4) bzw.

– eine deutschsprachige Form ihres Vor- oder ihres Familiennamens annehmen. Gibt es eine solche Form des Vornamens nicht, so kann sie neue Vornamen annehmen (Nr. 5).

135   Ist der Name Ehename, so kann die Erklärung nach Art. 47 Abs. 1 S. 2 EGBGB während des Bestehens der Ehe nur von beiden Ehegatten abgegeben werden. Art. 47 Abs. 1 EGBGB gilt entsprechend für die Bildung eines Namens nach deutschem Recht, wenn dieser von einem Namen abgeleitet werden soll, der nach einem anwendbaren ausländischen Recht erworben worden ist (so Art. 47 Abs. 2 EGBGB). Die Erklärungen nach Art. 47 Abs. 1 und 2 EGBGB müssen gemäß Art. 47 Abs. 4 EGBGB öffentlich beglaubigt oder beurkundet werden. In Bezug auf die Auswirkungen einer Namensangleichung auf den Namen des Kindes verweist Art. 47 Abs. 3 EGBGB auf § 1617c BGB.

B. Rechtsgeschäfte

136   Rechtsgeschäfte unterliegen dem **Wirkungs- (Geschäfts-) statut**.

I. Form der Rechtsgeschäfte

Literatur: *v. Hoffmann/Thorn*, IPR, § 7 Rn. 37 ff. (Allgemeine Rechtsgeschäftslehre) und § 10 (Vertragliche Schuldverhältnisse); *Kropholler*, IPR, § 52; *Rauscher*, IPR, Rn. 1100 ff.; *Siehr*, IPR, §§ 22 ff.; *Zellweger*, Die Form der schuldrechtlichen Verträge im internationalen Privatrecht, 1990.

1. Überblick

Die **Form schuldrechtlicher Verträge** wird abschließend durch **137** Art. 11 Rom I-VO geregelt. Für **alle anderen Rechtsgeschäfte** hat das **Formstatut** in Art. 11 EGBGB eine generelle Regelung erfahren. Daneben gelten Sondervorschriften für bestimmte Rechtsgeschäfte, z.B.

- Art. 13 Abs. 3 S. 1 EGBGB für die Eheschließung im Inland,
- Art. 17b Abs. 1 S. 1 EGBGB für die Begründung einer eingetragenen Lebenspartnerschaft,
- Art. 27 Rom IV-VO für schriftliche Verfügungen von Todes wegen,
- Art. 21 Rom II-VO für außervertragliche Schuldverhältnisse bzw.
- Art. 14 Abs. 4 und Art. 15 Abs. 3 EGBGB (vgl. ab dem 29.1.2019 auch Art. 22 Rom IVa- bzw. IVb-VO in Bezug auf Güterstandsvereinbarungen) für die Rechtswahl.

Art. 11 Rom I-VO und Art. 11 EGBGB weisen mit ihrer **objektiven 138 Anknüpfung** große Ähnlichkeiten auf.

2. Art. 11 Rom I-VO

Ein **Vertrag**, der zwischen zwei Personen geschlossen wird, die oder **139** deren Vertreter sich zum Zeitpunkt des Vertragsschlusses in **demselben Staat** befinden, ist nach der zwecks Vermeidung von Formunwirksamkeitsrisiken (die aus der fehlenden Kenntnis ausländischer Formvorschriften resultieren) **alternativen Anknüpfung** gemäß Art. 11 Abs. 1 Rom I-VO formgültig, wenn der Vertrag die Formerfordernisse

- des auf ihn nach der Rom I-VO anzuwendenden materiellen Rechts (**Formerfordernis des Wirkungs- [Geschäfts-] statuts**) oder
- des Rechts des Staates, in dem er geschlossen wird (Abschlussort – **Formerfordernis des Ortsrechts**)

erfüllt.

Ein **Vertrag**, der zwischen Personen geschlossen wird, die oder de- **140** ren Vertreter sich zum Zeitpunkt des Vertragsschlusses in **verschiedenen Staaten** (**Distanzverträge**) befinden, ist gemäß Art. 11 Abs. 2 Rom I-VO formgültig, wenn der Vertrag die Formerfordernisse

- des auf ihn nach der Rom I-VO anzuwendenden materiellen Rechts (**Formerfordernis des Wirkungs- [Geschäfts-] statuts**) oder
- des Rechts eines der Staaten, in denen sich eine der Vertragsparteien oder ihr Vertreter zum Zeitpunkt des Vertragsschlusses befindet (**Recht am Ort des tatsächlichen Aufenthalts**), oder
- des Rechts des Staates, in dem eine der Vertragsparteien zu diesem Zeitpunkt ihren gewöhnlichen Aufenthalt hatte (**Recht am Ort des gewöhnlichen Aufenthalts**),

erfüllt.

141   **Beachte:** Nach Art. 20 Rom I-VO ist eine Rück- oder Weiterverweisung grundsätzlich (soweit die Rom I-VO nichts anderes bestimmt) ausgeschlossen.

Beachte zudem: Im Falle eines Vertragsschlusses durch einen Vertreter – der Vertragsschluss durch Vertreter ist eine Konstellation, die die Rom I-VO nicht regelt – wird das Ortsrecht durch das Recht des Staates bestimmt, wo der Vertreter seine Erklärung abgibt (vgl. Art. 11 Abs. 3 EGBGB, nachstehende Rn. 149).

142   Ein **einseitiges Rechtsgeschäft**, das sich auf einen geschlossenen oder noch zu schließenden Vertrag bezieht, ist nach Art. 11 Abs. 3 Rom I-VO formgültig, wenn es die Formerfordernisse erfüllt

- des materiellen Rechts, das nach der Rom I-VO auf den Vertrag anzuwenden ist oder anzuwenden wäre (**Formerfordernis des Wirkungs- [Geschäfts-] statuts**), oder die Formerfordernisse
- des Rechts des Staates, in dem dieses Rechtsgeschäft vorgenommen worden ist (**Ortsrecht**), oder
- in dem die Person, die das Rechtsgeschäft vorgenommen hat, zu diesem Zeitpunkt ihren gewöhnlichen Aufenthalt hatte (**Recht am Ort des gewöhnlichen Aufenthalts**).

143   Die weitreichenden Rechtswahlmöglichkeiten nach Art. 11 Abs. 1 bis 3 Rom I-VO gelten – aus Gründen des Übereilungsschutzes – nicht für Verbraucherverträge i.S. von Art. 6 Rom I-VO (so Art. 11 Abs. 4 Rom I-VO). Für **Verbraucherverträge** ist vielmehr das Recht des Staates maßgebend, in dem der Verbraucher seinen „gewöhnlichen Aufenthalt" hat.

144   Für **schuldrechtliche Grundstücksgeschäfte** wird die Rechtswahlmöglichkeit durch Art. 11 Abs. 5 Rom I-VO ebenfalls eingeschränkt: Verträge, die ein dingliches Recht an einer unbeweglichen Sache oder die Miete oder Pacht (d.h. ein Nutzungsrecht an) einer unbeweglichen Sache zum Gegenstand haben (z.B. ein Grundstückskaufvertrag), unterliegen den Formvorschriften des Staates, in dem die unbewegliche Sache belegen ist (*lex rei sitae*). Voraussetzung dafür ist aber, dass diese Vorschriften nach dem Recht dieses Staates unabhängig davon gelten, in welchem Staat der Vertrag geschlossen wird oder welchem Recht dieser Vertrag unterliegt und von ihnen nicht durch Vereinbarung abgewichen werden darf (Unabdingbarkeit).

Beachte: Dingliche Verfügungsgeschäfte unterliegen hingegen immer dem **Wirkungs- (Geschäfts-)statut**, d.h. dem Sachstatut, mithin der *lex rei sitae* (dazu noch näher nachstehende Rn. 150). **145**

Eine **Wahl des Formstatuts** ist statthaft, wenn auch das Geschäftsstatut nach Art. 3 Abs. 1 Rom I-VO wählbar ist. Danach unterliegt der Vertrag dem von den Parteien gewählten Recht, wobei die Parteien die Rechtswahl für ihren ganzen Vertrag oder nur für einen Teil desselben treffen können, womit auch für einen Teil des Rechtsgeschäfts eine partielle Rechtswahl möglich ist. **146**

3. Art. 11 EGBGB

Art. 11 erfasst alle Rechtsgeschäfte außer schuldrechtlichen Verträgen, die von Art. 11 Rom I-VO abschließend geregelt werden. Ein Rechtsgeschäft ist nach der **Sachnormverweisung** des Art. 11 Abs. 1 EGBGB formgültig, wenn es die Formerfordernisse **147**
– des Rechts, das auf das seinen Gegenstand bildende Rechtsverhältnis anzuwenden ist (**Formerfordernis des Wirkungsstatuts**), oder (**alternativ**)
– des Rechts des Staates, in dem es vorgenommen wird (**Formerfordernis des Ortsrechts**),
erfüllt.
Art. 11 Abs. 2 EGBGB gilt wegen des Vorrangs der Rom I-VO (Rn. 137 und 147) nur noch für vor deren Inkrafttreten (17.12.2009) geschlossene **Verträge**: Wird ein Vertrag zwischen Personen geschlossen, die sich in verschiedenen Staaten befinden (**Distanzgeschäft**), so ist er gemäß Art. 11 Abs. 2 EGBGB – womit neben Art. 11 Abs. 1 EGBGB zwei weitere Formstatute wählbar sind – (auch) formgültig, wenn er die Formerfordernisse **148**
– des Rechts, das auf das seinen Gegenstand bildende Rechtsverhältnis anzuwenden ist (**Formerfordernis des Wirkungsstatuts**), oder
– des Rechts eines dieser Staaten (Formerfordernis des Abgabeorts einer der Willenserklärungen)
erfüllt.
Wird der Vertrag durch einen **Vertreter** geschlossen, so ist bei Anwendung von Art. 11 Abs. 1 und 2 EGBGB das Recht des Staates **149**

maßgebend, in dem sich der Vertreter befindet (so Art. 11 Abs. 3 EGBGB). Das **Vollmachtstatut** ist von der Rom I-VO ausgenommen. Es ist nach dem nicht vereinheitlichten deutschen IPR als selbständig anzuknüpfende Teilfrage zu bestimmen (nachstehende Rn. 152 ff.).

150   Ein Rechtsgeschäft, durch das ein Recht an einer Sache begründet oder über ein solches Recht verfügt wird (d.h. ein **dingliches Rechtsgeschäft**, mithin ein **Verfügungsgeschäft** – im Unterschied zu schuldrechtlichen Verpflichtungsgeschäften, die allein von der Rom I-VO erfasst werden, Rn. 137), ist gemäß Art. 11 Abs. 4 EGBGB – das die Formenvielfalt der durch Art. 11 Abs. 1 und 2 EGBGB eröffneten alternativen Anknüpfungsmöglichkeiten einschränkt – nur formgültig, wenn es die Formerfordernisse des Rechts erfüllt, das auf das seinen Gegenstand bildende Rechtsverhältnis anzuwenden ist (**Anwendung der *lex rei sitae***). Die zwingende Anwendung der *lex rei sitae* schließt also eine Rechtsformwahl aus. Damit ist bei **Verfügungsgeschäften** also die *lex rei sitae* bei Beurteilung der Formwirksamkeit stets heranzuziehen (arg.: Art. 43 EGBGB, Rechte an einer Sache). Etwas anderes gilt nur dann, wenn nach Art. 46 EGBGB ausnahmsweise (wegen einer „wesentlich engeren Verbindung") ein anderes Recht zur Anwendung gelangt. Vgl. zum Sachenrecht (Art. 43 ff. EGBGB) näher noch nachstehende Rn. 341 ff.

151   **Gesellschaftsrechtliche Formvorgaben** sollen entweder Art. 11 Abs. 4 EGBGB analog oder – wahlweise – dem Ortsrecht bzw. dem Wirkungsstatut unterfallen. Die Gesellschaftsverfassung betreffende Formvorschriften sollen hingegen immer dem Gesellschaftsstatut unterstehen (nachstehende Rn. 569 ff.).

II. Stellvertretung

Literatur: Leible, Vertretung ohne Vertretungsmacht, Genehmigung und Anscheinsvollmacht im IPR, IPRax 1998, 257; *Rauscher*, IPR, Rn. 1091 ff.; *Schäfer*, Das Vertretungsstatut im deutschen IPR – einige neuere Ansätze in kritischer Würdigung, RIW 1996, 189.

152   Es ist auch im IPR zwischen gewillkürter (Vollmacht) und gesetzlicher Vertretungsmacht zu unterscheiden.

153   Die **gewillkürte Stellvertretung** hat weder in der Rom I-VO noch im EGBGB eine kollisionsrechtliche Regelung erfahren.

154   Die **Erteilung der Vollmacht** richtet sich nach dem **Vollmachtstatut**, dessen Bestimmung umstritten ist:

155   Die Rechtsprechung (LG Karlsruhe RIW 2002, 153; BGH NJW 1990, 833) nimmt aus Verkehrsschutzgründen eine **selbständige Anknüpfung** (losgelöst von dem der Vollmacht zugrunde liegenden Rechtsgeschäft) vor und wendet das **Recht des Wirkungslandes** (als

Sachnormverweisung ohne Möglichkeit einer Rück- oder Weiterverweisung) an. D.h. es gelangt das **Recht am Gebrauchsort der Vollmacht** zur Anwendung, ggf. auch das Recht am Niederlassungsort des Vertreters, wobei beide Orte oft übereinstimmen werden. Im Falle einer Vollmacht zur Verfügung über ein Grundstück kann ggf. auch eine Anknüpfung an das Recht der belegenen Sache (*lex rei sitae*) in Betracht kommen (vgl. schon RGZ 149, 93 – arg.: Durchsetzbarkeit).

In der Literatur finden sich unterschiedliche Auffassungen: Einige **156** Stimmen sprechen sich für eine **akzessorische Anknüpfung** (d.h. die Anknüpfung an ein bereits bestehendes anderes Rechtsverhältnis aus Gründen der Sachnähe) an das Recht des Hauptgeschäfts (d.h. an das Geschäftsstatut, *Spellenberg*, Geschäftsstatut und Vollmacht im IPR, 1979, S. 271) aus, andere wollen das Recht am gewöhnlichen Aufenthaltsort des Vertretenen zur Anwendung gelangen lassen (*Kegel/Schurig*, IPR, § 17 V 2a, plädieren für das Recht der Niederlassung des Vertretenen).

Ob eine Stellvertretung überaupt **zulässig** ist und welche **Wirkun-** **157** **gen** sie entfaltet, beurteilt sich nach dem **Wirkungsstatut** (mithin dem Statut des vom Vertreter abgeschlossenen Rechtsgeschäfts).

Auch die **Duldungs-** und die **Anscheinsvollmacht** (mithin die Rechts- **158** scheinsvollmachten) sollen sich – nach allerdings umstrittener Auffassung (teilweise wird auch eine Anwendung von Art. 4 bzw. Art. 12 Abs. 2 Rom II-VO befürwortet, weil damit ein außervertragliches Schuldverhältnis in Rede stehe) – nach dem **Wirkungsstatut** richten. Damit gelangt das Recht am Ort der Entstehung bzw. der Entfaltung (Auswirkung) des Rechtsscheins zur Anwendung (vgl. BGHZ 43, 21, 27).

Die **Haftung des falsus procurator** richtet sich gleichermaßen nach **159** dem **Vollmachtsstatut**, womit das Recht des Ortes zur Anwendung gelangt, an dem der Vertreter ohne Vertretungsmacht gehandelt hat.

Sofern das Vollmachtsstatut durch Rechtswahl bestimmt werden **160** kann, soll eine Beschränkung im Drittinteresse notwendig sein (*Schäfer*, RIW 1996, 189 (190 f.)). In der Folge kommt eine wirksame Rechtswahl nur in Betracht, wenn der Rechtswahlwille aus der Vollmachtsurkunde genau hervorgeht bzw. dem Dritten mitgeteilt worden ist.

Die **Form** einer Vollmacht als einseitig empfangsbedürftige Wil- **161** lenserklärung beurteilt sich nach Art. 11 Abs. 1 EGBGB (Form der Rechtsgeschäfte, weil von der Rom I-VO nicht erfasst): Danach ist eine Vollmacht formgültig, wenn sie die Formerfordernisse des Rechts, das auf das ihren Gegenstand bildende Rechtsverhältnis anzuwenden ist (Recht des Vollmachtsstatuts), oder des Rechts des Staates erfüllt, in dem sie vorgenommen wird (Ortsrecht des Vollmachtgebers).

Hingegen ist die **gesetzliche Stellvertretung der Eltern** bei Vertre- **162** tung des Kindes in Art. 21 EGBGB (Wirkungen des Eltern-Kind-

Verhältnisses) geregelt: Das Rechtsverhältnis zwischen einem Kind und seinen Eltern unterliegt dem Recht des Staates, in dem das Kind seinen gewöhnlichen Aufenthalt hat.

163   Die **gesetzliche Vertretung** des **Vormunds**, des **Betreuers** und des **Pflegers** richtet sich nach Art. 24 EGBGB (grundsätzliche Anwendbarkeit des Rechts des Staates, dem das Mündel, der Betreute oder der Pflegling angehört), jene des **Testamentsvollstreckers** nach Art. 23 Abs. 2 Buchst. f i.V.m. Art. 21 Abs. 1 Rom IV-VO (grundsätzliche Anwendung des Rechts des Staates, in dem der Erblasser im Zeitpunkt seines Todes seinen gewöhnlichen Aufenthalt hatte).

164   Die **organschaftliche Vertretung juristischer Personen** bestimmt sich nach dem Internationalen Gesellschaftsrecht (d.h. dem **Gesellschaftsstatut**, nachstehende Rn. 569 ff.).

III. Verwirkung und Verjährung

165   Sowohl die Verjährung als auch die Verwirkung unterliegen dem **Wirkungs- (Geschäfts-) statut** (vgl. bspw. Art. 12 Abs. 1 Buchst. d Rom I-VO im Hinblick auf Schuldverträge, wonach das auf einen Vertrag anzuwendende Recht insbesondere maßgebend ist für die Verjährung und die Rechtsverluste, die sich aus dem Ablauf einer Frist ergeben). Das damit maßgebliche Vertragsstatut ist materiell-rechtlich zu qualifizieren, mithin Frage des Sach- und nicht des Prozessrechts. Dabei können aber u.U. eine Unverjährbarkeit bzw. besonders kurze oder besonders lange Verjährungsfristen nach dem Wirkungs- (Geschäfts-) statut (im Falle eines Inlandsbezugs) gegen den *ordre public*-Vorbehalt (Art. 6 EGBGB) verstoßen (so *Rauscher*, IPR, Rn. 1122).

IV. Vertragliche Schuldverhältnisse

166   Internationale (d.h. völkerrechtliche) Abkommen und europarechtliche Verordnungen – wie bspw. das **CISG** (Rn. 167 ff.) oder die **Rom I-VO** (Rn. 185 ff.) – genießen als vereinheitlichtes Sachrecht Vorrang vor den Regelungen des nationalen IPR, mithin dem EGBGB (**Vorrang internationaler und europäischer Abkommen**). Damit ist eine kollisionsrechtliche Prüfung nicht mehr erforderlich.

1. Das Wiener UN-Übereinkommen über den internationalen Warenkauf (CISG)

Literatur: *Dann*, Grundzüge des UN-Kaufrechts, JuS 1997, 811 und 998; *Honsell* (Hrsg.), Kommentar zum UN-Kaufrecht, 2. Aufl. 2010; *Piltz*, UN-Kaufrecht, 2. Aufl. 2008; *ders.*, Neue Entwicklungen im UN-Kaufrecht, NJW

2009, 2258; *Schlechtriem/Schroeter*, Internationales UN-Kaufrecht, 6. Aufl.
2016; *Schlechtriem/Schwenzer*, Kommentar zum Einheitlichen UN-Kaufrecht
(CISG), 6. Aufl. 2013.

Da das Einheitskaufrecht nach dem Wiener UN-Übereinkommen **167**
über den internationalen Warenkauf vom 11.4.1980 (BGBl 1989 II
S. 586) – **CISG** (United Nations Convention on Contracts for the
International Sale of Goods) – als **Einheitsrecht** (vereinheitlichtes
Sachrecht) Vorrang vor dem EGBGB genießt, gelangt es in seinem
Anwendungsbereich – d.h. wenn es in sachlicher, räumlich-
persönlicher und zeitlicher Hinsicht anwendbar ist – ohne weitere
Prüfung des Kollisionsrechts zur Anwendung.

Nach Art. 6 CISG können die Parteien (etwa durch die Wahl des **168**
Rechts eines Nicht-Vertragsstaates) die Anwendung dieses Überein-
kommens aber auch ausschließen oder, vorbehaltlich des Art. 12 CISG
(Wirkungen eines Vorbehaltes hinsichtlich der Formfreiheit), von
einzelnen seiner Bestimmungen abweichen oder deren Wirkung ändern
(**Dispositivität des CISG**).

a) Räumlich-persönlicher Anwendungsbereich des CISG

Nach Art. 1 Abs. 1 CISG ist das Übereinkommen auf Parteien an- **169**
zuwenden, die ihre **Niederlassung** – oder wenn eine Partei keine
Niederlassung hat, ihren gewöhnlichen Aufenthalt (vgl. Art. Art. 10
Buchst. b CISG) – in verschiedenen Staaten haben (**internationaler
Warenkauf**), wenn (Notwendigkeit einer Verbindung zu den Vertragsstaaten)
– diese Staaten Vertragsstaaten des CISG sind (Buchst. a) oder wenn
– die Regeln des nationalen IPR (IPR der *lex fori*) zur Anwendung des
Rechts eines CISG-Vertragsstaats führen (Buchst. b, sog. **kollisionsrechtliche Vorschaltlösung**).

Beachte: Gegen die Anwendung von Art. 1 Abs. 1 Buchst. b CISG **170**
kann nach Art. 95 CISG ein Vorbehalt erklärt werden. Obgleich
Deutschland keinen entsprechenden Vorbehalt erklärt hat, betrach-
tet es Vertragsstaaten, die einen Vorbehalt erklärt haben, nicht als
Vertragsstaaten i.S. von Art. 1 Abs. 1 Buchst. b CISG (so *Rauscher*, IPR, Rn. 1126).

Die Voraussetzungen nach Art. 1 Abs. 1 CISG müssen für die Parteien **171**
auch erkennbar sein: Die Tatsache, dass die Parteien ihre Niederlassung in
verschiedenen Staaten haben, wird nämlich gemäß Art. 1 Abs. 2 CISG
dann nicht berücksichtigt, wenn sie sich nicht aus dem Vertrag, aus früheren Geschäftsbeziehungen oder aus Verhandlungen oder Auskünften
ergibt, die vor oder bei Vertragsabschluss zwischen den Parteien geführt

oder von ihnen erteilt worden sind. Bei Anwendung des CISG wird weder berücksichtigt, welche Staatsangehörigkeit die Parteien haben, noch ob sie Kaufleute oder Nichtkaufleute sind, oder ob der Vertrag handels-rechtlicher oder bürgerlich-rechtlicher Art ist (so Art. 1 Abs. 3 CISG).

b) Sachlicher Anwendungsbereich des CISG

172   Das CISG findet nach seinem Art. 1 Abs. 1 auf **Kaufverträge über Waren** Anwendung. Das Tatbestandsmerkmal „Ware" erfasst nur bewegliche körperliche Sachen. Kaufverträge über Immobilien und Rechte sind damit vom Anwendungsbereich des CISG ausgenommen.

173   Art. 2 Buchst. a CISG nimmt einen Anwendungsausschluss im Hin-blick auf den Kauf von Waren für den **persönlichen Gebrauch** oder den **Gebrauch in der Familie oder im Haushalt** vor (wobei in die-sem Fall die Vertragsparteien oft gleichwohl Unternehmer sind). Etwas anderes gilt dann, wenn der Verkäufer vor oder bei Vertragsabschluss weder wusste noch wissen musste (Erkennbarkeit), dass die Ware für einen solchen Gebrauch gekauft wurde. Weiterhin findet das CISG nach seinem Art. 2 gleichermaßen keine Anwendung auf
– Versteigerungen (Buchst. b),
– Zwangsvollstreckungs- oder andere gerichtliche Maßnahmen (Buchst. c),
– den Kauf von Wertpapieren oder Zahlungsmitteln (Buchst. d),
– den Kauf von Seeschiffen, Binnenschiffen, Luftkissenfahrzeugen oder Luftfahrzeugen (Buchst. e) sowie
– den Kauf von elektrischer Energie (Buchst. f).

174   Art. 3 Abs. 1 CISG stellt Verträge über die Lieferung herzustellen-der oder zu erzeugender Waren (d.h. **Werklieferungsverträge**) Kauf-verträgen gleich. Etwas anderes gilt aber dann, wenn der Besteller einen wesentlichen Teil der für die Herstellung oder Erzeugung not-wendigen Stoffe selbst zur Verfügung zu stellen hat. Keine Anwen-dung findet das Übereinkommen hingegen nach seinem Art. 3 Abs. 2 auf Verträge, bei denen der überwiegende Teil der Pflichten jener Partei, welche die Ware liefert, in der Ausführung von Arbeiten oder anderen Dienstleistungen besteht.

175   Das CISG regelt nach seinem Art. 4 ausschließlich den **Abschluss des Kaufvertrages** (und damit nicht eine Haftung im vorvertraglichen Schuldverhältnis – *culpa in contrahendo*) und die aus dem Vertrag **erwachsenden Rechte und Pflichten des Verkäufers und des Käu-fers**. Soweit im CISG nicht ausdrücklich etwas anderes bestimmt ist, regelt es hingegen „insbesondere" (d.h. nur beispielhaft) nicht
– die **Gültigkeit** des Vertrages oder einzelner Vertragsbestimmungen oder die Gültigkeit von Gebräuchen (Buchst. a) sowie

– die Wirkungen, die der Vertrag auf das **Eigentum** an der verkauften
Ware haben kann (Buchst. b).

Das Übereinkommen findet weiterhin keine Anwendung auf die **176**
Haftung des Verkäufers für den durch die Ware verursachten Tod oder
die Körperverletzung einer Person (so Art. 5 CISG).

Diese vom CISG nicht erfassten Bereiche (sog. „**externe Lücken**") **177**
sind nach dem Vertrags- oder Deliktsstatut zu beurteilen, das durch das
autonome IPR (bzw. bspw. für das Vertragsstatut nach der Rom I-VO
oder das Deliktsstatut nach der Rom II-VO) ermittelt wird. Lücken im
Regelungsbereich des CISG selbst (sog. „**interne Lücken**") sind
grundsätzlich nach den allgemeinen Prinzipien, auf dem das CISG
beruht, auszufüllen (Art. 7 Abs. 2 CISG). Mangels solcher Grundsätze
muss eine interne Lücke nach dem Vertragsstatut, das nach dem nationalen IPR der *lex fori*, d.h. in Deutschland dann letztlich nach Maßgabe der Art. 3 ff. der Rom I-VO, ermittelt wird, ausgefüllt werden.

c) Zeitlicher Anwendungsbereich des CISG

Das CISG gelangt nach dessen Art. 100 auf einen Vertragsabschluss **178**
oder auf Verträge zur Anwendung, wenn das Angebot zum Vertragsabschluss an oder nach dem Tag gemacht wird, an dem das Übereinkommen für die in Art. 1 Abs. 1 Buchst. a genannten Vertragsstaaten
oder den in Art. 1 Abs. 1 Buchst. b CISG genannten Vertragsstaat in
Kraft tritt. Das CISG gilt für Deutschland seit dem 1.1.1991.

d) Materiellrechtliche Regelungsbereiche des CISG

Materiellrechtlicher Kernbereich des CISG sind der **Kaufvertrags-** **179**
abschluss (Teil II des CISG) sowie die **Rechte und Pflichten** (einschließlich der Leistungsstörungen), die sich aus dem Vertrag ergeben
(Teil III des CISG). Nicht erfasst werden jedoch die Fragen der Gültigkeit des Vertrags sowie die sich aus ihm ergebenden Konsequenzen
für das Eigentum. Inhaltlich unterscheidet sich das CISG vom deutschen Kaufrecht etwa dadurch, dass ein Angebot grundsätzlich keine
Bindungswirkung hat und dass zwischen den unterschiedlichen Formen der Leistungsstörungen nicht differenziert, sondern von einem
einheitlichen Tatbestand der „wesentlichen Vertragsverletzung" ausgegangen wird (vgl. Art. 25 CISG). Eine Differenzierung erfolgt erst auf
der Rechtsfolgenseite (vgl. Art. 61 ff. CISG).

Beachte: Innerhalb eines Vertragsverhältnisses kann das CISG in **180**
Konkurrenz zum – nach Maßgabe des IPR bestimmten – Vertrags-
statut treten. Für dieses Konkurrenzverhältnis gilt nach Art. 7
Abs. 2 CISG, dass Fragen, die im CISG geregelte Gegenstände

betreffen, aber in diesem Übereinkommen nicht ausdrücklich entschieden werden, nach den allgemeinen Grundsätzen, die dem
CISG zugrunde liegen, oder mangels solcher Grundsätze nach dem
Recht zu entscheiden sind, das nach den Regeln des IPR anzuwenden ist.

2. Exkurs: Europäisches Kaufrecht

Literatur: *Basedow*, Art. 114 AEUV als Rechtsgrundlage eines optionalen
EU-Kaufrechts: Eine List der Kommission?, EuZW 2012, 1; *Eidenmül-
ler/Jansen/Kieninger/Zimmermann*, Der Entwurf für eine Verordnung über ein
gemeinsames Europäisches Kaufrecht, JZ 2012, 269; *v. Westphalen*, Das optionale Europäische Kaufrecht – eine Chance für Verbraucher und Unternehmer?,
ZIP 2011, 1985; *Looschelders*, Das allgemeine Vertragsrecht des Common
European Sales Law, AcP 212 (2012), 581; *Mansel*, Der Verordnungsvorschlag
für ein gemeinsames Europäisches Kaufrecht, WM 2012, 1253 und 1309;
Staudenmayer, Vorschlag für eine Verordnung des Europäischen Parlaments
und des Rates über ein Gemeinsames Europäisches Kaufrecht, 2012; *Wendland*,
GEK 2.0? Ein europäischer Rechtsrahmen für den Digitalen Binnenmarkt, GPR
2016, 8.

181   Die Idee eines einheitlichen europäischen Kaufrechts beruht auf den
Überlegungen „Principles of European Contract Law" aus dem Jahre
2002 und den „Draft Common Frame of Reference" aus 2008. Sie mün-
dete in den Vorschlag einer EU-VO über ein Gemeinsames Europäisches
Kaufrecht vom 11.10.2011 (KOM [2011] 635). Der Deutsche Bundestag
hat sich allerdings schon am 1.12.2011 gegen den Verordnungsvorschlag
für ein Gemeinsames Europäisches Kaufrecht ausgesprochen.

182   Die VO sollte es nach ihrem Art. 1 Abs. 2 Unternehmern ermöglichen, sich bei allen ihren grenzübergreifenden Geschäften auf gemeinsame Vorschriften zu stützen und dieselben Vertragsbestimmungen zu
verwenden. Damit sollten unnötige Kosten vermieden und gleichzeitig
ein hohes Maß an Rechtssicherheit erreicht werden. Bei grenzüberschreitenden Geschäften im Binnenmarkt sollten die Vertragsparteien
die Möglichkeit haben, ein **Gemeinsames Europäisches Kaufrecht
(GEK)** zu wählen (**Optionslösung**). Für Verträge zwischen Unternehmern und Verbrauchern sollte die VO umfassende Verbraucher-
schutzvorschriften bieten, um ein hohes Verbraucherschutzniveau zu
gewährleisten, das Vertrauen der Verbraucher in den Binnenmarkt zu
stärken und die Verbraucher zu Einkäufen im Ausland zu ermutigen
(Art. 1 Abs. 3 VO-E).

183   Nach Art. 3 VO-E hätten die Parteien vereinbaren können, dass für
ihre grenzübergreifenden Verträge über den Kauf von Waren oder die
Bereitstellung digitaler Inhalte sowie für die Erbringung verbundener

Dienstleistungen innerhalb des in den Art. 4 bis 7 VO-E abgesteckten räumlichen, sachlichen und persönlichen Geltungsbereichs das GEK gilt (**fakultativer Charakter des GEK**). Das GEK hätte nach Art. 4 VO-E für **grenzübergreifende Verträge** verwendet werden können – gemäß Art. 7 Abs. 1 VO-E aber nur dann, wenn der Verkäufer der Waren oder der Lieferant der digitalen Inhalte Unternehmer ist. Sind alle Parteien Unternehmer, hätte das GEK verwendet werden können, wenn mindestens eine dieser Parteien ein kleines oder mittleres Unternehmen („KMU") ist. Die Verwendung des GEK hätte von den Parteien nach Art. 8 VO-E vereinbart werden müssen. Im Verhältnis zwischen einem Unternehmer und einem Verbraucher wäre die Vereinbarung über die Verwendung des GEK nur gültig gewesen, wenn der Verbraucher hierin ausdrücklich und gesondert durch seine Erklärung, mit der er dem Vertragsschluss zustimmt, eingewilligt hätte. Der Unternehmer hätte dem Verbraucher auf einem dauerhaften Datenträger eine Bestätigung der Vereinbarung übermittelt. Im Verhältnis zwischen einem Unternehmer und einem Verbraucher hätte das GEK nicht in Teilen, sondern nur in seiner Gesamtheit, verwendet werden können. Der VO-E mit insgesamt 186 Artikeln wollte folgende Regelungsbereiche normieren: einleitende Bestimmungen (Teil I), Regelungen über das Zustandekommen eines bindenden Vertrags (Teil II), Bestimmung des Vertragsinhalts (Teil III), Verpflichtungen und Abhilfen der Parteien (Teile IV und V), Schadensersatz und Zinsen (Teil VI), Rückabwicklung (Teil VII) und Verjährung (Teil VIII).

Nachdem das Europäische Parlament im Februar 2014 den VO-E **184** mit Änderungen angenommen hatte, entschloss sich die Kommission mangels Fortschritten im Europäischen Rat (der erhebliche Bedenken zur Subsidiarität des Vorschlags und scharfe Kritik am „Mehrwert" eines GEK geäußert hatte), den Entwurf abzuändern. Nunmehr soll das digitale Handeln im europäischen Binnenmarkt geregelt werden. Nach einer öffentlichen Konsultation zu den Vertragsbestimmungen für den Online-Erwerb von digitalen Inhalten und Sachgütern hat die Kommission am 9.12.2015 im Rahmen ihrer Strategie für einen digitalen Binnenmarkt den Vorschlag für eine Richtlinie des Europäischen Parlaments und des Rates über bestimmte vertragsrechtliche Aspekte des Online-Warenhandels und anderer Formen des Fernabsatzes von Waren (COM [2015] 635) sowie den Vorschlag für eine Richtlinie des Europäischen Parlaments und des Rates über bestimmte vertragsrechtliche Aspekte der Bereitstellung digitaler Inhalte (COM [2015] 634) präsentiert. Es dreht sich dabei nicht mehr um ein – wie mit dem GEK ursprünglich angedachtes – „zweites Kaufrechtssystem". Vielmehr soll für den digitalen Binnenmarkt eine **spezialisierte Vollharmonisierung** (vgl. Art. 3 des Richtlinien-E 635; Art. 4 des Richtlinien-E 634) herbeigeführt werden. Die beiden neuen Richtlinien-E, die allein Verträge zwischen Verkäufern und Verbrauchern erfassen (Art. 1 Abs. 1 Richtlinien-E 635; Art. 3 Abs. 1 Richtlinien-E 634), klammern i.Ü. grundsätzlich das allgemeine Vertragsrecht aus (Art. 1 Abs. 4 Richtlinien-E 635; Art. 3 Abs. 9 Richtlinien-E 634). Nach Ansicht der Kommission erfordern die genanten Legislativvorschläge keine Änderungen des bisherigen Rahmens des EU-IPR (einschließlich der Rom I-VO).

3. Die Rom I-VO

Literatur: *Berger,* Die Rom I-VO – was im Vergleich zum EVÜ anders wird, AnwBl 2009, 113; *v. Hoffmann/Thorn,* IPR, § 10; *Leible/Lehmann,* Die Verordnung über das auf vertragliche Schuldverhältnisse anwendbare Recht („Rom I"), RIW 2008, 528; *Martiny,* Neuanfang im Europäischen Internationalen Vertragsrecht mit der Rom I-Verordnung, ZEuP 2010, 747; *Magnus,* Die Rom I-Verordnung, IPRax 2010, 27; *Pfeiffer,* Neues Internationales Privatrecht – zur Rom I-VO, EuZW 2008, 622; *Rauscher,* IPR, § 10 Rn. 1134 ff.; *Rudolf,* Europäisches Kollisionsrecht für vertragliche Schuldverhältnisse – Rom I-VO, ÖJZ 2011, 149.

185   Die Rom I-VO (VO [EG] Nr. 593/2008 des Europäischen Parlaments und des Rates vom 17.6.2008 über das auf vertragliche Schuldverhältnisse anzuwendende Recht, ABl. L 177 vom 4.7.2008, S. 6) hat zum 17.12.2009 als Kollisionsregelung des Europäischen Gemeinschaftsrechts hinsichtlich des internationalen vertraglichen Schuldrechts die Art. 27 bis 37 EGBGB alt aufgehoben und damit für vertragliche Schuldverhältnisse ein **einheitliches europäisches IPR** geschaffen. Die Vorgaben der Rom I-VO sind aufgrund des allgemeinen Vorrangs des europäischen Rechts unmittelbar anwendbar und dem deutschen Kollisionsrecht des EGBGB damit vorrangig (vgl. auch Art. 3 Nr. 1 Buchst. b. EGBGB. als narrative Hinweisnorm – wonach, nur soweit die Rom I-VO als grundsätzlich unmittelbar anwendbare EU-Regelung nicht anwendbar sein sollte, sich das anzuwendende Recht bei Sachverhalten mit einer Verbindung zu einem ausländischen Staat nach autonomem deutschen IPR bestimmt).

a) Anwendungsbereich der Rom I-VO

aa) Räumlicher Anwendungsbereich der Rom I-VO

186   Die Rom I-VO erfasst alle EU-Mitgliedstaaten mit Ausnahme Dänemarks. Wegen des dänischen Vorbehalts gegen die justizielle Zusammenarbeit der EU hat **Dänemark** die Rom I-VO nicht angenommen. In Dänemark gilt stattdessen das der Rom I-VO vorausgehende EVÜ vom 19.6.1980 über das auf vertragliche Schuldverhältnisse anzuwendende Recht (**EG-Schuldrechtsübereinkommen** – **EVÜ**) fort. Auch das **Vereinigte Königreich** beteiligte sich zunächst nicht an der Annahme der VO, beantragte die Beteiligung aber nachträglich. Dieser Antrag wurde von der EU-Kommission angenommen, womit die Regelung auch in diesem EU-Mitgliedstaat in Kraft trat (vgl. die Entscheidung der Kommission 2009/26/EG vom 22.12.2008, ABl. L 10 vom 15.1.2009, S. 22).

Die Rom I-VO ist nach ihrem Art. 1 Abs. 1 universell auf alle ver- **187** traglichen Schuldverhältnisse anwendbar, „die eine **Verbindung zum Recht verschiedener Staaten aufweisen**". Die Anwendbarkeit gilt also unabhängig davon, ob es sich dabei um EU-Mitgliedstaaten handelt oder nicht (**universeller Geltungsbereich**, vgl. Art. 2 Rom I-VO). Danach ist das nach der Rom I-VO bezeichnete Recht auch dann anzuwenden, wenn es nicht das Recht eines Mitgliedstaats ist (*loi uniforme*), womit bspw. deutsche Gerichte die Rom I-VO auch im Verhältnis zu Dänemark als Nicht-Vertragsstaat (vgl. vorstehende Rn. 186) oder zu Drittstaaten anwenden können.

Unter *loi uniforme* sind staatsvertragliche Kollisionsnormen zu verstehen, die nicht nur im Verhältnis zu den Mitgliedstaaten, sondern in allen Fällen mit Auslandsbezug zur Anwendung gelangen.

Art. 22 Rom I-VO trifft eine Sonderregelung für **Staaten ohne ein-** **188** **heitliche Rechtsordnung**: Umfasst ein Staat mehrere Gebietseinheiten, von denen jede eigene Rechtsnormen für vertragliche Schuldverhältnisse hat, so gilt für die Bestimmung des nach der Rom I-VO anzuwendenden Rechts jede Gebietseinheit als Staat. Ein Mitgliedstaat, in dem verschiedene Gebietseinheiten ihre eigenen Rechtsnormen für vertragliche Schuldverhältnisse haben, ist aber nicht verpflichtet, die Rom I-VO auf Kollisionen zwischen den Rechtsordnungen dieser Gebietseinheiten anzuwenden.

bb) Sachlicher Anwendungsbereich der Rom I-VO

Die Rom I-VO gilt nach ihrem Art. 1 Abs. 1 für **vertragliche** **189** **Schuldverhältnisse in Zivil- und Handelssachen** (im weitesten Sinne) – nicht jedoch für Steuer- und Zollsachen sowie verwaltungsrechtliche Angelegenheiten. Demgegenüber regelt die Rom II-VO (nachstehende Rn. 274 ff.) das auf außervertragliche Schuldverhältnisse anzuwendende Recht. Ein „**vertragliches Schuldverhältnis**" ist nach autonomer Auslegung jede einseitig oder zweiseitig (nicht aber notwendig synallagmatisch) eingegangene freiwillige Verpflichtung (so *Rauscher*, IPR, Rn. 1137). Vom Anwendungsbereich der Rom I-VO sind nach deren **Negativkatalog** in Art. 1 Abs. 2 ausgenommen:

– der **Personenstand** sowie die **Rechts-, Geschäfts- und Handlungs-fähigkeit** von natürlichen Personen, unbeschadet des Art. 13 Rom I-

VO (wonach bei einem zwischen Personen, die sich in demselben
Staat befinden, geschlossenen Vertrag sich eine natürliche Person,
die nach dem Recht dieses Staates rechts-, geschäfts- und handlungsfähig wäre, nur dann auf ihre sich nach dem Recht eines anderen Staates ergebende Rechts-, Geschäfts- und Handlungs**un**fähigkeit berufen kann, wenn die andere Vertragspartei bei
Vertragsschluss diese Rechts-, Geschäfts- und Handlungs**un**fähigkeit kannte oder infolge von Fahrlässigkeit nicht kannte) – Buchst. a;
– **Schuldverhältnisse aus einem Familienverhältnis** oder aus Verhältnissen, die nach dem auf diese Verhältnisse anzuwendenden
Recht vergleichbare Wirkungen entfalten, einschließlich der **Unterhaltspflichten** (für die nach Art. 15 UnterhaltsVO das Haager Unterhaltsprotokoll [HUP] gilt [nachstehende Rn. 439 ff.]) – Buchst. b;
– **Schuldverhältnisse aus** ehelichen **Güterständen**, aus Güterständen
aufgrund von Verhältnissen, die nach dem auf diese Verhältnisse
anzuwendenden Recht mit der Ehe vergleichbare Wirkungen entfalten (für die ab dem 29.1.2019 die Rom IVa-VO bzw. die Rom IVb-
VO gelten wird), **und aus Testamenten und Erbrecht** (wobei insoweit die Rom IV-VO [Rn. 535 ff.] zu beachten ist) – Buchst. c;
– **Verpflichtungen aus Wechseln, Schecks, Eigenwechseln und
anderen handelbaren Wertpapieren**, soweit die Verpflichtungen
aus diesen anderen Wertpapieren aus deren Handelbarkeit entstehen
– Buchst. d (Notwendigkeit einer Abgrenzung zum Wechselstatut;
vgl. näher das Genfer Abkommen über Bestimmungen auf dem Gebiet des internationalen Wechselprivatrechts vom 7.6.1930, das Genfer Übereinkommen über Bestimmungen auf dem Gebiet des internationalen Scheckprivatrechts vom 19.3.1931 sowie die Art. 91 ff.
WG bzw. die Art. 60 ff. ScheckG);
– **Schieds- und Gerichtsstandsvereinbarungen** – Buchst. e (weil
Teil des IZVR, die – vorbehaltlich internationaler Vereinbarungen –
der *lex fori* unterstehen);
– Fragen betreffend das **Gesellschaftsrecht**, das **Vereinsrecht** und
das **Recht der juristischen Personen**, wie die Errichtung durch
Eintragung oder auf andere Weise, die Rechts- und Handlungsfähigkeit, die innere Verfassung und die Auflösung von Gesellschaften,
Vereinen und juristischen Personen sowie die persönliche Haftung
der Gesellschafter und der Organe für die Verbindlichkeiten einer
Gesellschaft, eines Vereins oder einer juristischen Person – Buchst. f
(Notwendigkeit einer Abgrenzung zum Gesellschaftsstatut; dazu näher nachstehende Rn. 569 ff.);
– die Frage, ob ein Vertreter die Person, für deren Rechnung er zu
handeln vorgibt, Dritten gegenüber verpflichten kann (**Vertretung**),
oder ob ein Organ einer Gesellschaft, eines Vereins oder einer ande-

ren juristischen Person diese Gesellschaft, diesen Verein oder diese juristische Person gegenüber Dritten verpflichten kann – Buchst. g (Notwendigkeit einer Abgrenzung zum Vertretungsstatut; vorstehende Rn. 152 ff.);

– die Gründung von „**Trusts**" sowie die dadurch geschaffenen Rechtsbeziehungen zwischen den Verfügenden, den Treuhändern und den Begünstigten – Buchst. h (weil diese Rechtsfigur vorwiegend im Common Law beheimatet ist; vgl. zudem das Übereinkommen über das auf Trusts anzuwendende Recht und über ihre Anerkennung vom 1.7.1985);

– Schuldverhältnisse aus Verhandlungen vor Abschluss eines Vertrags (*culpa in contrahendo*) – Buchst. i (**Achtung**: Im Unterschied zur deutschen Rechtssystematik qualifiziert Art. 2 Abs. 1 und Art. 12 der Rom II-VO die *culpa in contrahendo* als außervertragliches Schuldverhältnis und unterstellt sie somit der Rom II-VO, die allerdings wiederum auf das Vertragsstatut verweist – dazu noch näher nachstehende Rn. 266); sowie

– **Versicherungsverträge** aus von anderen Einrichtungen als den in Art. 2 der RL 2002/83/EG des Europäischen Parlaments und des Rates vom 5.11.2002 über Lebensversicherungen genannten Unternehmen durchgeführten Geschäften, deren Zweck darin besteht, den unselbstständig oder selbstständig tätigen Arbeitskräften eines Unternehmens oder einer Unternehmensgruppe oder den Angehörigen eines Berufes oder einer Berufsgruppe im Todes- oder Erlebensfall oder bei Arbeitseinstellung oder bei Minderung der Erwerbstätigkeit oder bei arbeitsbedingter Krankheit oder Arbeitsunfällen Leistungen zu gewähren – Buchst. j (**betriebliche Altersvorsorge**).

190 Die genannten Ausnahmebereiche folgen ihrer **eigenen Qualifikation**.

191 Nach Art. 1 Abs. 3 Rom I-VO gilt die Verordnung – unbeschadet des Art. 18 Rom I-VO (wonach das nach der Verordnung für vertragliche Schuldverhältnisse maßgebende Recht insoweit anzuwenden ist, als es für vertragliche Schuldverhältnisse gesetzliche Vermutungen aufstellt oder die Beweislast verteilt) – auch nicht für den **Beweis** und das **Verfahren**. Beweis- und Verfahrensfragen sind nämlich Teil des IZVR, womit grundsätzlich (d.h. vorbehaltlich europäischer und staatsvertraglicher Vorgaben) die *lex fori* zur Anwendung gelangt.

cc) Zeitlicher Anwendungsbereich der Rom I-VO

192 Die Rom I-VO findet nach ihrem Art. 28 auf Verträge Anwendung, die ab dem **17.12.2009** geschlossen wurden. Vorher geschlossene Verträge unterliegen noch den Art. 27 ff. EGBGB alt.

b) Grundsatz der freien Rechtswahl

193   Ein Vertrag unterliegt nach Art. 3 Abs. 1 S. 1 Rom I-VO dem von den Parteien gewählten Recht (**Grundsatz der Parteiautonomie**). Dabei sind die Parteien im Hinblick auf die **wählbaren Rechtsordnungen** grundsätzlich frei. Umstritten ist, ob die Parteien auch nichtstaatliches Recht (bspw. die UNIDROIT-Principles of International Commercial Contracts) wählen können (dazu *Rauscher*, IPR, Rn. 1142).

194   **Beachte:** Rechtswahl ist **kollisionsrechtliche Verweisung** auf das gesamte materielle Recht einer Rechtsordnung, die die Parteien zur Anwendung gelangen lassen wollen. Damit werden grundsätzlich auch zwingende Vorgaben des Rechts, von dem durch die Rechtswahl abgewichen wird, verdrängt (vgl. aber die Restriktionen einer Rechtswahl in Art. 3 Abs. 3 und Abs. 4 Rom I-VO, dazu Rn. 200 f.).

195   Art. 20 Rom I-VO statuiert einen **Ausschluss der Rück- und Weiterverweisung**: Unter dem nach der Rom I-VO anzuwendenden Recht eines Staates sind die in diesem Staat geltenden Rechtsnormen unter Ausschluss derjenigen des Internationalen Privatrechts zu verstehen, soweit in der Rom I-VO nichts anderes bestimmt ist. Damit kommt im Rahmen der Rechtswahl eine Gesamtverweisung nicht in Betracht.

196   Grundsätzlich ist noch nicht einmal ein Auslandsbezug erforderlich (vgl. aber die Ausnahmen nach Art. 3 Abs. 3 und Abs. 4 Rom I-VO: zwingendes Recht [Rn. 200 f.]; bzw. die Art. 6 bis 8 Rom I-VO in Bezug auf Verbraucher-, Versicherungs- und Individualarbeitsverträge).

197   Die Rechtswahl kann grundsätzlich zwar auch **stillschweigend** erfolgen – doch muss sie gemäß Art. 3 Abs. 1 S. 2 Rom I-VO **ausdrücklich** erfolgen oder sich **eindeutig** aus den Bestimmungen des Vertrags bzw. aus den Umständen des Falles ergeben.

198   Die Parteien können die Rechtswahl nach Art. 3 Abs. 1 S. 3 Rom I-VO für ihren **ganzen Vertrag** oder nur für einen **Teil** desselben treffen (**Spaltung des Vertragsstatuts**). Auch eine **nachträgliche Rechtswahl** mit korrespondierendem Statutenwechsel ist möglich.

199   Die Parteien können gemäß Art. 3 Abs. 2 Rom I-VO jederzeit vereinbaren, dass der Vertrag nach einem anderen Recht zu beurteilen ist als dem Recht, das zuvor entweder aufgrund einer früheren Rechtswahl nach diesem Artikel oder aufgrund anderer Vorschriften der Rom I-VO für ihn maßgebend war. Die Formgültigkeit des Vertrags i.S. des Art. 11 Rom I-VO und Rechte Dritter werden jedoch durch eine nach Vertragsschluss erfolgende Änderung der Bestimmung des anzuwendenden Rechts nicht berührt.

Die freie Rechtswahl erfährt durch **Art. 3 Abs. 3 Rom I-VO** eine **200**
Beschränkung (**Restriktion der freien Rechtswahl**): Sind alle anderen
Elemente des Sachverhalts zum Zeitpunkt der Rechtswahl **in einem
anderen** als demjenigen **Staat** belegen, dessen Recht gewählt wurde
(d.h. eine Konstellation, in der eine Verbindung mit dem Recht eines
anderen Staates i.S. eines **ausschließlichen Bezugs** besteht), so berührt
die Rechtswahl der Parteien nicht die Anwendung derjenigen Bestimmungen des Rechts dieses anderen Staates, von denen nicht durch
Vereinbarung abgewichen werden kann (d.h. nicht dispositive bzw.
derogierbare Bestimmungen). Folge ist, dass die Rechtswahl – mit
Ausnahme der zur Anwendung gelangenden nicht dispositiven oder
derogierbaren Bestimmungen – Bestand hat. Art. 3 Abs. 3 Rom I-VO
schränkt die Rechtswahlfreiheit damit für reine **Inlandsfälle** (d.h. bei
unzureichender Auslandsberührung) ein. Damit wird eine Flucht aus
dem eigenen nationalen zwingenden Recht verhindert.

Eine **weitere Beschränkung der freien Rechtswahl** erfolgt in **201**
Art. 3 Abs. 4 Rom I-VO: Sind alle anderen Elemente des Sachverhalts zum Zeitpunkt der Rechtswahl **in einem oder mehreren Mitgliedstaaten** der Rom I-VO belegen, so berührt die Wahl des Rechts
eines Drittstaats durch die Parteien nicht die Anwendung der Bestimmungen des Gemeinschaftsrechts (ggf. in der von dem Mitgliedstaat
des angerufenen Gerichts umgesetzten Form), von denen nicht durch
Vereinbarung abgewichen werden kann. Zweck dieser **Binnenmarktklausel** ist die Anwendung der zwingenden gemeinschaftsrechtlichen
Bestimmungen, denen Vorrang vor dem gewählten Recht des Drittstaats zukommt.

Exkurs: Eingriffsnormen (Art. 9 Rom I-VO): Art. 9 Abs. 1 **202**
Rom I-VO definiert **Eingriffsnorm** als eine unmittelbar anwendbare
Norm des Gerichtsortes (*loi d'application immédiate*) – die von einer
bloß nicht dispositiven bzw. derogierbaren Vorschrift eines Staates
strikt zu unterscheiden ist. Art. 9 Abs. 1 Rom I-VO ist somit eine
zwingende Vorschrift, deren Einhaltung von einem Staat als so entscheidend für die Wahrung seines öffentlichen Interesses, insbesondere
seiner politischen, sozialen oder wirtschaftlichen Organisation angesehen wird, dass sie ungeachtet des nach Maßgabe der Rom I-VO auf
den Vertrag anzuwendenden Rechts auf alle Sachverhalte anzuwenden
ist, die in ihren Anwendungsbereich fallen. Um eine Norm als „Eingriffsnorm" qualifizieren zu können, muss diese mithin über einen
bloßen Schutz von Individualinteressen hinaus auf einen **Schutz von
Allgemeininteressen** abzielen (bspw. Normen des Arbeitsschutzrechts,
des Wettbewerbs- und Kartellrechts oder des Außenwirtschaftsrechts).

Eingriffsnormen führen dazu, dass diese sich nach der Rechtsord- **203**
nung des angerufenen Gerichts gegen jedes Vertragsstatut durchsetzen

– und zwar unabhängig davon, ob das Vertragsstatut durch Rechtswahl oder durch objektive (d.h. vom Parteiwillen – einer Rechtswahl – unabhängige) Anknüpfung bestimmt wurde (**Eingriffsnormen der *lex fori***).

Vgl. auch Art. 9 Abs. 2 Rom I-VO, wonach die Rom I-VO nicht die Anwendung der Eingriffsnormen des Rechts des angerufenen Gerichts berührt (**internationale Geltung der Eingriffsnorm gegen das Vertragsstatut**).

204   **Beachte:** § 242 BGB bzw. § 138 BGB können hingegen nicht über Art. 9 Rom I-VO, sondern allein über **Art. 21 Rom I-VO** (Öffentliche Ordnung im Staat des angerufenen Gerichts) zur Anwendung gelangen (so *Rauscher*, IPR, Rn. 1271 – arg.: vorrangig sei in diesen Fällen der durch das Privatrecht erfolgte bloße Schutz von Individualinteressen). Nach Art. 21 Rom I-VO kann die Anwendung einer Vorschrift des nach der Rom I-VO bezeichneten Rechts nur versagt werden, wenn ihre Anwendung mit der öffentlichen Ordnung – dem *ordre public* – des Staates des angerufenen Gerichts offensichtlich unvereinbar ist.

Beachte zudem: Im Hinblick auf eine Anwendung von Eingriffsnormen in Deutschland finden sich **kollisionsrechtliche Sonderregelungen** in

– § 185 Abs. 2 GWB – wonach die Vorschriften des ersten bis dritten Teils des GWB auf alle Wettbewerbsbeschränkungen anzuwenden sind, die sich im Geltungsbereich des GWB auswirken, auch wenn sie außerhalb des Geltungsbereichs des GWB veranlasst werden – und in

– § 2 AEntG im Hinblick auf die Entsendung ausländischer Arbeitnehmer nach Deutschland.

205   Nach **Art. 9 Abs. 3 Rom I-VO** kann den Eingriffsnormen des Staates, in dem die durch den Vertrag begründeten Verpflichtungen erfüllt werden sollen oder erfüllt worden sind, **Wirkung verliehen werden**. Dies bedeutet, dass die Eingriffsnormen sich durchsetzen, soweit sie die Erfüllung des Vertrags unrechtmäßig werden lassen. Bei der Entscheidung, ob diesen Eingriffsnormen Wirkung zu verleihen ist, werden Art und Zweck dieser Normen sowie die Folgen berücksichtigt, die sich aus ihrer Anwendung oder Nichtanwendung ergeben würden.

206   Auf das materielle Zustandekommen und die Wirksamkeit der Einigung der Parteien über das anzuwendende Recht – d.h. **auf den**

Rechtswahl- als Verweisungsvertrag – finden nach Art. 3 Abs. 5 Rom I-VO die
- Art. 10 Rom I-VO (Einigung und materielle Wirksamkeit),
- Art. 11 Rom I-VO (Form) sowie
- Art. 13 Rom I-VO (Rechts-, Geschäfts- und Handlungsunfähigkeit) Anwendung.

c) Das mangels Rechtswahl anzuwendende Recht

aa) Regelanknüpfung an bestimmte Verträge (Art. 4 Abs. 1 Rom I-VO)

Soweit die Parteien keine Rechtswahl gemäß Art. 3 Rom I-VO ge- **207** troffen haben, bestimmt sich das auf einen Vertrag anzuwendende Recht nach der **Regelanknüpfung** in **Art. 4 Abs. 1 Rom I-VO** als **objektive Anknüpfung** – unbeschadet der Art. 5 bis 8 Rom I-VO (besondere Vertragstypen mit gesondert geregelten Anknüpfungsregeln) – wie folgt:

- **Kaufverträge über bewegliche Sachen** (einschließlich Werklieferungsverträge, so EuGH NJW 2010, 1059; nicht jedoch Kaufverträge über Rechte oder nicht-körperliche Gegenstände) unterliegen dem Recht des Staates, in dem der Verkäufer seinen „**gewöhnlichen Aufenthalt**" (vgl. Art. 19 Rom I-VO) hat (Buchst. a – vorrangig gelangen jedoch die Regelungen des CISG zur Anwendung).
- **Dienstleistungsverträge** (i.w.S., d.h. einschließlich u.a. Geschäftsbesorgungs- und Werkverträge oder Finanzdienstleistungen) unterliegen dem Recht des Staates, in dem der Dienstleister seinen „**gewöhnlichen Aufenthalt**" (vgl. Art. 19 Rom I-VO) hat (Buchst. b).
- (Schuldrechtliche) **Verträge**, die ein **dingliches Recht** (was autonom auszulegen ist i.S. eines gegenüber jedermann wirksamen Rechts an einem Grundstück, so *Rauscher*, IPR, Rn. 1165) **an unbeweglichen Sachen** (letzterer Begriff wird nach der *lex rei sitae* als Sachstatut bestimmt) sowie die **Miete oder Pacht** (i.w.S. als Verträge über jede Form einer entgeltlichen Gebrauchsüberlassung) **unbeweglicher Sachen** zum Gegenstand haben, unterliegen dem Recht des Staates, in dem die unbewegliche Sache „belegen" ist (*lex rei sitae* – Buchst. c).
- Ungeachtet Buchst. c unterliegt die Miete oder Pacht unbeweglicher Sachen für höchstens sechs aufeinander folgende Monate zum vorübergehenden privaten Gebrauch (**kurzfristige Gebrauchsüberlassung**, bspw. von Ferienwohnungen) dem Recht des Staates, in dem der Vermieter oder Verpächter seinen „**gewöhnlichen Aufenthalt**" hat (vgl. Art. 19 Rom I-VO), sofern der Mieter oder Pächter eine natürliche Person ist und seinen gewöhnlichen Aufenthalt in demselben Staat hat (Buchst. d).

– **Franchiseverträge** unterliegen dem Recht des Staates, in dem der
  Franchisenehmer seinen „**gewöhnlichen Aufenthalt**" (vgl. Art. 19
  Rom I-VO) hat (Buchst. e).
– **Vertriebsverträge** unterliegen dem Recht des Staates, in dem der
  Vertriebshändler seinen „**gewöhnlichen Aufenthalt**" (vgl. Art. 19
  Rom I-VO) hat (Buchst. f).
– Verträge über den Kauf beweglicher Sachen durch **Versteigerung**
  unterliegen dem Recht des Staates, in dem die Versteigerung abge-
  halten wird, sofern (d.h. nur wenn) der Ort der Versteigerung be-
  stimmt werden kann (Buchst. g).
– Verträge, die innerhalb eines multilateralen Systems geschlossen
  werden, das die Interessen einer Vielzahl Dritter am Kauf und Ver-
  kauf von **Finanzinstrumenten** i.S. von Art. 4 Abs. 1 Nr. 17 der
  Richtlinie 2004/39/EG nach nicht diskretionären Regeln und nach
  Maßgabe eines einzigen Rechts zusammenführt oder das Zusam-
  menführen fördert, unterliegen diesem Recht (Buchst. h).

208   Die Verweisungen nach Art. 4 Abs. 1 Rom I-VO sind – wie alle
Verweisungen nach der Rom I-VO – **Sachnormverweisungen** auf das
materielle Recht. Eine Rück- und Weiterverweisung kommt damit
nicht in Betracht (so Art. 20 Abs. 1 Rom I-VO).

*bb) Regelanknüpfung an die charakteristische Leistung (Art. 4 Abs. 2
Rom I-VO)*

209   Fällt der Vertrag nicht unter Art. 4 Abs. 1 Rom I-VO oder sind die
Bestandteile des Vertrags durch mehr als einen der Buchst. a bis h des
Art. 4 Abs. 1 Rom I-VO abgedeckt (d.h. im Falle, dass mehrere ver-
tragstypische Anknüpfungen bestehen), gelangt die **Regelanknüpfung
des Art. 4 Abs. 2 Rom I-VO** zur Anwendung: Der Vertrag unterliegt
dann dem Recht des Staates, in dem die Partei, welche die für den
Vertrag **charakteristische Leistung** (i.d.R. die Leistung der Partei, die
im Rahmen des Vertragsverhältnisses keine Geldleistung schuldet) zu
erbringen hat (im Zeitpunkt des Vertragsschlusses, vgl. Art. 19 Abs. 3
Rom I-VO), ihren **gewöhnlichen Aufenthalt** hat (**Prinzip der charakteristischen Leistung**).

210   „**Gewöhnlicher Aufenthalt**" i.S. der Zwecke der Rom I-VO ist
nach deren Art. 19 Abs. 1 S. 1 für **Gesellschaften, Vereine und juristische Personen** der „**Ort ihrer Hauptverwaltung**". Der gewöhnliche
Aufenthalt einer **natürlichen Person**, die im Rahmen der Ausübung
ihrer beruflichen Tätigkeit handelt, ist der „Ort ihrer Hauptniederlassung" (so Art. 19 Abs. 1 S. 2 Rom I-VO). Wird der Vertrag im Rahmen des Betriebs einer **Zweigniederlassung, Agentur** oder **sonstigen
Niederlassung** geschlossen oder ist für die Erfüllung gemäß dem
Vertrag eine solche Zweigniederlassung, Agentur oder sonstige Nie-

derlassung verantwortlich, so steht nach Art. 19 Abs. 2 Rom I-VO der Ort des gewöhnlichen Aufenthalts dem Ort gleich, an dem sich die Zweigniederlassung, Agentur oder sonstige Niederlassung befindet. Für die Bestimmung des gewöhnlichen Aufenthalts ist der **Zeitpunkt des Vertragsschlusses** maßgebend (so Art. 19 Abs. 3 Rom I-VO).

cc) „Engste Verbindung" (Art. 4 Abs. 4 Rom I-VO)

Kann das anzuwendende Recht nicht nach Art. 4 Abs. 1 (**Vertrags- 211 typ**) oder Art. 4 Abs. 2 Rom I-VO (**charakteristische Leistung**) bestimmt werden (weil es bspw. an einer „charakteristischen Leistung" fehlt oder diese nicht bestimmbar ist), so unterliegt der Vertrag gemäß Art. 4 Abs. 4 Rom I-VO dem Recht des Staates, zu dem er die **engste Verbindung** aufweist. Das Tatbestandsmerkmal der „engsten Verbindung" ist unter Berücksichtigung aller in Betracht zu ziehenden Indizien (Kriterien) zu bestimmen.

dd) Ausweichklausel – „offensichtlich engere Verbindung" (Art. 4 Abs. 3 Rom I-VO)

Ergibt sich aus der Gesamtheit der Umstände (Notwendigkeit einer 212 Gesamtabwägung), dass der Vertrag eine **offensichtlich engere Verbindung** zu einem anderen als der nach der Regelanknüpfung des Art. 4 Abs. 1 oder 2 Rom I-VO bestimmten Staat aufweist (i.S. eines eindeutigen Vertragsschwerpunktes), so ist das Recht dieses anderen Staates anzuwenden (so Art. 4 Abs. 3 Rom I-VO – **Ausweichklausel**). Der Ausweichklausel kommt Ausnahmecharakter zu. Daher ist „offensichtlich engere Verbindung" restriktiv auszulegen.

d) Besondere Vertragstypen mit gesondert geregelter Anknüpfungsregel (Art. 5 bis 8 Rom I-VO)

Die Art. 5 bis 8 Rom I-VO regeln besondere Vertragstypen mit be- 213 sonderen Anknüpfungsregeln.

aa) Beförderungsverträge (Art. 5 Rom I-VO)

Güter- wie Personenbeförderungsverträge, die in Art. 4 Abs. 1 214 Rom I-VO nicht ausdrücklich benannt sind, erfahren in Art. 5 Rom I-VO eine von Art. 4 Abs. 2 Rom I-VO (Regelanknüpfung an die charakteristische Leistung) abweichende Anknüpfung.

(1) Rechtswahl

Im Hinblick auf Verträge über die **Beförderung von Gütern** (d.h. 215 Waren – worunter auch Speditionsverträge fallen) haben die Parteien **freie Rechtswahl** nach Art. 3 Rom I-VO.

216   **Beachte** hinsichtlich der Güterbeförderung auf der Strasse auch die vorrangigen Regeln des

– Übereinkommens über den Beförderungsvertrag im internationalen Strassengüterverkehr (CMR) vom 19.5.1956 oder das

– Übereinkommen über den internationalen Eisenbahnverkehr (COTIF) vom 9.5.1980.

217   Als auf einen Vertrag über die **Beförderung von Personen** anzuwendendes Recht können die Parteien nach Art. 5 Abs. 2 Unterabs. 2 Rom I-VO im Einklang mit Art. 3 Rom I-VO nur (weil Personenbeförderung – mit der Ausnahme von Pauschalreisen – i.d.R. nicht dem Art. 6 Rom I-VO unterfällt, vgl. Art. 6 Abs. 4 Rom I-VO) das Recht des Staates wählen,
– in dem die zu befördernde Person ihren „gewöhnlichen Aufenthalt" (vgl. Art. 19 Rom I-VO) hat (Buchst. a) oder
– in dem der Beförderer seinen „gewöhnlichen Aufenthalt" (vgl. Art. 19 Rom I-VO) hat (Buchst. b) oder
– in dem der Beförderer seine „Hauptverwaltung" hat (Buchst. c) oder
– in dem sich der „Abgangsort" befindet (Buchst. d) oder
– in dem sich der „Bestimmungsort" befindet (*lex destinationes*, Buchst. e).

218   **Beachte** im Personenbeförderungsrecht das vorrangige Übereinkommen vom 28.5.1999 von Montreal (**Montrealer Übereinkommen** – MÜ) zur Vereinheitlichung bestimmter Vorschriften über die Beförderung im internationalen Luftverkehr als Einheitsrecht (in Nachfolge des Warschauer Abkommens [WA] zur Vereinheitlichung von Regeln über die Beförderung im internationalen Luftverkehr aus dem Jahre 1929, das noch für jene Staaten gilt, die das MÜ nicht ratifiziert haben).

Beachte zudem für den EU-Bereich die

– VO (EG) Nr. 261/2004 vom 11.2.2004 über eine gemeinsame Regelung für Ausgleichs- und Unterstützungsleistungen für Fluggäste im Fall der Nichtbeförderung und bei Annullierung oder großer Verspätung von Flügen (ABl. EU 2004 L 46/1) (**FluggastrechteVO**) oder die

– VO (EG) Nr. 1371/2007 vom 23.10.2007 über die Rechte und Pflichten der Fahrgäste im Eisenbahnverkehr (ABl. EU 2007 L 315/14 (**EisenbahnfahrgastrechteVO**).

(2) Mangels Rechtswahl anzuwendendes Recht

Soweit die Parteien in Bezug auf einen Vertrag über die **Beförde-** 219
rung von Gütern keine Rechtswahl nach Art. 3 Rom I-VO getroffen
haben, ist gemäß Art. 5 Abs. 1 S. 1 Rom I-VO das Recht des Staates
anzuwenden, in dem der **Beförderer** seinen **gewöhnlichen Aufenthalt**
(vgl. Art. 19 Abs. 1 Rom I-VO) hat. D.h., es gelangt das Recht am Ort
der Hauptniederlassung oder der Hauptverwaltung zur Anwendung,
sofern (als verstärkendes Element) sich in diesem Staat auch der Über-
nahmeort oder der Ablieferungsort oder der gewöhnliche Aufenthalt
des Absenders befindet. Sind die genannten Voraussetzungen nicht
erfüllt, so ist das Recht des Staates des von den Parteien vereinbarten
Ablieferungsorts anzuwenden (so Art. 5 Abs. 1 S. 2 Rom I-VO).

Soweit die Parteien in Bezug auf einen Vertrag über die **Beförde-** 220
rung von Personen keine Rechtswahl nach Art. 5 Abs. 2 Unterabs. 2
Rom I-VO getroffen haben, ist das anzuwendende Recht das Recht des
Staates, in dem die zu befördernde Person ihren gewöhnlichen Aufenthalt (vgl. Art. 19 Abs. 1 Rom I-VO) hat. Voraussetzung dafür ist aber,
dass (als verstärkendes Element) sich in diesem Staat auch der Abgangsort oder der Bestimmungsort befindet (so Art. 5 Abs. 2 Unterabs.
1 Rom I-VO). Sind diese Voraussetzungen nicht erfüllt, so ist das
Recht des Staates anzuwenden, in dem der Beförderer seinen gewöhnlichen Aufenthalt hat.

Ergibt sich aus der Gesamtheit der Umstände, dass der Vertrag im 221
Falle fehlender Rechtswahl eine **offensichtlich engere Verbindung** zu
einem anderen als dem nach Art. 5 Abs. 1 oder 2 Rom I-VO bestimmten Staat aufweist, so ist das Recht dieses anderen Staates anzuwenden
(so Art. 5 Abs. 3 Rom I-VO – **Anknüpfung an die offensichtlich
engere Verbindung**).

bb) Verbraucherverträge (Art. 6 Rom I-VO)

(1) Anwendungsbereich

Verbrauchervertrag ist grundsätzlich jeder Vertrag, den ein Ver- 222
braucher mit einem Unternehmer schließt.

Art. 6 Abs. 1 Rom I-VO definiert den **Begriff des Verbrauchers**
legal als eine natürliche Person, die – für den Vertragspartner objektiv
erkennbar – einen Vertrag zu einem Zweck abgeschlossen hat, der
nicht ihrer beruflichen oder gewerblichen Tätigkeit zugerechnet werden kann.

Unternehmer ist hingegen eine Person, die bei Vertragsschluss in 223
Ausübung ihrer beruflichen oder gewerblichen Tätigkeit handelt.

Jeder Vertragstyp – mit **Ausnahme** der in Art. 6 Abs. 4 Rom I- 224
VO genannten Verträge sowie von Beförderungs- (Art. 5 Rom I-VO)

und Versicherungsverträgen (Art. 7 Rom I-VO) – kann „Verbraucher-vertrag" sein.

225   In **dual-use-Konstellationen** ist ein Verbrauchervertrag auch dann noch anzunehmen, wenn die unternehmerische Komponente von ganz untergeordneter Bedeutung ist.

226   Art. 6 Abs. 1 und 2 Rom I-VO gelten nach **Art. 6 Abs. 4 Rom I-VO** nicht (**Ausschlusskonstellationen**) für:

– **Verträge über die Erbringung von Dienstleistungen** (wobei der Begriff der „Dienstleistung i.w.S. zu verstehen ist und auch Werk-sowie Geschäftsbesorgungsverträge erfasst), wenn die dem Verbrau-cher geschuldeten Dienstleistungen ausschließlich in einem anderen als dem Staat erbracht werden müssen, in dem der Verbraucher sei-nen gewöhnlichen Aufenthalt (vgl. Art. 19 Rom I-VO) hat (Buchst. a);

– **Beförderungsverträge mit Ausnahme von Pauschalreiseverträ-gen** i.S. der Richtlinie 90/314/EWG des Rates vom 13.6.1990 über Pauschalreisen (ABl. L 158 vom 23.6.1990, S. 59) (Buchst. b);

– Verträge, die ein **dingliches Recht** an unbeweglichen Sachen oder die **Miete oder Pacht unbeweglicher Sachen** zum Gegenstand ha-ben, mit Ausnahme der Verträge über Teilzeitnutzungsrechte an Immobilien i.S. der Richtlinie 94/47/EG (ABl. L 280 vom 24.10.1994, S. 83, an deren Stelle nunmehr die Richtlinie 2008/122/EG getreten ist) (Buchst. c),

– Rechte und Pflichten im Zusammenhang mit einem **Finanzinstru-ment** sowie Rechte und Pflichten, durch die die Bedingungen für die Ausgabe oder das öffentliche Angebot und öffentliche Übernahme-angebote bezüglich übertragbarer Wertpapiere und die Zeichnung oder den Rückkauf von Anteilen an Organismen für gemeinsame Anlagen in Wertpapieren festgelegt werden, sofern es sich dabei nicht um die Erbringung von Finanzdienstleistungen handelt (Buchst. d),

– Verträge, die innerhalb der Art von Systemen geschlossen werden, auf die Art. 4 Abs. 1 Buchst. h Anwendung findet (Buchst. e).

(2) Mangels Rechtswahl anzuwendendes Recht (Art. 6 Abs. 1 Rom I-VO)

227   Unbeschadet der Art. 5 (Beförderungsverträge) und Art. 7 Rom I-VO (Versicherungsverträge) unterliegt ein Vertrag, den ein **Verbrau-cher** mit einem **Unternehmer** geschlossen hat (maßgeblich ist die Vertragsabschlusssituation), nach **Art. 6 Abs. 1 Rom I-VO** (**objektive Anknüpfung**) dem Recht des Staates, in dem der **Verbraucher seinen gewöhnlichen Aufenthalt** hat (womit Art. 4 Rom I-VO mit seiner objektiven Anknüpfung verdrängt wird). Voraussetzung dafür ist, dass der Unternehmer

- seine berufliche oder gewerbliche **Tätigkeit** in dem Staat **ausübt**, in dem der Verbraucher seinen gewöhnlichen Aufenthalt hat (Buchst. a), oder
- eine solche **Tätigkeit** auf irgendeiner Weise auf diesen Staat oder auf mehrere Staaten, einschließlich dieses Staates, **ausrichtet** und der Vertrag in den Bereich dieser Tätigkeit fällt (Buchst. b).

Sind die Anforderungen des Art. 6 Abs. 1 Buchst. a oder b Rom I-VO nicht erfüllt, so gelten für die Bestimmung des auf einen Vertrag zwischen einem Verbraucher und einem Unternehmer anzuwendenden Rechts die Art. 3 und 4 Rom I-VO (so **Art. 6 Abs. 3 Rom I-VO**). **228**

(3) Rechtswahl

Ungeachtet von Art. 6 Abs. 1 Rom I-VO können die Parteien das auf einen Vertrag, der die Anforderungen der genannten Regelung erfüllt, anzuwendende Recht nach Art. 3 Rom I-VO wählen (so Art. 6 Abs. 2 S. 1 Rom I-VO – **subjektive Anknüpfung** i.S. einer Anknüpfung an den Parteiwillen). **229**

Die Rechtswahl darf jedoch gemäß Art. 6 Abs. 2 S. 2 Rom I-VO nicht dazu führen, dass dem **Verbraucher** der Schutz entzogen wird, der ihm durch diejenigen Bestimmungen gewährt wird, von denen nach dem Recht, das nach Art. 6 Abs. 1 Rom I-VO mangels einer Rechtswahl anzuwenden wäre (d.h. das Recht des Staates seines gewöhnlichen Aufenthalts), nicht durch Vereinbarung abgewichen werden darf (**Günstigkeitsprinzip**). **230**

> **Beachte im Hinblick auf die Beschränkungen einer Rechtswahl** **231**
> auch **Art. 46 b EGBGB** (Verbraucherschutz für besondere Gebiete), der im Kollisionsrecht EU-Verbraucherstandards gegen die Wahl des Rechts eines Nicht-EU-Mitgliedstaats durchsetzt, selbst wenn die Voraussetzungen des Art. 6 Abs. 1 Rom I-VO nicht vorliegen. Damit wird dem Verbraucher Schutz vor Versuchen, das Europäische Verbraucherschutzrecht zu umgehen, gewährt. Art. 46 b EGBGB ist allerdings gegenüber Art. 6 Abs. 1 Rom I-VO insoweit nachrangig, als die Rom I-VO in ihrem sachlichen Anwendungsbereich hinsichtlich des Verbraucherschutzes weiter geht, und insoweit keine Einschränkung durch Art. 46 b EGBGB erfahren darf.

Allerdings gelangt Art. 46 b EGBGB dann zur **Anwendung**, wenn ein Vertrag zwar einen „engen Zusammenhang" zu einem EU-Mitgliedstaat oder EWR-Vertragsstaat hat, aber **durch Rechtswahl dem Recht eines Drittstaats unterstellt worden ist** (**Einschränkung der Rechtswahlmöglichkeit in verbraucherrechtlicher Hinsicht**): **232**

Unterliegt ein Vertrag auf Grund einer Rechtswahl nicht dem Recht
eines EU-Mitgliedstaats oder EWR-Vertragsstaats, weist der Vertrag
jedoch einen „engen Zusammenhang" mit dem Gebiet eines dieser
Staaten auf, so sind nach Art. 46 b Abs. 1 EGBGB die im Gebiet
dieses Staates geltenden Bestimmungen zur Umsetzung der **Verbraucherschutzrichtlinien** gleichwohl anzuwenden. Ein „enger Zusammenhang" ist gemäß Art. 46 b Abs. 2 EGBGB – unter Berücksichtigung aller Umstände – „insbesondere" (d.h. beispielhaft) anzunehmen,
wenn der Unternehmer

– in dem EU-Mitgliedstaat oder einem EWR-Vertragsstaat, in dem der
  Verbraucher seinen gewöhnlichen Aufenthalt hat, eine berufliche
  oder gewerbliche Tätigkeit ausübt (Nr. 1) oder

– eine solche Tätigkeit auf irgendeinem Wege auf diesen EU-
  Mitgliedstaat oder einen EWR-Vertragsstaat oder auf mehrere Staa-
  ten, einschließlich dieses Staates, ausrichtet und der Vertrag in den
  Bereich dieser Tätigkeit fällt (Nr. 2).

233   **Verbraucherschutzrichtlinien** in diesem Sinne sind nach der enu-
merativen Auflistung in Art. 46 b Abs. 3 EGBGB in ihrer jeweils
geltenden Fassung:

– die Richtlinie 93/13/EWG des Rates vom 5.4.1993 über missbräuchliche Klauseln in Verbraucherverträgen (**Missbräuchliche-
  Klauseln-Richtlinie** – ABl. L 95 vom 21.4.1993, S. 29 – vgl. im
  deutschen Recht die §§ 305 ff. BGB);

– die Richtlinie 1999/44/EG des Europäischen Parlaments und des
  Rates vom 25.5.1999 zu bestimmten Aspekten des Verbrauchsgü-
  terkaufs und der Garantien für Verbrauchsgüter (**Verbrauchsgüter-
  kaufrichtlinie** – ABl. L 171 vom 7.7.1999, S. 12 – vgl. im deutschen Recht u.a. die §§ 474 ff. BGB);

– die Richtlinie 2002/65/EG des Europäischen Parlaments und des
  Rates vom 23.9.2002 über den Fernabsatz von Finanzdienstleistungen an Verbraucher und zur Änderung der Richtlinie 90/619/EWG
  des Rates und der RL 97/7/EG und 98/27/EG (**Finanzdienstleis-
  tungsfernabsatzrichtlinie** – ABl. L 271 vom 9.10.2002, S. 16 – im
  deutschen Recht in den §§ 312 ff. BGB integriert, vgl. etwa § 312d
  Abs. 2 BGB);

– die Richtlinie 2008/48/EG des Europäischen Parlaments und des
  Rates vom 23.4.2008 über Verbraucherkreditverträge und zur Aufhebung der RL 87/102/EWG des Rates (**Verbraucherkreditrichtli-
  nie** – ABl. L 133 vom 22.5.2008, S. 66 – vgl. im deutschen Recht
  die §§ 491 ff. BGB).

234   Vgl. in Umsetzung von Art. 12 der Teilzeitnutzungsrichtlinie
(Richtlinie 2008/122/EG des Europäischen Parlaments und des Rates
vom 14.12009 über den Schutz der Verbraucher im Hinblick auf be-

stimmte Aspekte von Teilzeitnutzungsverträgen, Verträgen über langfristige Urlaubsprodukte sowie Wiederverkaufs- und Tauschverträgen [ABl. L 33 vom 3.2.2009, S. 10] – im deutschen Recht die §§ 481 ff. BGB) näher **Art. 46 b Abs. 4 EGBGB**: Unterliegt ein Teilzeitnutzungsvertrag (im deutschen Recht § 481 BGB), ein Vertrag über ein langfristiges Urlaubsprodukt (§ 481 a BGB), ein Wiederverkaufsvertrag (§ 481 b BGB) oder ein Tauschvertrag (§ 481 b BGB) i.s. dieser Richtlinie – aufgrund einer Rechtswahl oder einer gesetzlichen Anknüpfung – nicht dem Recht eines EU-Mitgliedstaats oder eines EWR-Vertragsstaats, so darf Verbrauchern der in Umsetzung dieser Richtlinie gewährte Schutz nicht vorenthalten werden, wenn

– eine der betroffenen Immobilien im Hoheitsgebiet eines EU-Mitgliedstaats oder eines EWR-Vertragsstaats belegen ist (Nr. 1) oder

– im Falle eines Vertrags, der sich nicht unmittelbar auf eine Immobilie bezieht, der Unternehmer eine gewerbliche oder berufliche Tätigkeit in einem EU-Mitgliedstaat oder einem EWR-Vertragsstaat ausübt oder diese Tätigkeit auf irgendeine Weise auf einen solchen Staat ausrichtet und der Vertrag in den Bereich dieser Tätigkeit fällt (Nr. 2).

Über Art. 46 b EGBGB finden die Verbraucherschutzstandards der **235** vorgenannten EG-Richtlinien (in ihrer jeweiligen Transformation im zur Anwendung gelangenden Recht) – als **Sonderanknüpfung** – neben dem gewählten Recht (**Vertragsstatut**) Anwendung (*Rauscher*, IPR, Rn. 1226 – ohne dass ein Günstigkeitsvergleich stattfindet, *Ders.*, Rn. 1228: ein solcher Günstigkeitsvergleich findet jedoch im Anwendungsbereich der vorerwähnten Richtlinien statt).

cc) Versicherungsverträge (Art. 7 Rom I-VO)

Es ist zwischen Versicherungsverträgen über Großrisiken, Rückver- **236** sicherungsverträgen und sonstigen (Erst-) Versicherungsverträgen zu unterscheiden.

Art. 7 Rom I-VO regelt das **Versicherungsvertragsstatut** und er- **237** fasst nach seinem Abs. 1 S. 1 Verträge i.S. von Abs. 2 (d.h. sonstige Erst-Versicherungsverträge), unabhängig davon, ob das gedeckte Risiko in einem Mitgliedstaat belegen ist, und für alle anderen Versicherungsverträge, durch die **Risiken** gedeckt werden, **die im Gebiet der Mitgliedstaaten belegen sind**.

Zur Frage der „Belegenheit" vgl. nachstehend Art. 7 Abs. 6 Rom I-VO – zur **238** Rechtswahl sonstiger Erst-Versicherungsverträge Art. 7 Abs. 3 Rom I-VO.

Art. 7 Abs. 1 S. 1 Rom I-VO gilt gemäß Art. 7 Abs. 1 S. 2 Rom I-VO nicht **239** für Rückversicherungsverträge (die der Grundsatzanknüpfung nach Art. 3 und 4 Rom I-VO unterfallen).

(1) Rechtswahl

240   Versicherungsverträge, die **Großrisiken** i.S. von Art. 5 Buchst. d der Ersten Richtlinie 73/239/EWG des Rates vom 24.7.1973 zur Koordinierung der Rechts- und Verwaltungsvorschriften betreffend die Aufnahme und Ausübung der Tätigkeit der Direktversicherung (mit Ausnahme der Lebensversicherung) (ABl. L 228 vom 16.8.1973, S. 3) **decken**, unterliegen dem von den Parteien nach Art. 3 Rom I-VO gewählten Recht (so Art. 7 Abs. 2 Unterabs. 1 Rom I-VO – **freie Rechtswahlmöglichkeit**): **unbeschränkte Rechtswahlfreiheit bei Großrisikoverträgen.** Mangels Rechtswahl gilt Art. 7 Abs. 2 Unterabs. 2 Rom I-VO: Zur Anwendung gelangt das Recht des gewöhnlichen Aufenthalts (vgl. Art. 19 Rom I-VO) des Versicherers (**objektive Anknüpfung**).

241   Für **(sonstige Erst-) Versicherungsverträge**, d.h. solche, die nicht unter Art. 7 Abs. 2 Rom I-VO fallen, dürfen die Parteien nach **Art. 7 Abs. 3 Unterabs. 1 Rom I-VO** nur die folgenden Rechte im Einklang mit Art. 3 Rom I-VO wählen:

– das Recht eines jeden Mitgliedstaats, in dem zum Zeitpunkt des Vertragsschlusses das Risiko belegen ist (Buchst. a – **Recht des Staates der Risikobelegenheit**);

– das Recht des Staates, in dem der Versicherungsnehmer seinen gewöhnlichen Aufenthalt (vgl. Art. 19 Rom I-VO) hat (Buchst. b – **Recht des Staates des „gewöhnlichen Aufenthalts" des Versicherungsnehmers**);

– bei **Lebensversicherungen** das Recht des Mitgliedstaats, dessen Staatsangehörigkeit der Versicherungsnehmer besitzt (Buchst. c – **Anknüpfung an die Staatsangehörigkeit des Versicherungsnehmers**);

– für Versicherungsverträge, bei denen sich die gedeckten Risiken auf Schadensfälle beschränken, die in einem anderen Mitgliedstaat als dem Mitgliedstaat, in dem das Risiko belegen ist, eintreten können, das Recht jenes Mitgliedstaats (Buchst. d – **Auseinanderfallen zwischen Risikobelegenheit und Ort der Risikoverwirklichung**);

– wenn der Versicherungsnehmer eines Vertrags i.S. von Art. 7 Abs. 3 Rom I-VO eine gewerbliche oder industrielle Tätigkeit ausübt oder freiberuflich tätig ist und der Versicherungsvertrag zwei oder mehr Risiken abdeckt, die mit dieser Tätigkeit in Zusammenhang stehen und in unterschiedlichen Mitgliedstaaten belegen sind, das Recht eines betroffenen Mitgliedstaats oder das Recht des Staates des gewöhnlichen Aufenthalts (vgl. Art. 19 Rom I-VO) des Versicherungsnehmers (Buchst. e).

Räumen in den Fällen nach den Buchst. a, b oder e die betreffenden **242** Mitgliedstaaten eine größere Wahlfreiheit bezüglich des auf den Versicherungsvertrag anwendbaren Rechts ein, so können die Parteien hiervon Gebrauch machen.

(2) Mangels Rechtswahl anzuwendendes Recht und zwingendes Kollisionsrecht

Soweit die Parteien keine Rechtswahl getroffen haben, unterliegt **243** der Versicherungsvertrag nach **Art. 7 Abs. 2 S. 1 Unterabs. 2 Rom I-VO** – der **Erweiterungsmöglichkeiten** eröffnet – dem Recht des Staates, in dem der Versicherer seinen „**gewöhnlichen Aufenthalt**" (vgl. Art. 19 Rom I-VO) hat. Ergibt sich aus der Gesamtheit der Umstände, dass der Vertrag eine **offensichtlich engere Verbindung** zu einem anderen Staat aufweist, ist das Recht dieses anderen Staates anzuwenden (**Art. 7 Abs. 2 Unterabs. 2 S. 2 Rom I-VO – Auflockerung**).

Soweit die Parteien **keine Rechtswahl** nach Maßgabe von Art. 7 **244** Abs. 3 Unterabs. 1 und 2 Rom I-VO getroffen haben, unterliegt der Vertrag dem Recht des Mitgliedstaats, in dem zum Zeitpunkt des Vertragsschlusses das Risiko belegen ist (Art. 7 Abs. 3 Unterabs. 3 Rom I-VO – **Recht des Staates der Belegenheit des Risikos**). Damit erfolgt eine **objektive Anknüpfung**.

Die folgenden zusätzlichen Regelungen gelten nach **Art. 7 Abs. 4** **245** **Rom I-VO** für Versicherungsverträge über Risiken, für die ein Mitgliedstaat (nach seiner Rechtsordnung) eine **Versicherungspflicht** vorschreibt (**Pflichtversicherungen**):

– Der Versicherungsvertrag genügt der Versicherungspflicht nur, wenn er den von dem die Versicherungspflicht auferlegenden Mitgliedstaat vorgeschriebenen besonderen Bestimmungen für diese Versicherung entspricht. Widerspricht sich das Recht des Mitgliedstaats, in dem das Risiko belegen ist, und dasjenige des Mitgliedstaats, der die Versicherungspflicht vorschreibt, so hat das letztere Recht Vorrang (Buchst. a).

– Ein Mitgliedstaat kann abweichend von Art. 7 Abs. 2 und 3 Rom I-VO vorschreiben, dass auf den Versicherungsvertrag das Recht des Mitgliedstaats anzuwenden ist, der die Versicherungspflicht vorschreibt (Buchst. b).

Beachte: In Umsetzung von Art. 7 Abs. 4 Rom I-VO hat Deutsch- **246** land für **Pflichtversicherungsverträge** in **Art. 46 c EGBGB** folgende Regelung getroffen: Ein über eine Pflichtversicherung abgeschlossener Vertrag unterliegt nach Art. 46 c Abs. 2 EGBGB deutschem Recht, wenn die gesetzliche Verpflichtung zu seinem Abschluss auf deutschem Recht beruht. Ein Versicherungsvertrag über Risiken, für die ein EU-Mitgliedstaat oder ein EWR-Vertragsstaat eine Versicherungspflicht vorschreibt, unterliegt gemäß Art. 46 c Abs. 1 EGBGB dem Recht dieses Staates, sofern dieser dessen Anwendung vorschreibt.

247   Deckt der Vertrag in **mehr als einem Mitgliedstaat belegene Risiken** (mehrere Belegenheiten), so ist für die Zwecke von Art. 7 Abs. 3 Unterabs. 3 und Abs. 4 Rom I-VO der Vertrag als aus mehreren Verträgen bestehend anzusehen (d.h. es erfolgt eine **Aufspaltung des Vertragsstatuts**), von denen sich jeder auf jeweils nur einen Mitgliedstaat bezieht (so **Art. 7 Abs. 5 Rom I-VO**).

248   Die „**Belegenheit**" bestimmt **Art. 7 Abs. 6 Rom I-VO**: Für die Zwecke von Art. 7 Rom I-VO bestimmt sich der „Staat, in dem das Risiko belegen ist", nach Art. 2 Buchst. d der Zweiten Richtlinie 88/357/EWG des Rates vom 22.6.1988 zur Koordinierung der Rechts- und Verwaltungsvorschriften für die Direktversicherung (mit Ausnahme der Lebensversicherung) und zur Erleichterung der tatsächlichen Ausübung des freien Dienstleistungsverkehrs (ABl. L 172 vom 4.7.1988, S. 1). Bei Lebensversicherungen ist der Staat, in dem das Risiko belegen ist, der Staat der Verpflichtung i.S. von Art. 1 Abs. 1 Buchst. g der Richtlinie 2002/83/EG.

dd) Individualarbeitsverträge (Art. 8 Rom I-VO – Arbeitsvertragsstatut)

(1) Rechtswahl

249   Individualarbeitsverträge unterliegen nach Art. 8 Abs. 1 S. 1 Rom I-VO dem von den Parteien nach Art. 3 Rom I-VO gewählten Recht.

250   Das Tatbestandsmerkmal „**Individualarbeitsvertrag**" ist autonom nach der Rom I-VO zu bestimmen. Dadurch werden auch Arbeitsverhältnisse i.S. von fehlerhaften, aber in Vollzug gesetzten Arbeitsverträgen erfasst. „Individualarbeitsverträge" sind Verträge, bei denen eine Person, der Arbeitnehmer, abhängig und weisungsgebunden gegen Entgelt bei einem Arbeitgeber beschäftigt wird.

251   Die Rechtswahl der Parteien darf jedoch gemäß Art. 8 Abs. 1 S. 2 Rom I-VO nicht dazu führen, dass dem Arbeitnehmer der Schutz entzogen wird, der ihm durch **Bestimmungen** gewährt wird, **von denen** nach dem Recht, das nach Art. 8 Abs. 2, 3 und 4 Rom I-VO mangels einer Rechtswahl anzuwenden wäre, **nicht** durch Vereinbarung **abgewichen werden darf** (die also privatautonom nicht disponibel sind). Dieser Günstigkeitsvergleich ist durch eine Betrachtung des materiellen Rechts der sich gegenüber stehenden Rechtsordnungen zu beurteilen.

Schützen Eingriffsnormen nach Art. 9 Rom I-VO (neben überragenden Gemeinwohlbelangen auch) Individualinteressen, setzen sie sich in gleicher Weise nach Art. 8 Abs. 1 Rom I-VO durch (*Rauscher*, IPR, Rn. 1243). **252**

Beachte: Dienstverträge mit Selbständigen unterfallen hingegen nicht Art. 8 Rom I-VO, sondern den Art. 3 und 4 Rom I-VO. **253**

(2) Mangels Rechtswahl anzuwendendes Recht

Soweit das auf den Arbeitsvertrag anzuwendende Recht nicht durch Rechtswahl bestimmt ist (d.h. kein nach Art. 8 Abs. 1 Rom I-VO gewähltes Arbeitsvertragsstatut mit zwingenden Bedingungen vorliegt), unterliegt der Arbeitsvertrag kraft **objektiver Anknüpfung** nach Art. 8 Abs. 2 S. 1 Rom I-VO dem Recht des Staates, in dem (1. Alt. – *lex loci laboris* – **Arbeitsort**) oder andernfalls von dem aus der Arbeitnehmer in Erfüllung des Vertrags gewöhnlich seine Arbeit verrichtet (2. Alt. – **Ort der Einsatzbasis**). Dies ist das **Recht des normalen oder gewöhnlichen Arbeitsortes**. Der Staat, in dem die Arbeit gewöhnlich verrichtet wird, wechselt gemäß Art. 8 Abs. 2 S. 2 Rom I-VO nicht, wenn der Arbeitnehmer seine Arbeit vorübergehend (temporär, d.h. nicht dauerhaft) in einem anderen Staat verrichtet (Fall einer vorübergehenden **Entsendung**, d.h. wechselnde Einsatzorte, wenn die Arbeit i.d.R. von einem Arbeitsort aus verrichtet wird). **254**

Beachte: Bei der **Entsendung eines ausländischen Arbeitnehmers nach Deutschland** ist § 2 AEntG (in Umsetzung von Art. 3 der EG-Arbeitnehmerentsenderichtlinie 96/71/EG vom 16.12.1996, die aktuell von der Kommission überarbeitet wird) zu beachten. **255**

Kann das anzuwendende Recht nicht dergestalt bestimmt werden (weil der Arbeitnehmer nicht gewöhnlich in ein und demselben Staat tätig ist), so unterliegt der Vertrag gemäß Art. 8 Abs. 3 Rom I-VO dem Recht des Staates, in dem sich die **Niederlassung** befindet, die den Arbeitnehmer eingestellt hat (**Recht am Ort der einstellenden Niederlassung**). „Niederlassung" ist jede Organisationseinheit des Arbeitgebers (mit oder ohne eigene Rechtspersönlichkeit), sofern sie das Recht zum Abschluss von Arbeitsverträgen hat. **256**

Beachte: Im Falle von **Telearbeit** ist an den gewöhnlichen Arbeitsort anzuknüpfen (*Rauscher*, IPR, Rn. 1256). **257**

258   Ergibt sich aus der Gesamtheit der Umstände, dass der Vertrag eine **engere Verbindung** zu einem anderen als dem in Art. 8 Abs. 2 oder 3 Rom I-VO bezeichneten Staat aufweist, ist das Recht dieses anderen Staates anzuwenden (so die **Ausweichklausel** des **Art. 8 Abs. 4 Rom I-VO**).

e) Vertragsschluss (Art. 10 Rom I-VO)

259   Art. 10 Rom I-VO regelt den Vertragsschluss (d.h. die Einigung und die materielle Wirksamkeit eines Vertrages oder einzelner seiner Bestimmungen, d.h. die Abgabe und den Zugang einer Willenserklärung, deren Anfechtung und die Einigung sowie Auslegungsfragen): Das Zustandekommen und die Wirksamkeit des Vertrags oder einer seiner Bestimmungen beurteilen sich gemäß Art. 10 Abs. 1 Rom I-VO nach dem Recht, das nach der Rom I-VO anzuwenden wäre, wenn der Vertrag oder die Bestimmung wirksam wäre. Der Vertragsabschluss und die Wirksamkeit eines Vertrags richten sich daher im Rahmen einer **einheitlichen Anknüpfung** nach dem **Vertragsstatut**.

260   Ergibt sich jedoch aus den Umständen, dass es nicht gerechtfertigt wäre, die Wirkung des Verhaltens einer Partei nach dem dergestalt bezeichneten Recht zu bestimmen (bspw. weil diese Partei mit den Rechtsfolgen nicht zu rechnen brauchte – Wertung ihres Verhaltens als rechtsgeschäftlich relevant), so kann sich diese Partei nach Art. 10 Abs. 2 Rom I-VO (**kumulative Anknüpfung** rechtsgeschäftlichen Verhaltens im Stadium des Vertragsabschlusses: so *Rauscher*, IPR, Rn. 1283) für die **Behauptung, sie habe dem Vertrag nicht zugestimmt,** (auch) auf das „Recht des Staates ihres gewöhnlichen Aufenthalts" (vgl. Art. 19 Rom I-VO) berufen (Korrektur einer Anwendung des Vertragsstatuts zum Schutz der erklärenden Partei).

261   **Beachte:** Hinsichtlich der **Form** eines Vertrags gilt Art. 11 Abs. 1 Rom I-VO.

f) Reichweite des Vertragsstatuts (Art. 12 Rom I-VO)

262   Die Reichweite des Vertragsstatuts regelt Art. 12 Rom I-VO (**Geltungsbereich des anzuwendenden Rechts**) wie folgt: Das nach der Rom I-VO auf einen Vertrag anzuwendende Recht ist nach dessen Art. 12 Abs. 1 insbesondere (d.h. beispielhaft) maßgebend für
– seine **Auslegung** (Buchst. a – sofern nicht Art. 10 Abs. 2 Rom I-VO u.U. eine Sonderanknüpfung an das Recht des gewöhnlichen Aufenthalts ermöglicht);
– die **Erfüllung** der durch ihn begründeten Verpflichtungen (Buchst. b – etwas anderes gilt dann, wenn die Erfüllung ein eigenständiges

Rechtsgeschäft bedarf – die Erfüllung eines Vertrags [Verpflichtungsgeschäft] durch ein Verfügungsgeschäft untersteht daher einem **eigenen Statut** [bspw. dem Sachstatut oder Art. 14 Rom I-VO im Hinblick auf eine Forderungsabtretung]);

– die Folgen der vollständigen oder teilweisen **Nichterfüllung** dieser Verpflichtungen, in den Grenzen der dem angerufenen Gericht durch sein Prozessrecht eingeräumten Befugnisse, einschließlich der **Schadensbemessung**, soweit diese nach Rechtsnormen erfolgt (Buchst. c);

– die verschiedenen Arten des **Erlöschens** der Verpflichtungen sowie die Verjährung und die Rechtsverluste, die sich aus dem Ablauf einer Frist ergeben (Buchst. d – vgl. zur **Aufrechnung** aber Art. 17 Rom I-VO – hier treffen zwei Forderungsstatute aufeinander: Ist das Recht zur Aufrechnung nicht vertraglich vereinbart, so gilt für die Aufrechnung das Recht, dem die Forderung unterliegt, gegen die aufgerechnet wird); bzw.

– die **Folgen der Nichtigkeit** des Vertrags (Buchst. e).

Dem Vertragsstaut untersteht damit die **gesamte Vertragsdurchführ**- 263 **rung**.

Beachte auch die autonom gemeinschaftsrechtlich auszulegende 264 Bestimmung des **Art. 18 Abs. 1 Rom I-VO**, wonach dem Vertragsstatut zudem die **Beweisregeln** und **gesetzliche Vermutungen** unterfallen: Das nach der Rom I-VO für das vertragliche Schuldverhältnis maßgebende Recht ist auch insoweit anzuwenden, als es für vertragliche Schuldverhältnisse gesetzliche Vermutungen aufstellt oder die Beweislast verteilt.

Die **Beweismittel** qualifiziert **Art. 18 Abs. 2 Rom I-VO** hingegen 265 prozessual und unterstellt sie somit der *lex fori*: Zum Beweis eines Rechtsgeschäfts sind alle Beweisarten des Rechts des angerufenen Gerichts (oder eines der in Art. 11 Rom I-VO bezeichneten Rechte, nach denen das Rechtsgeschäft formgültig ist) zulässig, sofern der Beweis in dieser Art vor dem angerufenen Gericht erbracht werden kann.

Beachte zudem: Art. 1 Abs. 2 Buchst. i Rom I-VO nimmt das Ver- 266 schulden bei Vertragsschluss (***culpa in contrahendo***) aus dem Anwendungsbereich der Rom I-VO heraus. Die *culpa in contrahendo* untersteht als außervertragliches Schuldverhältnis nach Art. 2 Abs. 1 Rom II-VO der Rom II-VO. Vgl. aber die Regelung in Art. 12 Abs. 1 Rom II-VO, die die *culpa in contrahendo* in außervertraglichen Schuldverhältnissen in unmittelbarem Zusammenhang mit den Verhandlungen vor Vertragsabschluss (unabhängig davon, ob es zum Vertragsabschluss kommt oder nicht) dem **potenziellen Vertragsstatut** unterstellt. Nur wenn ein potenzielles Vertragsstatut nicht bestimmt werden kann, erfolgt nach Art. 12 Abs. 2 Rom II-VO eine deliktische Anknüpfung.

267   In Bezug auf die **Art und Weise der Erfüllung** (d.h. die äußere Form) und die vom Gläubiger im Falle mangelhafter Erfüllung zu treffenden Maßnahmen ist gemäß Art. 12 Abs. 2 Rom I-VO das Recht des Staates, in dem die Erfüllung (tatsächlich) erfolgt, zu „berücksichtigen" (Anpassung der Erfüllungsmodalitäten an die Vorgaben dieses Rechts, so *Rauscher*, IPR, Rn. 1288).

g) Forderungsübertragung (Art. 14 Rom I-VO)

Literatur: *Einsele*, Die Forderungsabtretung nach der Rom I-Verordnung, RabelsZ 74 (2010), 91.

268   Die rechtsgeschäftliche Übertragung einer Forderung ist in Art. 14 Rom I-VO geregelt: Das Verhältnis zwischen Zedent und Zessionar aus der Übertragung einer Forderung (einschließlich dinglicher Aspekte des Abtretungsvertrags) gegen eine andere Person (d.h. den „Schuldner") – mithin das **Kausalverhältnis** – unterliegt nach Art. 14 Abs. 1 Rom I-VO dem Recht, das nach der Rom I-VO auf den Vertrag zwischen Zedent und Zessionar (bspw. einen Forderungskauf) anzuwenden ist (**Vertragsstatut**).

269   Das Recht, dem die übertragene Forderung unterliegt, bestimmt gemäß Art. 14 Abs. 2 Rom I-VO (**Statut der abgetretenen Forderung**) (1) ihre **Übertragbarkeit**, (2) das **Verhältnis zwischen Zessionar und Schuldner**, (3) die Voraussetzungen, unter denen die Übertragung dem Schuldner entgegengehalten werden kann (d.h. den **Schuldnerschutz**), und (4) die befreiende Wirkung einer Leistung durch den Schuldner (**Forderungsstatut**).

270   Der Begriff „**Übertragung**" in Art. 14 Rom I-VO umfasst (1) die vollkommene Übertragung von Forderungen, (2) die Übertragung von Forderungen zu **Sicherungszwecken** sowie (3) die Übertragung von **Pfandrechten** oder **anderen Sicherungsrechten an Forderungen** (so Art. 14 Abs. 3 Rom I-VO).

271   **Exkurs: Gesetzlicher Forderungsübergang** (Art. 15 Rom I-VO): Hat eine Person – der Gläubiger – eine vertragliche Forderung gegen eine andere Person – den Schuldner – und ist ein Dritter verpflichtet, den Gläubiger zu befriedigen (bspw. ein Bürge, § 765 BGB), oder hat er den Gläubiger aufgrund dieser Verpflichtung befriedigt, so bestimmt gemäß Art. 15 Rom I-VO das für die Verpflichtung des Dritten gegenüber dem Gläubiger maßgebende Recht (d.h. das **Statut des Zessionsgrundes**), ob und in welchem Umfang der Dritte die Forderung des Gläubigers gegen den Schuldner nach dem für deren Beziehung maßgebenden Recht geltend zu machen berechtigt ist.

> **Beachte:** Hingegen bestimmt auch beim gesetzlichen Forderungsübergang – **272**
> der *cessio legis* – das Forderungsstatut (Art. 14 Abs. 2 Rom I-VO) die Frage,
> ob und in welcher Höhe die Forderung besteht.

Für den Fall, dass **einer von mehreren Gesamtschuldnern den Gläubiger** **273**
befriedigt hat, gelangt **Art. 16 Rom I-VO** zur Anwendung: Hat ein Gläubiger
eine Forderung gegen mehrere für dieselbe Forderung haftende Schuldner und
ist er von einem der Schuldner ganz oder teilweise befriedigt worden, so ist nach
Art. 16 S. 1 Rom I-VO für das Recht dieses Schuldners, von den übrigen
Schuldnern Ausgleich zu verlangen, das Recht maßgebend, das auf die Verpflichtung dieses Schuldners gegenüber dem Gläubiger anzuwenden ist (**Statut
der Verbindlichkeit zwischen Leistendem und Gläubiger** – oft das Forderungsstatut nach Art. 14 Abs. 2 Rom I-VO). Die übrigen Schuldner sind gemäß
Art. 16 S. 2 Rom I-VO berechtigt, diesem Schuldner diejenigen **Verteidigungsmittel** (Einwendungen) entgegenzuhalten, die ihnen gegenüber dem
Gläubiger zugestanden haben, soweit dies gemäß dem auf ihre Verpflichtung
gegenüber dem Gläubiger anzuwendenden Recht zulässig wäre. Damit wird dem
Schutz des auf Ausgleich in Anspruch genommenen Schuldners Rechnung
getragen.

V. Gesetzliche Schuldverhältnisse
(Rom II-VO; Art. 38 bis 42 EGBGB)

Literatur: *Graziano*, Das auf außervertragliche Schuldverhältnisse anzuwendende Recht nach Inkrafttreten der Rom II-Verordnung, RabelsZ 73 (2009), 1;
v. Hein, Europäisches Internationales Deliktsrecht nach der Rom II-Verordnung,
ZEuP 2009, 6; *v. Hoffmann/Thorn*, IPR, § 11; *Junker*, Die Rom II-Verordnung:
Neues Internationales Deliktsrecht auf europäischer Grundlage, NJW 2007,
3675; *Kropholler*, IPR, § 53; *Leible/Lehmann*, Die neue EG-Verordnung über
das auf außervertragliche Schuldverhältnisse anwendbare Recht („Rom II"), RIW
2007, 721; *Rauscher*, IPR, § 10 Rn. 1310 ff.; *Siehr*, IPR, §§ 34 bis 37; *Staudinger/Czaplinski*, Verkehrsopferschutz im Lichte der Rom I-, Rom II- sowie
Brüssel I-Verordnung, NJW 2009, 2249; *Wagner*, Die neue Rom II-VO, IPrax
2008, 1.

Zum 11.1.2009 ist die Rom II-VO als Kollisionsregelung des Europäi- **274**
schen Gemeinschaftsrechts hinsichtlich gesetzlicher (außervertraglicher)
Schuldverhältnisse in Kraft getreten (VO Nr. 864/2007 des Europäischen
Parlaments und des Rates über das auf außervertragliche Schuldverhältnisse anzuwendende Recht vom 11.7.2007, ABl. L 199, S. 40).

Die Rom II-VO schafft für außervertragliche Schuldverhältnisse ein **275**
weitgehend vereinheitlichtes europäisches IPR, das unmittelbar in
allen Mitgliedstaaten gilt. Es ist nach der narrativen Hinweisnorm des
Art. 3 Nr. 1 Buchst. a EGBGB – in seinem Anwendungsbereich –

unmittelbar anwendbar und dem deutschen Kollisionsrecht des EG-BGB vorrangig. Da die Rom II-VO also dem nationalen IPR vorgeht, verbleibt für die Art. 38 bis 42 EGBGB nur noch ein sehr begrenzter Anwendungsbereich.

1. Vorrangige völkerrechtliche Abkommen (Art. 28 Rom II-VO)?

276   Die Rom II-VO gelangt grundsätzlich nur vorbehaltlich vorrangiger völkerrechtlicher Abkommen zur Anwendung: Nach Art. 28 Abs. 1 Rom II-VO, der das Verhältnis der Rom II-VO zu bestehenden internationalen Abkommen regelt, berührt diese nicht die Anwendung der internationalen Übereinkommen, denen ein oder mehrere Mitgliedstaaten zum Zeitpunkt der Annahme der Rom II-VO angehören und die Kollisionsnormen für außervertragliche Schuldverhältnisse enthalten (Achtung des Unionsgesetzgebers vor völkerrechtlichen Bindungen der Mitgliedstaaten, vgl. Erwägungsgrund 36 der Rom II-VO). Die Regelung erfasst bspw. für Deutschland Art. 74 des Europäischen Patentübereinkommens (EPÜ). Die Rom II-VO hat nach ihrem Art. 28 Abs. 2 jedoch in den Beziehungen zwischen den Mitgliedstaaten Vorrang vor den ausschließlich zwischen zwei oder mehreren Mitgliedstaaten geschlossenen Übereinkommen, soweit diese Bereiche betreffen, die in der Rom II-VO geregelt sind.

2. Anwendungsbereich der Rom II-VO

a) Zeitlicher Anwendungsbereich

277   Die Rom II-VO gilt nach ihrem Art. 32 seit dem 11.1.2009 und findet gemäß Art. 31 auf „schadensbegründende Ereignisse" Anwendung, die **nach ihrem Inkrafttreten** eintreten – womit in Bezug auf „Altfälle" ggf. noch ein Anwendungsbereich für die Art. 38 bis 42 EGBGB verbleibt.

b) Räumlicher Anwendungsbereich

278   Das nach der Rom II-VO bezeichnete Recht ist als *loi uniforme* gemäß ihrem Art. 3 auch dann anzuwenden, wenn es nicht das Recht eines Mitgliedstaats ist (**universelle Anwendung**).

c) Sachlicher Anwendungsbereich

279   Die Rom II-VO gilt nach ihrem Art. 1 Abs. 1 S. 1 für außervertragliche Schuldverhältnisse in Zivil- und Handelssachen, die eine Verbindung zum Recht verschiedener Staaten aufweisen.

Unter „**außervertraglichen Schuldverhältnissen**" sind Ansprüche **280**
aus Delikt, Geschäftsführung ohne Auftrag und ungerechtfertigter
Bereicherung zu verstehen – einschließlich Ansprüchen aus Vorvertrag
(wie *culpa in contrahendo*, vgl. Art. 2 Abs. 1 und Art. 12 Rom II-VO).
Weiterhin unterfallen dem Tatbestandsmerkmal aber auch Ansprüche
aus dem Eigentümer-Besitzer-Verhältnis, aus Aufopferung sowie aus
Verträgen mit Schutzwirkung zugunsten Dritter, nicht jedoch Ansprüche aus Gewinnzusagen.

Die Rom II-VO gilt aber nach ihrem Art. 1 Abs. 1 S. 2 insbesondere **281**
(d.h. beispielhaft) nicht für Steuer- und Zollsachen, verwaltungsrechtliche Angelegenheiten oder die Haftung des Staates für Handlungen
oder Unterlassungen im Rahmen der Ausübung hoheitlicher Rechte
(*acta iure imperii*).

Vom Anwendungsbereich der Rom II-VO sind nach dem **Ausnah-** **282**
mekatalog des Art. 1 Abs. 2 – der damit ggf. für die Art. 38 bis 42
EGBGB noch einen Anwendungsbereich des nationalen IPR belässt –
ausgenommen:

– **außervertragliche Schuldverhältnisse aus einem Familienver-**
  hältnis oder aus Verhältnissen, die nach dem auf diese Verhältnisse
  anzuwendenden Recht vergleichbare Wirkungen entfalten, einschließlich der Unterhaltspflichten (Buchst. a, wobei hier ggf. anderes Unions-IPR in Betracht kommt, z.B. die UntVO, die Rom III-
  VO bzw. ab dem 29.1.2019 die Rom IVa- oder Rom IVb-VO);
– **außervertragliche Schuldverhältnisse aus ehelichen Güterstän-**
  den, aus Güterständen aufgrund von Verhältnissen, die nach dem
  auf diese Verhältnisse anzuwendenden Recht (d.h. des nach dem
  IPR der *lex fori* anwendbaren Rechts) mit der Ehe vergleichbare
  Wirkungen entfalten (bspw. der eingetragenen Lebenspartnerschaft
  nach dem LPartG), und aus **Testamenten und Erbrecht** (Buchst. b,
  wobei hier ggf. anderes Unions-IPR in Betracht kommt, z.B. die
  Rom IV-VO bzw. ab dem 29.1.2019 die Rom IVa- oder die Rom
  IVb-VO);
– **außervertragliche Schuldverhältnisse aus Wechseln, Schecks**,
  Eigenwechseln und anderen handelbaren Wertpapieren, sofern die
  Verpflichtungen aus diesen anderen Wertpapieren aus deren Handelbarkeit entstehen (Buchst. c – in Abgrenzung zu diversen Übereinkommen zum Wertpapierkollisionsrecht);
– **außervertragliche Schuldverhältnisse**, die sich **aus dem Gesell-**
  schaftsrecht, dem **Vereinsrecht** und dem **Recht der juristischen**
  Personen ergeben, wie die Errichtung durch Eintragung oder auf
  andere Weise, die Rechts- und Handlungsfähigkeit, die innere Verfassung und die Auflösung von Gesellschaften, Vereinen und juristischen Personen, die persönliche Haftung der Gesellschafter und der

Organe für die Verbindlichkeiten einer Gesellschaft, eines Vereins oder einer juristischen Person sowie die persönliche Haftung der Rechnungsprüfer gegenüber einer Gesellschaft oder ihren Gesellschaftern bei der Pflichtprüfung der Rechnungslegungsunterlagen (Buchst. d, womit der gesamte Bereich, den das Personalstatut von Verbänden für sich reklamiert, dem Deliktskollisionsrecht entzogen wird);

– außervertragliche Schuldverhältnisse aus den Beziehungen zwischen den Verfügenden, den Treuhändern und den Begünstigten eines durch Rechtsgeschäft errichteten „**Trusts**" (Buchst. e – vor allem relevant für Common Law-Staaten, vgl. zu Trusts auch die Parallelnorm in Art. 1 Abs. 2 Buchst. h der Rom I-VO, vorstehende Rn. 189);

– **außervertragliche Schuldverhältnisse**, die sich **aus Schäden durch Kernenergie** ergeben (Buchst. f, wobei in diesem Bereich diverse Atomhaftungskonventionen relevant sind, bspw. das Pariser Übereinkommen vom 29.7.1960 über die Haftung gegenüber Dritten auf dem Gebiet der Kernenergie);

– **außervertragliche Schuldverhältnisse aus** der **Verletzung der Privatsphäre** oder der **Persönlichkeitsrechte**, einschließlich der Verleumdung (Buchst. g).

283   In den **Ausnahmebereichen** des Art. 1 Abs. 2 Rom II-VO können auch weiterhin die nationalen Kollisionsregeln (bspw. die Art. 38 bis 42 EGBGB) zur Anwendung gelangen.

284   Die Rom II-VO gilt nach ihrem Art. 1 Abs. 3 – unbeschadet der Art. 21 und 22 Rom II-VO – **nicht** für den **Beweis** und das **Verfahren**.

285   I.S. der Rom II-VO bezeichnet der Begriff „**Mitgliedstaat**" jeden Mitgliedstaat mit Ausnahme Dänemarks.

286   I.S. der Rom II-VO umfasst der Begriff des „**Schadens**" sämtliche Folgen einer unerlaubten Handlung, einer ungerechtfertigten Bereicherung, einer Geschäftsführung ohne Auftrag (*negotiorum gestio*) oder eines **Verschuldens bei Vertragsverhandlungen** (*culpa in contrahendo*), so Art. 2 Abs. 1 Rom II-VO. Damit wird die *culpa in contrahendo* von der Rom II-VO ausdrücklich als Fall der außervertraglichen Haftung qualifiziert. Folge ist eine Anknüpfung nach Art. 4 Abs. 1 Rom II-VO – ggf., wenn zwischen den Parteien ein potenzielles Vertragsstatut besteht, kommt es zu einer akzessorischen Anknüpfung an dieses Vertragsstatut nach Art. 4 Abs. 3 Rom II-VO.

287   Die Rom II-VO gilt nach ihrem Art. 2 Abs. 2 auch für **außervertragliche Schuldverhältnisse**, deren Entstehen wahrscheinlich ist – womit sie auch **vorbeugende Unterlassungsansprüche** erfasst. Sämtliche Bezugnahmen in der Rom II-VO auf

– ein „schadensbegründendes Ereignis" gelten auch für schadensbegründende Ereignisse, deren Eintritt wahrscheinlich ist (Buchst. a),
und Bezugnahmen auf
– einen „Schaden" gelten auch für Schäden, deren Eintritt wahrscheinlich ist (Buchst. b),
so Art. 2 Abs. 3 Rom II-VO.

Die **deliktische Qualifikation von Beweisregeln** ist in Art. 22 **288**
Abs. 1 Rom II-VO normiert: Das nach der Rom II-VO für das außervertragliche Schuldverhältnis maßgebende Recht ist insoweit anzuwenden, als es für außervertragliche Schuldverhältnisse **gesetzliche
Vermutungen** aufstellt oder die **Beweislast verteilt**.

Beweismittel werden hingegen in Art. 22 Abs. 2 Rom II-VO der *lex* **289**
fori unterstellt: Zum Beweis einer Rechtshandlung sind danach alle
Beweisarten des Rechts des angerufenen Gerichts (oder eines der in
Art. 21 Rom II-VO bezeichneten Rechte, nach denen die Rechtshand-
lung formgültig ist – **Formstatut**) zulässig, sofern der Beweis in dieser
Art vor dem angerufenen Gericht erbracht werden kann (vgl. dazu die
Komplementärvorschrift des Art. 18 Rom I-VO).

Die Art. 19 und 20 Rom II-VO (**gesetzlicher Forderungsübergang 290**
und mehrfache Haftung) entsprechen den Art. 15 und 16 Rom I-VO
(dazu vorstehende Rn. 271 ff.).

Bei der Beurteilung des Verhaltens der Person, deren Haftung gel- **291**
tend gemacht wird, sind faktisch und soweit angemessen nach Art. 17
Rom II-VO die **Sicherheits- und Verhaltensregeln** zu berücksichtigen, die an dem Ort und zu dem Zeitpunkt des haftungsbegründenden
Ereignisses in Kraft sind.

3. Freie Rechtswahl

Die Parteien haben nach **Art. 14 Rom II-VO** das Recht auf freie **292**
Rechtswahl, die sie vor oder nach Eintritt des schadensbegründenden
Ereignisses treffen können. Damit kommt in Bezug auf das Kollisionsrecht im Bereich außervertraglicher Schuldverhältnisse der Grundsatz
der Privatautonomie zum Tragen.

Nur die **nachträgliche Rechtswahl** (vgl. Art. 14 Abs. 1 Buchst. a **293**
Rom II-VO) ist aber **uneingeschränkt statthaft** – eine **vorherige
Rechtswahl** (Art. 14 Abs. 1 Buchst. b Rom II-VO) setzt hingegen
voraus, dass die Parteien einer „**kommerziellen Tätigkeit**" nachgehen.
Die Regelung verwendet nicht die Begrifflichkeiten „Unternehmer"
und „Verbraucher", was daraus erklärlich ist, dass Delikte – anders als
Verträge – nicht von Unternehmern oder Verbrauchern in dieser Ei-
genschaft begangen werden. Art. 14 Abs. 1 Buchst. b Rom II-VO setzt

allerdings – im Hinblick auf die Möglichkeit einer vorherigen Rechtswahl – voraus, dass diese „in Ausübung der kommerziellen Tätigkeit
beider späterer Deliktsparteien geschlossen wurde und sich das Delikt
im Zusammenhang mit dieser kommerziellen Tätigkeit ereignet" (so
Rauscher, IPR, Rn. 1360).

294   Im Falle einer Rechtswahl – die ausdrücklich erfolgen oder sich mit
hinreichender Sicherheit aus den Umständen des Falles ergeben muss
und Rechte Dritter unberührt lässt – geht das gewählte Recht allen
anderen Anknüpfungen vor. Die Zulässigkeit der Rechtswahl wird
nicht durch eine „offensichtlich engere Verbindung" nach der allgemeinen Kollisionsnorm des Art. 4 Abs. 3 Rom II-VO verdrängt.

295   Die Parteien können also nach Art. 14 Abs. 1 Rom II-VO frei das
Recht wählen, dem das außervertragliche Schuldverhältnis unterliegen
soll:
– durch eine Vereinbarung **nach Eintritt des schadensbegründenden
  Ereignisses** (Buchst. a); oder
– wenn alle Parteien einer kommerziellen Tätigkeit nachgehen, auch
  durch eine **vor Eintritt des schadensbegründenden Ereignisses**
  frei ausgehandelte Vereinbarung (Buchst b).

296   Sind alle Elemente des Sachverhalts zum Zeitpunkt des Eintritts des
schadensbegründenden Ereignisses in einem anderen als demjenigen
Staat belegen, dessen Recht gewählt wurde, so berührt nach **Art. 14
Abs. 2 Rom II-VO** die Rechtswahl der Parteien nicht die Anwendung
derjenigen Bestimmungen des Rechts dieses anderen Staates, von
denen nicht durch Vereinbarung abgewichen werden kann (d.h. dessen
zwingenden Bestimmungen).

297   Sind alle Elemente des Sachverhalts zum Zeitpunkt des Eintritts des
schadensbegründenden Ereignisses in einem oder mehreren Mitgliedstaaten belegen, so berührt nach der **Binnenmarktklausel** des **Art. 14
Abs. 3 Rom II-VO** die Wahl des Rechts eines Drittstaats durch die
Parteien nicht die Anwendung – ggf. in der von dem Mitgliedstaat des
angerufenen Gerichts umgesetzten Form – der Bestimmungen des
Gemeinschaftsrechts, von denen nicht durch Vereinbarung abgewichen
werden kann. Damit setzen sich zwingende Bestimmungen des Gemeinschaftsrechts gegen die Wahl des Rechts eines Drittstaates durch.

298   Die Möglichkeit einer Rechtswahl findet weiterhin ihre **Grenzen**
– am *ordre public* des angerufenen Gerichts (Art. 26 Rom II-VO)
  sowie an
– Eingriffsnormen (Art. 16 Rom II-VO).

299   Die Anwendung einer Vorschrift des nach der Rom II-VO bezeichneten Rechts kann nach deren Art. 26 (**Öffentliche Ordnung im Staat
des angerufenen Gerichts**) nur versagt werden, wenn ihre Anwen-

dung mit der öffentlichen Ordnung (*ordre public*) des Staates des angerufenen Gerichts offensichtlich unvereinbar ist.

Die Rom II-VO berührt nach ihrem Art. 16 (**Eingriffsnormen**) **300** nicht die Anwendung der nach dem Recht des Staates des angerufenen Gerichts geltenden Vorschriften, die ohne Rücksicht auf das für das außervertragliche Schuldverhältnis maßgebende Recht den Sachverhalt zwingend regeln.

4. Mangels Rechtswahl anzuwendendes Recht

Nach Art. 24 Rom II-VO sind die Verweisungen der Rom II-VO **301** **Sachnormverweisungen**: Unter dem nach der Rom II-VO anzuwendenden Recht eines Staates sind die in diesem Staat geltenden Rechtsnormen unter Ausschluss derjenigen des IPR zu verstehen (**Ausschluss der Rück- und Weiterverweisung**).

a) Recht der unerlaubten Handlungen

In den Art. 5 bis 9 Rom II-VO finden sich **spezielle Kollisionsnor- 302 men** – in Art. 4 Rom II-VO die **allgemeine Kollisionsnorm**, nach der grundsätzliche das Recht des Staates zur Anwendung gelangt, in dem der Schaden eintritt.

aa) Spezielle Kollisionsnormen (Art. 5 bis 9 Rom II-VO)

Im Falle des **Fehlens einer Rechtswahlvereinbarung** ist anhand **303** der Art. 5 bis 9 Rom II-VO zu prüfen, ob ein Sachverhalt unter die dort geregelten **speziellen Kollisionsnormen** der Rom II-VO fällt:
– Produkthaftung (Art. 5 Rom II-VO),
– unlauterer Wettbewerb und ein den freien Wettbewerb einschränkendes Verhalten (Art. 6 Rom II-VO),
– Umweltschädigung (Art. 7 Rom II-VO),
– Verletzung von Rechten des geistigen Eigentums (Art. 8 Rom II-VO) bzw.
– Arbeitskampfmaßnahmen (Art. 9 Rom II-VO).

(1) Produkthaftung (Art. 5 Rom II-VO)

Unbeschadet des Art. 4 Abs. 2 Rom II-VO (wonach für den Fall, **304** dass Schädiger und Geschädigter ihren gewöhnlichen Aufenthalt in demselben Staat haben, das Recht dieses Staates zur Anwendung gelangt) ist auf ein außervertragliches Schuldverhältnis im Falle eines **Schadens durch ein Produkt** (d.h. eines „fehlerhaften Produkts" i.S. von Art. 2 der Produkthaftungsrichtlinie 85/374/EWG vom 25.7.1985) gemäß **Art. 5 Abs. 1 S. 1 Rom II-VO** nach einer **Anknüpfungsleiter** folgendes Recht anzuwenden:

– das Recht des Staates, in dem die geschädigte Person beim Eintritt des Schadens ihren „gewöhnlichen Aufenthalt" (vgl. Art. 23 Rom II-VO) hatte, sofern das Produkt in diesem Staat in Verkehr gebracht wurde (selbst wenn der Geschädigte das Produkt in einem anderen Land erworben hatte, so *Rauscher*, IPR, Rn. 1390) (Buchst. a – **gewöhnlicher Aufenthaltsstaat des Geschädigten**); oder **anderenfalls**

– das Recht des Staates, in dem das Produkt erworben wurde, falls das Produkt in diesem Staat in Verkehr gebracht wurde (Buchst. b – **Erwerbsstaat**); oder **anderenfalls**

– das Recht des Staates, in dem der Schaden eingetreten ist, falls das Produkt in diesem Staat in Verkehr gebracht wurde (Buchst. c – **Staat des Schadenseintritts**).

305   Jedoch ist nach Art. 5 Abs. 1 S. 2 Rom II-VO das Recht des Staates anzuwenden, in dem die Person, deren Haftung geltend gemacht wird (bspw. des Herstellers), ihren „gewöhnlichen Aufenthalt" (vgl. Art. 23 Rom II-VO) hat, wenn sie das Inverkehrbringen des Produkts oder eines gleichartigen Produkts in dem Staat, dessen Recht nach den Buchstaben a, b oder c anzuwenden ist, vernünftigerweise nicht voraussehen konnte (**Voraussehbarkeitsklausel**).

306   Das Inverkehrbringen muss nicht notwendigerweise durch den Hersteller selbst erfolgt sein.

307   Ergibt sich aus der Gesamtheit der Umstände, dass die unerlaubte Handlung eine „**offensichtlich engere Verbindung**" mit einem anderen als dem in Art. 5 Abs. 1 Rom II-VO bezeichneten Staat aufweist, so ist nach der **Auflockerungsregel** des **Art. 5 Abs. 2 S. 1 Rom II-VO** das Recht dieses anderen Staates anzuwenden. Eine „offensichtlich engere Verbindung" mit einem anderen Staat könnte sich insbesondere aus einem bereits bestehenden Rechtsverhältnis zwischen den Parteien – wie bspw. einem Vertrag – ergeben, das mit der betreffenden unerlaubten Handlung in einer engeren Verbindung steht (so Art. 5 Abs. 2 S. 2 Rom II-VO).

(2) Unlauterer Wettbewerb und den freien Wettbewerb einschränkendes Verhalten (Art. 6 Rom II-VO)

308   Auf außervertragliche Schuldverhältnisse aus unlauterem Wettbewerbsverhalten (**Wettbewerbsverstöße**) ist nach Art. 6 Abs. 1 Rom II-VO das Recht des Staates anzuwenden, in dessen Gebiet die Wettbewerbsbeziehungen oder die kollektiven Interessen der Verbraucher beeinträchtigt worden sind oder wahrscheinlich beeinträchtigt werden (**Marktortprinzip**).

309   Beeinträchtigt ein unlauteres Wettbewerbsverhalten ausschließlich die Interessen eines **bestimmten Wettbewerbers**, ist nach Art. 6

Abs. 2 Rom II-VO die Regelung des Art. 4 Rom II-VO (**allgemeine Kollisionsnorm**) anwendbar.

Für **Wettbewerbsbeschränkungen** gilt nach Art. 6 Abs. 3 Rom II-VO Folgendes: **310**

— Auf außervertragliche Schuldverhältnisse aus einem den Wettbewerb einschränkenden Verhalten ist das Recht des Staates anzuwenden, dessen Markt beeinträchtigt ist oder wahrscheinlich beeinträchtigt wird (Buchst. a, **Regelanknüpfung – Auswirkungsprinzip**).

— Wird der **Markt in mehr als einem Staat beeinträchtigt** oder **wahrscheinlich beeinträchtigt**, so kann ein Geschädigter, der vor einem Gericht im Mitgliedstaat des Wohnsitzes des Beklagten klagt, seinen Anspruch auf das Recht des Mitgliedstaats des angerufenen Gerichts stützen, sofern der Markt in diesem Mitgliedstaat zu den Märkten gehört, die unmittelbar und wesentlich durch das den Wettbewerb einschränkende Verhalten beeinträchtigt sind, das das außervertragliche Schuldverhältnis begründet, auf welches sich der Anspruch stützt. Klagt der Kläger gemäß den geltenden Regeln über die gerichtliche Zuständigkeit vor diesem Gericht gegen mehr als einen Beklagten, so kann er seinen Anspruch nur dann auf das Recht dieses Gerichts stützen, wenn das den Wettbewerb einschränkende Verhalten, auf das sich der Anspruch gegen jeden dieser Beklagten stützt, auch den Markt im Mitgliedstaat dieses Gerichts unmittelbar und wesentlich beeinträchtigt (Buchst. b, **Sonderanknüpfung für Streudelikte**).

Von dem nach Art. 6 Rom II-VO anzuwendenden Recht kann nicht durch eine Vereinbarung gemäß Art. 14 Rom II-VO (freie Rechtswahl) abgewichen werden (so Art. 6 Abs. 4 Rom II-VO): **genereller Ausschluss der Rechtswahl**. **311**

(3) Umweltschädigung (Art. 7 Rom II-VO)

Auf außervertragliche Schuldverhältnisse aus einer Umweltschädigung oder einem aus einer solchen Schädigung herrührenden Personen- oder Sachschaden ist gemäß **Art. 7 Rom II-VO** das nach Art. 4 Abs. 1 Rom II-VO geltende Recht (d.h. das **allgemeine Kollisionsrecht**) anzuwenden. Damit gelangt das Recht des Staates zur Anwendung, in dem der Schaden eintritt (mithin das **Recht des Erfolgsortes als Tatortrecht**) – unabhängig davon, in welchem Staat das schadensbegründende Ereignis oder indirekte Schadensfolgen eingetreten sind. **312**

Etwas anderes gilt dann, wenn der Geschädigte sich dafür entschieden hat (**Bestimmungsrecht**), seinen Anspruch auf das Recht des Staates zu stützen, in dem das schadensbegründende Ereignis eingetreten ist (**Option zum Recht des Handlungsortes**). Mit der Möglichkeit der Abwahl des Rechts des Erfolgsorts wird das **Günstigkeitsprinzip** **313** und eine **Ubiquitätslösung** verwirklicht: Der Geschädigte entscheidet über das ihm günstig erscheinende Recht unter den Rechtsordnungen des Erfolgsorts oder des Handlungsorts.

(4) Verletzung von Rechten des geistigen Eigentums (Art. 8 Rom II-VO)

314   Art. 8 Rom II-VO (Verletzung von Rechten des geistigen Eigentums) ist auch nach Art. 13 Rom II-VO auf außervertragliche Schuldverhältnisse aus einer Verletzung von Rechten des geistigen Eigentums für die Zwecke des Kapitels 3 (ungerechtfertigte Bereicherung, Geschäftsführung ohne Auftrag und Verschulden bei Vertragsverhandlungen) anzuwenden.

315   Auf außervertragliche Schuldverhältnisse aus einer **Verletzung** von Rechten des geistigen Eigentums (d.h. gewerbliche Schutzrechte, das Urheberrecht und vergleichbare Immaterialgüterrechte) – mithin auf Schadensersatz- und Unterlassungsansprüche (beschränkt) – ist nach Art. 8 Abs. 1 Rom II-VO das Recht des Staates anzuwenden, für den der Schutz beansprucht wird (**Schutzlandprinzip**). Art. 8 Rom II-VO ist allseitige Kollisionsnorm und Sachnormverweisung. Dabei ergibt sich die Reichweite des Schutzrechts aus EU-Recht, internationalen Abkommen zum gewerblichen Rechtsschutz bzw. – in Anwendung deutschen IPR – nach dem Recht des Schutzlandes (so *Rauscher*, IPR, Rn. 1400).

316   Bei außervertraglichen Schuldverhältnissen aus einer Verletzung von **gemeinschaftsweit einheitlichen Rechten des geistigen Eigentums** (bspw. der Gemeinschaftsmarke, dem Gemeinschaftsgeschmacksmuster oder künftig auch dem Gemeinschaftspatent) ist gemäß Art. 8 Abs. 2 Rom II-VO als Unteranknüpfung auf Fragen, die nicht unter den einschlägigen Rechtsakt der Gemeinschaft fallen (d.h. dem Rechtsakt der Gemeinschaft wird ein Vorrang eingeräumt), das Recht des Staates anzuwenden, in dem die Verletzung begangen wurde (**Recht des Handlungsortes**).

317   Von dem nach Art. 8 Rom II-VO anzuwendenden Recht kann nicht durch eine Vereinbarung nach Art. 14 Rom II-VO (freie Rechtswahl) abgewichen werden (so **Art. 8 Abs. 3 Rom II-VO – keine Rechtswahlmöglichkeit**).

(5) Arbeitskampfmaßnahmen (Art. 9 Rom II-VO)

318   Unbeschadet des Art. 4 Abs. 2 Rom II-VO (wonach für den Fall, dass Schädiger und Geschädigter ihren gewöhnlichen Aufenthalt nach Art. 23 Rom II-VO in demselben Staat haben, das Recht dieses Staates zur Anwendung gelangt) ist auf außervertragliche Schuldverhältnisse in Bezug auf die Haftung einer Person in ihrer Eigenschaft als Arbeitnehmer oder Arbeitgeber oder der Organisationen, die deren berufliche

Interessen vertreten (d.h. Gewerkschaften und Arbeitgeberverbände), für Schäden, die aus bevorstehenden oder durchgeführten **Arbeitskampfmaßnahmen** (was darunter zu verstehen ist, bestimmt sich nach Maßgabe des Rechts des Staates, in dem die Maßnahmen stattfinden) entstanden sind, nach Art. 9 Rom II-VO das Recht des Staates anzuwenden, in dem die Arbeitskampfmaßnahme erfolgen soll oder erfolgt ist (**Arbeitskampfdeliktsstatut**).

bb) Allgemeine Kollisionsnorm (Art. 4 Rom II-VO)

Soweit in der Rom II-VO nichts anderes vorgesehen ist (mithin die **319** speziellen Kollisionsnormen der Art. 5 bis 9 Rom II-VO nicht zur Anwendung gelangen), ist nach der allgemeinen Kollisionsnorm des **Art. 4 Abs. 1 Rom II-VO** auf ein außervertragliches Schuldverhältnis aus unerlaubter Handlung als Grundanknüpfung das **Recht des Staates anzuwenden, in dem der Schaden eintritt** (d.h. das **Recht des Erfolgsortes** als **Tatortrecht** – *lex loci damni* als Grundanknüpfung). Dies gilt unabhängig davon, in welchem Staat das schadensbegründende Ereignis oder indirekte Schadensfolgen eingetreten sind (Ort des unmittelbaren Schadenseintritts).

Beachte: Die Rom II-VO sieht in ihrem Art. 4 Abs. 1 **keine Opti-** **320** **onsmöglichkeit** des Geschädigten **zum Handlungsort** (wo das schadensbegründende Ereignis gesetzt wurde) vor (so *Rauscher*, IPR, Rn. 1339).

Beachte zudem: Im Falle **mehrerer Erfolgs- (i.S. von Tat-) orte** **321** (Orte des Schadenseintritts) – bspw. bei Presse- oder anderen Streudelikten – dürften die jeweiligen Rechte an den Orten des Schadenseintritts zur Anwendung gelangen (**Mosaiktheorie** – so *Rauscher*, IPR, Rn. 1339).

Haben jedoch die Person, deren Haftung geltend gemacht wird, und **322** die Person, die geschädigt wurde, zum Zeitpunkt des Schadenseintritts ihren **gewöhnlichen Aufenthalt in demselben Staat**, so unterliegt die unerlaubte Handlung dem Recht dieses Staates (so **Art. 4 Abs. 2 Rom II-VO** – Anknüpfung an das Recht des „gewöhnlichen Aufenthalts [vgl. Art. 23 Rom II-VO] von Schädiger und Geschädigtem", womit die Grundanknüpfung des Art. 4 Abs. 1 Rom II-VO verdrängt wird).

Art. 23 Rom II-VO differenziert zwischen dem „**gewöhnlichen** **323** **Aufenthalt**" von natürlichen Personen (die im Rahmen ihrer beruflichen Tätigkeit handeln) und juristischen Personen: Der „gewöhnliche Aufenthalt" einer **natürlichen Person** i.S. der Rom II-VO, die im

Rahmen ihrer beruflichen Tätigkeit handelt, ist nach Art. 23 Abs. 2 Rom II-VO der Ort ihrer Hauptniederlassung. Für die Zwecke der Rom II-VO ist der Ort des „gewöhnlichen Aufenthalts" von **Gesellschaften, Vereinen und juristischen Personen** gemäß Art. 23 Abs. 1 S. 1 Rom II-VO der Ort ihrer Hauptverwaltung. Wenn jedoch das schadensbegründende Ereignis oder der Schaden aus dem Betrieb einer Zweigniederlassung, einer Agentur oder einer sonstigen Niederlassung herrührt, steht dem Ort des gewöhnlichen Aufenthalts der Ort gleich, an dem sich diese Zweigniederlassung, Agentur oder sonstige Niederlassung befindet (so Art. 23 Abs. 1 S. 2 Rom II-VO).

324   **Beachte zudem:** Im Falle von **Straßenverkehrsunfällen** kommt es nach Art. 4 Abs. 1 Rom II-VO zur Anknüpfung an das Recht des Tatortes (**Recht des Unfallortes**), wenn die Unfallbeteiligten ihren gewöhnlichen Aufenthalt nicht in demselben Staat haben. Das Recht des gewöhnlichen Aufenthalts nach Art. 4 Abs. 2 Rom II-VO findet hingegen dann Anwendung, wenn die Unfallbeteiligten im Unfallzeitpunkt ihren gewöhnlichen Aufenthalt in demselben Staat hatten. Vgl. etwa *BGH* IPRax 2010, 362 (Verkehrsunfall)

325   Ergibt sich aus der Gesamtheit der Umstände, dass die unerlaubte Handlung eine „**offensichtlich engere Verbindung**" mit einem anderen als dem in Art. 4 Abs. 1 oder 2 Rom II-VO bezeichneten Staat aufweist, so lockert Art. 4 Abs. 3 Rom II-VO (**Ausweichklausel**) das Deliktsstatut auf: Es ist das Recht dieses anderen Staates anzuwenden. Eine „offensichtlich engere Verbindung" mit einem anderen Staat könnte sich insbesondere **aus einem bereits bestehenden Rechtsverhältnis** zwischen den Parteien – wie bspw. einem Vertrag (dessen Statut [Vertragsstatut] dann die deliktische Haftung vom Recht des Handlungsortes [Art. 4 Abs. 1 Rom II-VO] und des gewöhnlichen Aufenthalts [Art. 4 Abs. 2 Rom II-VO] löst) – ergeben, das mit der betreffenden unerlaubten Handlung in einer engeren Verbindung steht.

326   **Beachte:** Nach Art. 4 Abs. 1 Rom II-VO sind auch **Unterlassungsansprüche** (dazu bereits vorstehende Rn. 287) **von Verbraucherschutzvereinen** wegen der Verwendung missbräuchlicher AGB-Klauseln anzuknüpfen (so *Rauscher*, IPR, Rn. 1394).

327   **Fall (BGH NJW 2009, 3371):** Nach Ansicht des BGH sind für die Klagen eines Verbraucherschutzvereins, mit der dieser von einem Luftverkehrsunternehmen mit Sitz in einem EU-Mitgliedstaat begehrt, die Verwendung missbräuchlicher Klauseln in AGB in

Deutschland zu unterlassen, die deutschen Gerichte international zuständig. Werde ein innergemeinschaftlicher Verstoß gegen Gesetze zum Schutz der Verbraucherinteressen durch Verwendung missbräuchlicher Klauseln in AGB behauptet, sei das anwendbare Sachrecht nach Art. 4 Abs. 1 Rom II-VO zu bestimmen. Maßgebend sei das Recht des Staates, in dem nach dem Klagevortrag die kollektiven Verbraucherinteressen durch Verwendung der Klauseln beeinträchtigt worden sind oder wahrscheinlich beeinträchtigt werden. Für die Beurteilung der Wirksamkeit der AGB bedürfe es bei grenzüberschreitenden Sachverhalten einer gesonderten kollisionsrechtlichen Anknüpfung nach dem Vertragsstatut.

b) Ungerechtfertigte Bereicherung, Geschäftsführung ohne Auftrag und Verschulden bei Vertragsverhandlungen

aa) Ungerechtfertigte Bereicherung (Art. 10 Rom II-VO)

Knüpft ein außervertragliches Schuldverhältnis aus ungerechtfertigter Bereicherung (wobei die Norm sowohl die Leistungs- als auch die Nichtleistungs- [Eingriffs-] kondiktion [im Falle eines zwischen den Parteien bestehenden Rechtsverhältnisses] erfasst), einschließlich von Zahlungen auf eine nicht bestehende Schuld, an ein zwischen den Parteien bestehendes Rechtsverhältnis – wie einen Vertrag oder eine unerlaubte Handlung (d.h. ein außervertragliches Schuldverhältnis – aber auch familien- oder erbrechtliche Rechtsverhältnisse [so *Rauscher*, IPR, Rn. 1410]) – an, das eine „enge Verbindung" mit dieser ungerechtfertigten Bereicherung aufweist, so ist nach dem **Auffangtatbestand** des **Art. 10 Abs. 1 Rom II-VO** das Recht anzuwenden, dem dieses Rechtsverhältnis unterliegt (**akzessorische Anknüpfung** an das Rechtsverhältnis [Vertragsstatut – ggf. auch an das Deliktsstatut], mit dem eine „enge Verbindung" besteht). Der Begriff eines „Schuldverhältnisses aus ungerechtfertigter Bereicherung" ist autonom zu bestimmen.

Beachte: Das Vertragsstatut nach Art. 12 Abs. 1 Buchst. e Rom I-VO bestimmt u.a. auch die „Folgen der Nichtigkeit des Vertrags" – womit im Hinblick auf die Leistungskondiktion nach Art. 10 Abs. 1 Rom II-VO wegen fehlgeschlagenen Vertrags (akzessorische Anknüpfung an das Vetrtragsstatut) „Gleichklang" herrscht.

Beachte zudem: Ein Unterhaltsregress gegen Dritte (bspw. den Scheinvater) bzw. die Rückforderung rechtsgrundlos gezahlten Unterhalts unterfällt Art. 10 Abs. 1 Rom II-VO (da der Regress nach Art. 1 Abs. 2 Buchst. a Rom II-VO nicht vom Anwendungsbereich

328

329

> der Rom II-VO ausgenommen ist – arg.: Das vermeintliche fami-
> lienrechtliche Verhältnis sei nur Anlass der Fehlzahlung, nicht aber
> Rechtsgrund der Rückforderung, so *Rauscher*, IPR, Rn. 1410).

330   Kann das anzuwendende Recht nicht nach Art. 10 Abs. 1 Rom II-
VO bestimmt werden – wegen Fehlens eines die akzessorische Anknüpfung vermittelnden Rechtsverhältnisses – und haben die Parteien
zum Zeitpunkt des Eintritts des Ereignisses, das die ungerechtfertigte
Bereicherung zur Folge hat, ihren „gewöhnlichen Aufenthalt in demselben Staat", so ist als Reserveanknüpfung das Recht dieses Staates
anzuwenden (so Art. 10 Abs. 2 Rom II-VO).

331   Kann das anzuwendende Recht nicht nach Art. 10 Abs. 1 und 2
Rom II-VO bestimmt werden, so ist nach einer weiteren Reserveanknüpfung gemäß **Art. 10 Abs. 3 Rom II-VO** das Recht des Staates anzuwenden, in dem die ungerechtfertigte Bereicherung eingetreten
ist.

332   Ergibt sich aus der Gesamtheit der Umstände, dass das außervertragliche Schuldverhältnis aus ungerechtfertigter Bereicherung eine
„offensichtlich engere Verbindung" mit einem anderen als dem in
Art. 10 Abs. 1, 2 und 3 Rom II-VO bezeichneten Staat aufweist, so ist
das Recht dieses anderen Staates anzuwenden (so die **Auflockerungsklausel** des **Art. 10 Abs. 4 Rom II-VO** als zusätzliche Reserveanknüpfung).

333   **Beachte:** Eine nachträgliche Rechtswahl des Bereicherungsstatuts
(Art. 14 Abs. 1 Buchst. a Rom II-VO) ist statthaft – doch darf diese
nicht in Rechte Dritter eingreifen (Art. 14 Abs. 1 S. 2 Rom II-VO).

Beachte zudem: Nach Art. 24 Rom II-VO sind die bereicherungs-
rechtlichen Anknüpfungen **Sachnormverweisungen** – eine Rück-
und Weiterverweisung ist ausgeschlossen.

bb) Geschäftsführung ohne Auftrag (Art. 11 Rom II-VO)

334   Knüpft ein außervertragliches Schuldverhältnis aus Geschäftsführung ohne Auftrag an ein zwischen den Parteien bestehendes Rechtsverhältnis – wie bspw. einen Vertrag oder eine unerlaubte Handlung –
an, das eine „enge Verbindung" mit dieser Geschäftsführung ohne
Auftrag aufweist, so ist nach Art. 11 Abs. 1 Rom II-VO das Recht
anzuwenden, dem dieses Rechtsverhältnis unterliegt (**akzessorische
Anknüpfung** an das Rechtsverhältnis [Vertragsstatut – ggf. auch an
das Deliktsstatut], mit dem eine „enge Verbindung" besteht). Der
Begriff des Schuldverhältnisses aus „Geschäftsführung ohne Auftrag"
ist autonom zu bestimmen.

Kann das anzuwendende Recht nicht nach Art. 11 Abs. 1 Rom II- **335**
VO bestimmt werden und haben die Parteien zum Zeitpunkt des Ein-
tritts des schadensbegründenden Ereignisses ihren „gewöhnlichen
Aufenthalt in demselben Staat", so ist gemäß **Art. 11 Abs. 2 Rom II-
VO** das Recht dieses Staates anzuwenden.

Kann das anzuwendende Recht nicht nach Art. 11 Abs. 1 oder 2 **336**
Rom II-VO bestimmt werden, so ist nach Art. 11 Abs. 3 Rom II-VO
das Recht des Staates anzuwenden, in dem die Geschäftsführung
erfolgt ist (**Ort der Geschäftsführung**).

Ergibt sich aus der „Gesamtheit der Umstände", dass das außerver- **337**
tragliche Schuldverhältnis aus Geschäftsführung ohne Auftrag eine
„offensichtlich engere Verbindung" mit einem anderen als dem in
Art. 11 Abs. 1, 2 und 3 Rom II-VO bezeichneten Staat aufweist, so ist
das Recht dieses anderen Staates anzuwenden (so die **Auflockerungsregel** des **Art. 11 Abs. 4 Rom II-VO**).

Beachte: Nach Art. 24 Rom II-VO sind die Anknüpfungen nach **338**
Art. 11 Rom II-VO **Sachnormverweisungen** – eine Rück- und Weiterverweisung ist damit auch bei der Geschäftsführung ohne Auftrag
ausgeschlossen.

cc) Verschulden bei Vertragsverhandlungen (Art. 12 Rom II-VO)

Im Unterschied zur deutschen Rechtssystematik qualifiziert Art. 2 **339**
Abs. 1 und Art. 12 der Rom II-VO die *culpa in contrahendo* als außervertragliches Schuldverhältnis und unterstellt sie somit der Rom II-VO.
Auf außervertragliche Schuldverhältnisse aus Verhandlungen vor
Abschluss eines Vertrags (Verschulden bei Vertragsschluss – *culpa in
contrahendo*), unabhängig davon, ob der Vertrag tatsächlich geschlossen wurde oder nicht, ist – vorbehaltlich einer Rechtswahl der Parteien
nach Art. 14 Rom II-VO – gemäß Art. 12 Abs. 1 Rom II-VO das Recht
anzuwenden, das auf den Vertrag anzuwenden ist oder anzuwenden
gewesen wäre, wenn er geschlossen worden wäre. Damit gelangt auf
die *culpa in contrahendo* das (ggf. hypothetische) **Vertragsstatut** zur
Anwendung.

Kann das anzuwendende Recht nicht nach Art. 12 Abs. 1 Rom II- **340**
VO bestimmt werden, so ist gemäß der **Anknüpfungsleiter** (umstrit-
ten, nach a.A. handelt es sich um gleichrangige Alternativen) des
Art. 12 Abs. 2 Rom II-VO das anzuwendende Recht

– das Recht des Staates, in dem der Schaden eingetreten ist, unabhängig davon, in welchem Staat das schadensbegründende Ereignis oder
indirekte Schadensfolgen eingetreten sind (Buchst. a – **Ort des
Schadenseintritts**); oder,

– wenn die Parteien zum Zeitpunkt des Eintritts des schadensbegründenden Ereignisses ihren gewöhnlichen Aufenthalt (vgl. Art. 23

Rom II-VO) in demselben Staat haben, das Recht dieses Staates (Buchst. b – **gemeinsamer gewöhnlicher Aufenthalt**); oder,
— wenn sich aus der Gesamtheit der Umstände ergibt, dass das außervertragliche Schuldverhältnis aus Verhandlungen vor Abschluss eines Vertrags eine offensichtlich engere Verbindung mit einem anderen als dem in den Buchstaben a oder b bezeichneten Staat aufweist, das Recht dieses anderen Staates (Buchst. c – **Ausweichklausel**).

Kapitel 3. Sachenrecht
(Art. 43 bis 46 EGBGB)

Literatur: *v. Hoffmann/Thorn*, IPR, § 12; *Kropholler*, IPR, § 53; *Pfeiffer*, Der Stand des Internationalen Sachenrechts nach seiner Kodifikation, IPRax 2000, 270; *Rauscher*, IPR, Rn. 1471 ff.; *Siehr*, IPR, § 38; *Stoll*, Zur gesetzlichen Regelung des internationalen Sachenrechts in Art. 43–46 EGBGB, IPRax 2000, 259.

A. Sachenrechtsstatut

Rechte an einer Sache – Mobilien wie Immobilien – unterliegen **341** nach der **Grundanknüpfung** des Art. 43 Abs. 1 EGBGB dem Recht des Staates, in dem sich die Sache befindet (*lex rei sitae* – Belegenheit der Sache [**Recht des Lageorts**] als Einzelrechtsstatut).

Allerding besteht bei Mobilien die Möglichkeit eines **Statuten- 342 wechsels** (Wandelbarkeit des Statuts aufgrund der Beweglichkeit der Sache).

Beispiel: Bei einem **grenzüberschreitenden Versendungskauf** in das Aus- **343** land erfolgt die für einen Eigentumsübergang nach deutschem Recht erforderliche Besitzverschaffung am Kaufgegenstand nach Ansicht des BGH (NJW 2009, 2824) in aller Regel erst mit dessen Ablieferung am Bestimmungsort. Wird der nach deutschem Recht im Inland eingeleitete Erwerbstatbestand bis zum Grenzübertritt nicht mehr vollendet, beurteilt sich die Frage, ob und zu welchem Zeitpunkt das Eigentum am Kaufgegenstand übergeht, gemäß Art. 43 Abs. 1 EGBGB nach dem dann für das Recht des Lageortes zuständigen ausländischen Sachrecht. Das gilt auch für die Voraussetzungen, unter denen ein Eigentumserwerb vom Nichtberechtigten kraft guten Glaubens (vgl. §§ 932 ff. BGB) möglich ist.

Beachte Art. 3 a Abs. 2 EGBGB: Soweit Verweisungen im Fami- **344** lienrecht nach den Art. 13 bis 24 EGBGB das Vermögen einer Person dem Recht eines Staates unterstellen, beziehen sie sich nicht auf Gegenstände, die sich nicht in diesem Staat befinden und nach dem Recht des Staates, in dem sie sich befinden, besonderen Vorschriften unterliegen (Vorrang eines vom Gesamtstatut verschiedenen Belegenheitsstatuts der *lex rei sitae*).

345   **Beispiel:** Im Hinblick auf die Auswirkungen einer **Nachlassspaltung** in einem deutsch-amerikanischen Erbfall wegen eines in Florida/USA belegenen Grundstücks auf die Testamentsvollstreckung hat das BayObLG (NJW-RR 2005, 594) festgestellt, dass das LG zu Recht die Anwendbarkeit deutschen Rechts bejaht habe, soweit nicht das in Florida belegene Grundstück in Frage steht. Nach (damaligem) Art. 25 EGBGB werde die deutsche Erblasserin nach deutschem Recht beerbt. Das als Gesamtstatut an die Staatsangehörigkeit anknüpfende Erbstatut des Art. 25 Abs. 1 EGBGB alt (heute nach Art. 21 Rom IV-VO: Anknüpfung an das Recht des „gewöhnlichen Aufenthalts") werde durch das vorrangige Einzelstatut des Art. 3 a Abs. 2 EGBGB (Art. 3 Abs. 3 EGBGB a.F.) unter Durchbrechung des internationalen Entscheidungseinklangs verdrängt, sofern der Belegenheitsstaat dort befindliche Nachlassgegenstände besonderen Vorschriften unterwirft. Dies habe zur Folge, dass dann die *lex rei sitae* zur Anwendung komme. Die nach dem Recht der USA maßgebliche Teilrechtsordnung des Bundesstaats Florida als Belegenheitsstaat unterwerfe die Erbfolge in den unbeweglichen Nachlass der zur Zeit des Todes geltenden *lex rei sitae*, was zur Folge habe, dass dieser Nachlassteil als „selbständig" anzusehen sei und dem Erbstatut des Bundesstaats Florida unterliege, während der übrige Nachlassteil dem deutschen Erbstatut unterfalle. Es sei also Nachlassspaltung eingetreten.

346   Das Sachenrechtsstatut erfasst seinem **sachlichen Anwendungsbereich** nach sowohl das **Eigentum** als auch **beschränkte dingliche Rechte** (einschließlich des **Besitzes**) im Hinblick auf deren Entstehung und Übertragung (einschließlich ihres Untergangs) sowie deren Inhalt und aus dem Eigentum (bzw. anderer dinglicher Rechte) resultierender Ansprüche (so *Rauscher*, IPR, Rn. 1478).

347   **Beispiel:** Der BGH (NJW 1995, 58) hat entschieden, dass selbst wenn das als Erbstatut berufene ausländische Recht einem Vermächtnis beim Erbfall unmittelbar dingliche Wirkung beilegt (**Vindikationslegat**), das Vermächtnis eines in Deutschland belegenen Grundstücks hier nur einen schuldrechtlichen Anspruch begründet: Nach deutschem IPR gelte für sachenrechtliche Vorgänge und Verhältnisse kraft Gewohnheitsrechts die *lex rei sitae*, das Recht des Lageorts der Sache. Danach werden sachenrechtliche Tatbestände nach deutschem Sachstatut beurteilt, in dessen räumlichem Geltungsbereich sich die Sache zum Zeitpunkt des Eintritts des betreffenden Tatbestands befindet. Schon das Reichsgericht habe entschieden, dass die Frage der Begründung eines dinglichen Rechts an einem inländischen Grundstück nicht nach dem als Erbstatut berufenen ausländischen Recht zu beurteilen sei, sondern im Hinblick auf die *lex rei sitae* nach deutschem Sachenrecht. Selbst wenn das Grundstück zu einem Vermögen gehöre, für das nach deutschem Kollisionsrecht als Gesamtstatut ausländisches Recht maßgebend sei, und dieses im Erbfall unmittelbar dingliche Wirkungen selbst bezüglich einzelner Sachen anordne, könne eine solche Wirkung bei einem hier belegenen Grundstück nur eintreten, wenn auch das maßgebliche Einzelstatut, hier das deutsche Sachenrecht, sie zulasse.

348   Für Ansprüche aus beeinträchtigenden Einwirkungen, die von einem Grundstück ausgehen (**von Grundstücken ausgehende Immissionen**), gilt nach Art. 44 EGBGB nicht die *lex rei sitae*. Vielmehr gelten

die Vorschriften der Rom II-VO (VO [EG] Nr. 864/2007) mit Ausnahme
des Kapitels III entsprechend – mithin die Art. 4 ff. Rom II-VO.

> **Beachte:** Die gesetzlichen Voraussetzungen des Internationalen Sa-   349
> chenrechts sind (mit Ausnahme von Art. 46 EGBGB – „wesentlich
> engere Verbindung") **Gesamtverweisungen** i.S. des Art. 4 Abs. 1
> EGBGB (so *Rauscher*, IPR, Rn. 1475).

Besteht mit dem Recht eines Staates eine „wesentlich engere Ver-   350
bindung" als mit dem Recht, das nach den Art. 43 und 45 EGBGB
maßgebend wäre, so ist nach der **Auflockerungsregel** des **Art. 46
EGBGB** (die aber im Interesse der Rechtssicherheit und wegen der
gesetzgeberischen Entscheidung gegen eine Rechtswahlmöglichkeit
restriktiv anzuwenden ist, so *Rauscher*, IPR, Rn. 1471) jenes Recht
anzuwenden.

B. Statutenwechsel

Die Verbringung einer beweglichen Sache in eine andere Rechts-   351
ordnung bewirkt zwar einen Statutenwechsel, aber keinen Eingriff in
bestehende Rechte (so *Rauscher*, IPR, Rn. 1498).

I. Abgeschlossene Tatbestände (Art. 43 Abs. 2 EGBGB)

Gelangt eine Sache, an der Rechte begründet sind, in einen anderen   352
Staat, so können diese Rechte nicht im Widerspruch zu der Rechtsord-
nung dieses Staates ausgeübt werden (so Art. 43 Abs. 2 EGBGB,
Transposition). Unter Transposition versteht man die veränderte
Übernahme einer nach dem ausländischen Recht entstandenen Rechts-
lage.

Sonderprobleme: Zum Problem der **Aufnahme unbekannter Rechtsinsti-**   353
tute (bspw. besitzloser Sicherungsrechte) **in die Rechtsordnung des Aufnah-**
mestaates näher *Rauscher*, IPR, Rn. 1516 ff., der die **Transpositionslehre**
(Unwandlung in äquivalente Rechtsinstitute, dazu noch nachstehende Rn. 355)
ablehnt: *ders.*, IPR, Rn. 1521 ff.

Zum **Problem des Eigentumsvorbehalts** im internationalen Versendungs-   354
kauf näher *Rauscher*, IPR, Rn. 1526 ff. – und zum **Erwerb vom Nichtberech-**
tigten, *Rauscher*, IPR, Rn. 1533 ff.

Beispiel: So hat der *BGH* (NJW 1991, 1415 – **Autohypotheken-Fall** – *Testa*   355
Rossa) entschieden, dass eine in Italien wirksam bestellte Autohypothek in der
Bundesrepublik anzuerkennen ist, wenn das Fahrzeug endgültig im Inland
verbleiben soll. Hinsichtlich der Verwertung eines solchen besitzlosen Pfand-

rechts sollen die für das Sicherungseigentum entwickelten Regeln entsprechend gelten: Dadurch, dass das mit der italienischen Autohypothek belastete Fahrzeug nach Deutschland verbracht worden ist, sei ein Statutenwechsel eingetreten. Deutsches Recht – als das Recht des Lageortes der Sache – sei anzuwenden, wenn es um die Wirksamkeit der Eigentumsübertragung, um die Anerkennung dieses dem deutschen Recht fremden besitzlosen Pfandrechts und um seine Wirkung gehe. Beim Statutenwechsel übernehme das deutsche Recht die nach der ausländischen Rechtsordnung begründete dingliche Belastung mit der sachenrechtlichen Prägung, die sie unter der Herrschaft des alten Statuts empfangen hat. Die dem deutschem Recht fremde Autohypothek sei nach dem Statutenwechsel anzuerkennen. Denn eine solche im Ergebnis wie ein besitzloses Pfandrecht wirkende Hypothek sei mit der deutschen Sachenrechtsordnung nicht unvereinbar.

Nach der herrschenden Transpositionslehre könnten fremde dingliche Rechte nur entsprechend „dem funktionsäquivalenten deutschen Sachenrechtstyp" ausgeübt werden. Danach kann der Inhaber einer Autohypothek nach italienischem Recht nur die Herausgabe des Fahrzeuges zum Zwecke der Verwertung verlangen.

Nicht einheitlich – so der *BGH* (NJW 1991, 1415) – wird die Frage beantwortet, inwieweit die Pfandrechtsbestimmungen entsprechend herangezogen werden können, wenn es um die Verwertung von Sicherungseigentum geht. Einigkeit besteht aber darüber, dass der Sicherungseigentümer zum Zwecke der Verwertung die Herausgabe des Sicherungsgutes vom Sicherungsgeber fordern kann, wenn letzterer seine Pflichten aus dem zugrundeliegenden Vertragsverhältnis nicht erfüllt.

356   **Weiteres Beispiel:** Einem nach französischem Recht an einem Lastkraftwagen begründeten **Registerpfandrecht** hat etwa der *BGH* (BGHZ 39, 173) gleichermaßen die Anerkennung in Deutschland nicht versagt: Mit Rücksicht auf die in Deutschland weit verbreitete Sicherungsübereignung stelle das Faustpfandprinzip kein international zwingendes Recht dar. Die Anerkennung eines besitzlosen Pfandrechts an einer beweglichen Sache führe nicht zu missbilligenswerten und untragbaren Ergebnissen

357   **Weiteres Beispiel:** Ein nach Art. 934 Abs. 2 des Schweizerischen ZGB entstandenes **Lösungsrecht des gutgläubigen Erwerbers abhanden gekommener Sachen** erlischt nach Ansicht des BGH (BGHZ 100, 321 = NJW 1987, 3077), wenn die Sachen anschließend in die Bundesrepublik gebracht (Statutenwechsel) und dort weiterveräußert werden: Ein einmal entstandenes Lösungsrecht gehe aber nicht bereits durch einen schlichten Statutenwechsel unter. Rechtsverhältnisse an einer Sache unterlägen mit deren Verbringung in das Gebiet der Bundesrepublik zwar grundsätzlich den Vorschriften des deutschen Sachenrechts. Dieses übernehme aber die Sache grundsätzlich in derjenigen sachenrechtlichen Prägung, die ihr das bisherige Statut verliehen hatte, es sei denn, dass dies mit der geltenden deutschen Sachenrechtsordnung völlig unverträglich wäre. Die Frage der Veräußerungsbeständigkeit des Lösungsrechts sei von der seiner Anerkennung bzw. seines Fortbestands nach einem schlichten Statutenwechsel zu unterscheiden. Nach deutschem IPR richten sich die sachenrechtlichen

Wirkungen der Veräußerung einer Sache nach der *lex rei sitae*, unter deren Herrschaft der Erwerbsvorgang sich vollzieht. Wurden also Sachen nach ihrer Verbringung ins Inland an Kunden weiterveräußert, so unterliege dieser sachenrechtliche Vorgang deutschem Sachenrecht als Sachstatut. Seien die Sachen abhandengekommen und habe der Veräußerer auch nach dem für ihren Erwerb in der Schweiz maßgebenden schweizerischen Recht jedenfalls kein Eigentum erworben, gelte für eine in Deutschland erfolgte Weiterveräußerung der Sachen in sachenrechtlicher Hinsicht § 935 Abs. 1 BGB. Dagegen sei auf diesen im Inland erfolgten Erwerbsvorgang Art. 934 Abs. 2 ZGB nicht anwendbar (wonach der gutgläubige Empfänger einer abhanden gekommenen Sache, die einer seiner Vormänner unter den privilegierenden Voraussetzungen des Art. 934 Abs. 2 ZGB erlangt hatte, jeweils ein eigenes Lösungsrecht nach Maßgabe des an seinen Vormann gezahlten Preises erhält).

II. Offene Tatbestände (Art. 43 Abs. 3 EGBGB)

Ist ein Recht an einer Sache, die in das Inland gelangt, nicht schon **358** vorher erworben worden, so sind für einen solchen Erwerb im Inland nach Art. 43 Abs. 3 EGBGB Vorgänge in einem anderen Staat (d.h. noch nicht abgeschlossene Erwerbstatbestände bzw. eine „antizipierte Tatbestandsverwirklichung eines späteren Sachenrechtsstatuts", so *Rauscher*, IPR, Rn. 1510) wie inländische zu berücksichtigen (**Anrechnungsregel** – Vollendung von Erwerbstatbeständen).

III. Bewegliche Sachen, die sich auf dem Transport durch Zwischenländer befinden (*res in transitu*)

Da im Falle eines Transports beweglicher Sachen durch verschiede- **359** ne **Zwischenländer** bei jedem Grenzübertritt eine Änderung des Sachstatuts eintritt, soll nach h.M. das **Recht des Bestimmungsstaates** als Recht der „wesentlich engeren Verbindung" (i.S. der **Auflockerungsregel** des **Art. 46 EGBGB**) zur Anwendung gelangen (umstritten, nach a.A. sollen die Parteien auch das **Recht des Absendeorts** als anwendbares Recht wählen können).

C. Besonderheiten

Rechte an Luft-, Wasser- und Schienenfahrzeugen (Transportmit- **360** teln) unterliegen nach **Art. 45 Abs. 1 EGBGB** – da diese Verkehrsmittel „gleichsam immer *in transitu* sind" (so *Rauscher*, IPR, Rn. 1545) – als **Sonderanknüpfung** dem **Recht des Herkunftsstaats** – was bei
– Luftfahrzeugen der Staat ihrer Staatszugehörigkeit (Nr. 1),

— Wasserfahrzeugen der Staat der Registereintragung, sonst des Heimathafens oder des Heimatorts (Nr. 2), sowie bei
— Schienenfahrzeugen der Staat der Zulassung (Nr. 3)
ist.

361   Die **Entstehung gesetzlicher Sicherungsrechte** an diesen Fahrzeugen unterliegt nach **Art. 45 Abs. 2 EGBGB** dem Recht, das auf die zu sichernde Forderung anzuwenden ist (d.h. dem **Schuldstatut** der zu sichernden Forderung). Für die Rangfolge mehrerer Sicherungsrechte gilt Art. 43 Abs. 1 EGBGB – mithin die *lex rei sitae.*

362   Landkraftfahrzeuge werden hingegen an der *lex rei sitae* angeknüpft (so *Rauscher*, IPR, Rn. 1547).

Kapitel 4. Familienrecht
(Art. 13 bis 24 EGBGB)

Literatur: *v. Hoffmann/Thorn*, IPR, § 8; *Rauscher*, IPR, Rn. 693 ff.; *Ring/Olsen-Ring*, Quellen des Europäischen und Internationalen Familienrechts, in: Süß/Ring, Eherecht in Europa, § 1.

Das Internationale Familienrecht ist in den **Art. 13 bis 24 EGBGB** 363 geregelt, wobei die **Rom III-VO** (nachstehende Rn. 399 ff.) für die Ehescheidung in ihrem Anwendungsbereich das nationale Recht verdrängt.

Perspektiven: Die EU hat eine weitere Europäisierung des Interna- 364 tionalen Familienrechts vollzogen (vgl. das Vierjahresprogramm des Europäischen Rates mit der Aufgabenstellung einer Vereinheitlichung des Internationalen Güterrechts vom Dezember 2009 [Ratsdokument 5731/10] mit korrespondierendem Aktionsplan). In dessen Folge wurden im Verfahren der Verstärkten Zusammenarbeit (unterstützt von nur 18 „willigen Mitgliedstaaten", darunter Deutschland) zwei Verordnungen zum **Internationalen Güterrecht** erlassen:
– die Verordnung (EU) 2016/1103 des Rates vom 24.6.2016 zur Durchführung einer Verstärkten Zusammenarbeit im Bereich der Zuständigkeit, des anzuwendenden Rechts und der Anerkennung und Vollstreckung von Entscheidungen in Fragen des ehelichen Güterstands (**Rom IVa-VO zum ehelichen Güterrecht, EUGüterR-VO**) und
– die Verordnung (EU) 2016/1104 des Rates vom 24.6.2016 zur Durchführung der Verstärkten Zusammenarbeit im Bereich der Zuständigkeit, des anzuwendenden Rechts und der Anerkennung und Vollstreckung von Entscheidungen in Fragen güterrechtlicher Wirkungen eingetragener Partnerschaften (**Rom IVb-VO zum Güterrecht eingetragener Lebenspartnerschaften, EUPartner-VO**),
Die Kollisionsnormen der Rom IVa- und der Rom IVb-VO gelten nach deren Art. 70 Abs. 2 ab dem **29.1.2019** (dazu näher *Ring/Olsen-Ring*, § 1 Rn. 70 ff. und *Ring*, § 4 Rn. 1).

A. Eherecht

Das **Verlöbnis** wird hinsichtlich seiner Eingehung (sowie seiner 365 Wirkungen) gemäß Art. 13 Abs. 1 EGBGB (Eheschließung) analog und in Bezug auf seine formellen Voraussetzungen nach Art. 11 EG-BGB (Form von Rechtsgeschäften) analog beurteilt (so *Rauscher*, IPR, Rn. 73 ff.). Damit sind die aus einem Verlöbnis resultierenden Ansprüche nach dem Recht des Staates des verpflichteten Verlobten zu beurteilen. Vgl. zur Abgrenzung von Verlöbnis- und Deliktsstatut BGHZ 132, 105.

I. Die Eheschließung (Art. 13 EGBGB)

366   Das **Haager Übereinkommen über die Regelung des Geltungsbereichs der Gesetze auf dem Gebiete der Eheschließung vom 12.6.1902** (RGBl 1904, 221) war für das Deutsche Reich am 31.7.1904 in Kraft getreten (Bekanntmachung vom 24.6.1904 – RGBl. S. 249). Es gilt heute aber nur noch im Verhältnis zwischen Deutschland und Italien (sofern wenigstens ein(e) Deutsche(r) oder ein(e) Italiener(in) daran beteiligt sind, so Art. 8 Abs. 1 des Abkommens) sowie im Verhältnis Deutschlands zu Rumänien und (aufgrund fehlender Kündigung) zu Portugal (näher *Ring/Olsen-Ring*, § 1 Rn. 58).

367   An die Stelle des Haager Übereinkommens vom 12.6.1902 (das von den meisten Vertragsstaaten gekündigt worden ist) ist das **Haager Übereinkommen über die Eheschließung und die Anerkennung der Gültigkeit von Ehen vom 14.3.1978** (Text in StAZ 1977, 202) getreten (vgl. Art. 22 des Abkommens). Deutschland hat dieses Übereinkommen bisher aber noch nicht gezeichnet (näher *Ring/Olsen-Ring*, § 1 Rn. 65).

368   Damit beurteilen sich die mit der Eheschließung einhergehenden Fragen grundsätzlich nach Art. 13 EGBGB.

1. Eheschließungsvoraussetzungen

369   Die Voraussetzungen der Eheschließung unterliegen nach der Grundsatzanknüpfung in **Art. 13 Abs. 1 EGBGB** (**Eheschließungsstatut**) für jeden Verlobten (wobei die Begrifflichkeit untechnisch zu verstehen ist) – d.h. kumulativ – dem Recht des Staates, dem er (im Zeitpunkt der Eheschließung) angehört. Es wird also an die **Staatsangehörigkeit** – d.h. an das **Personalstatut** – angeknüpft. Für Staatenlose und Mehrstaater gilt Art. 5 EGBGB.

Es handelt sich dabei um eine **unwandelbare Anknüpfung** (Unwandelbarkeit des Ehevoraussetzungsstatuts).

370   Nach dem Eheschließungsstatut beurteilen sich damit Fragen der Ehemündigkeit, Zustimmungserfordernisse und ggf. die Möglichkeit einer Stellvertretung (wobei eine Eheschließung durch einen Vertreter in der Erklärung bloße Formfrage sein soll und damit nicht dem Eheschließungsstatut unterfällt, so *Rauscher*, IPR, Rn. 698) sowie Ehehindernisse (vgl. dazu § 1309 Abs. 1 BGB – Ehefähigkeitszeugnis für Ausländer). Vorfragen im Tatbestand sind selbständig anzuknüpfen (so *Rauscher*, IPR, Rn. 700).

Art. 13 Abs. 2 EGBGB statuiert eine Ausnahme von der Grundsatz- 371 anknüpfung des Art. 13 Abs. 1 EGBGB mit dem Ziel, der Eheschließungsfreiheit (vgl. Art. 6 Abs. 1 GG) zum Durchbruch zu verhelfen: Fehlt danach eine Voraussetzung der Eheschließung, so ist gemäß Art. 13 Abs. 2 EGBGB insoweit deutsches Recht anzuwenden (**Anwendung deutschen Rechts als Ausnahme**), wenn
– ein Verlobter seinen gewöhnlichen Aufenthalt im Inland hat oder Deutscher ist (Nr. 1),
– die Verlobten die zumutbaren Schritte zur Erfüllung der Voraussetzung unternommen haben (Nr. 2) und
– es mit der Eheschließungsfreiheit unvereinbar ist, die Eheschließung zu versagen; insbesondere steht die frühere Ehe eines Verlobten (einer Eheschließung) nicht entgegen, wenn ihr Bestand durch eine hier erlassene oder anerkannte Entscheidung beseitigt oder der Ehegatte des Verlobten für tot erklärt ist (Nr. 3).

Fall: Im **Spanierbeschluss** hat das BVerfG (NJW 1971, 1509) aus- 372 geführt, dass das Grundrecht aus Art. 6 Abs. 1 GG jedermann – und damit auch einem Ausländer – die Freiheit gewährt, die Ehe mit einem selbst gewählten Partner einzugehen (**Eheschließungsfreiheit**): Die Vorschriften des deutschen IPR und die Anwendung des durch sie berufenen ausländischen Rechts im Einzelfall seien an den Grundrechten zu messen. Art. 13 Abs. 1 EGBGB, wonach die Ehefähigkeit jedes Verlobten nach seinem Heimatrecht zu beurteilen ist, verstoße nicht gegen Art. 6 Abs. 1 GG. Art. 6 Abs. 1 GG sei aber dann verletzt, wenn einem Spanier, der eine Deutsche heiraten will, deren frühere Ehe mit einem Deutschen durch ein deutsches Gericht geschieden worden ist, die Befreiung von der Beibringung des Ehefähigkeitszeugnisses verweigert wird, weil das spanische Recht diese Ehescheidung nicht anerkennt.

Vgl. zum **Problem der Schein- oder Zweckehe** § 1310 Abs. 1 S. 2 Hs. 2. i.V.m. § 1314 Abs. 2 Nr. 5 BGB (dazu *Rauscher*, IPR, Rn. 709 f.).

2. Form der Eheschließung

Die Form der Eheschließung ist in Art. 13 Abs. 3 EGBGB geregelt: 373 Eine Ehe kann im Inland **nur** in der hier vorgeschriebenen Form (**Ortsform**) geschlossen werden (**Art. 13 Abs. 3 S. 1 EGBGB**). Damit kommt eine alternative Anknüpfung an das materielle Eheschließungsstatut nach Art. 13 Abs. 1 EGBGB nicht in Betracht. Infolgedessen ist bspw. die Eingehung einer **Handschuhehe** (Eheschließung durch Stellvertreter) im Inland ausgeschlossen

374   Eine Ausnahme vom Grundsatz der Ortsform statuiert **Art. 13 Abs. 3 S. 2 EGBGB**: Zwischen Verlobten, von denen **keiner Deutscher** ist, kann jedoch vor einer von der Regierung des Staates, dem einer der Verlobten angehört, **ordnungsgemäß ermächtigten Person** (z.b. durch diplomatische oder konsularische Vertreter) eine Ehe in der nach dem Recht dieses Staates vorgeschriebenen Form geschlossen werden. Eine beglaubigte Abschrift der Eintragung der so geschlossenen Ehe in das Standesregister, das von der dazu ordnungsgemäß ermächtigten Person geführt wird, erbringt vollen Beweis der Eheschließung.

375   **Exkurs:** Auf eine **Eheschließung im Ausland** gelangt nicht Art. 13 EGBGB, sondern Art. 11 Abs. 1 EGBGB zur Anwendung, womit die Form der Eheschließung entweder dem
— **Recht des Eheschließungsortes** (Ortsform) oder dem
— **Geschäftsstatut** (d.h. kumulativ den beiden nach Art. 13 Abs. 1 EGBGB berufenen Rechtsordnungen)
entsprechen muss.

376   **Problem:** Die „Handschuhehe" (Eheschließung durch Vertreter) wird als **Formfrage** qualifiziert, weswegen bei einer im Inland eingegangenen Ehe das **Ortsrecht** zur Anwendung gelangt (vorstehende Rn. 373), wohingegen bei einer Auslandsehe das Recht eines der Verlobten zur Anwendung gelangen kann.

---

377   **Fall („Handschuhehe" nach italienischem Recht):** So hat der *BGH* (BGHZ 29, 137 – Leitsatz) entschieden, dass eine Ehe, die zwischen einem Deutschen und einer Italienerin in Italien vor dem dort zuständigen Standesbeamten in der Weise geschlossen worden ist, dass für den abwesenden deutschen Verlobten ein von diesem bevollmächtigter Stellvertreter mitgewirkt hat (Handschuhehe), nur an dem Ort der Trauungshandlung (d.h. in Italien), nicht aber am Ort der Vollmachtserteilung (in Deutschland) geschlossen ist. Sie ist auch nach deutschem Recht formgültig, wenn dabei die Formvorschriften des italienischen Rechts gewahrt worden sind (insbesondere die Vollmacht den Erfordernissen des Art. 111 des italienischen Codice civile genügt).

---

378   **Weiterer Fall („Handschuhehe" nach pakistanischem Recht – OLG Zweibrücken, NJW-RR 2011, 725):** Eine im Ausland geschlossene Ehe kann nach § 34 Abs. 1 PStG auf Antrag im Ehere-

gister beurkundet werden. Diese Beurkundung setzt das Bestehen
einer „Ehe" voraus. Der Standesbeamte hat deshalb zu prüfen, ob
eine nach materiellem Recht wirksame Ehe zustande gekommen ist
(BGH FamRZ 1991, 300). Nach welchem materiellen Recht sich
die Wirksamkeit der Eheschließung richtet und welche Form dabei
einzuhalten ist, bestimmt sich nach Art. 11 und Art. 13 EGBGB.

Das Standesamt ging davon aus, dass die Eheschließung, bei der
sich der Ehemann durch seinen Onkel in der Abgabe der Erklärung
zur Eheschließung vertreten ließ, nach den gemäß Art. 11 und Art.
13 Abs. 3 S. 1 EGBGB maßgeblichen Grundsätzen des pakistani-
schen Rechts formwirksam war: Das pakistanische Recht lässt nämlich die Stellvertretung bei der Eheschließung zu (KG KGR Berlin
2004, 326; LG Stuttgart, StAZ 1992, 379). Die Wirksamkeit einer
solchen in Pakistan geschlossenen „Handschuhehe" wird in
Deutschland selbst dann anerkannt, wenn bei der Eheschließung
keine notariell beglaubigte und den Heiratspartner genau bezeich-
nende Vollmacht vorlag, solange nur eine Willensvertretung, die
jedenfalls dem deutschen *ordre public*, also den grundlegenden
Gerechtigkeitsvorstellungen der deutschen Rechtsordnung zuwider
liefe (Art. 6 EGBGB), den Umständen nach ausgeschlossen werden
kann (KG KGR Berlin 2004, 326). Eine solche Vertretung im Willen läge – so das OLG Zweibrücken – vor, wenn der Vertreter eine
eigene Willenserklärung abgeben würde, er insbesondere über das
„Ob" der Abgabe der Willenserklärung zu entscheiden hätte oder
ihm die Auswahl des Ehegatten überlassen wäre – was konkret aber
nicht der Fall war. Eine Willensvertretung lag insbesondere auch
nicht deshalb vor, weil sich die Ehegatten zum Zeitpunkt der Eheschließung noch nie begegnet waren. Ausreichend zum Ausschluss
einer Willensvertretung sei vielmehr, dass der Vertretene die Identi-
tät der Verlobten kennt und seine Vollmacht sich auf diese bestimmte, unverwechselbare Person beschränkt, so dass auszuschlie-
ßen ist, dass der für einen Verlobten handelnde Vertreter jedweder
anderen, zum Termin der Eheschließung erscheinenden Person das
Ja-Wort des Vertretenen übermitteln würde. Diese Voraussetzung
sei im konkreten Fall gewährleistet gewesen, da die Verlobte nach
Namen, Alter und Wohnort, Namen ihres Vaters und dessen Aus-
weisnummer eindeutig und unverwechselbar bezeichnet war. An-
haltspunkte dafür, dass der Ehemann seinem Onkel eine nicht nur
auf diese eindeutig zu identifizierende Person beschränkte Vollmacht erteilt hat, fehlten.

379 **Problem:** Eine „**hinkende Ehe**", mithin eine Ehe, die nach einer Rechtsordnung wirksam und nach einer anderen Rechtsordnung unwirksam ist (dazu näher *Rauscher*, IPR, Rn. 724 ff.), wird wie folgt beurteilt:

– Geht es nur um die **Wirksamkeit der Ehe selbst**, gelangt deutsches Recht zur Anwendung.
– Ist das Problem der „hinkenden Ehe" **Vorfrage** eines anderen Rechtsverhältnisses (z.B. des Unterhalts, der Scheidung oder des Erbrechts), ist die Ehe als Vorfrage **selbständig anzuknüpfen**. Mithin gelangt auch hier deutsches Recht zur Anwendung.

II. Allgemeine Ehewirkungen (Art. 14 EGBGB)

380 Allgemeine Ehewirkungen sind solche, die **keiner eigenständigen Anknüpfung unterfallen**, weshalb bspw. die Art. 15 Abs. 1 (hinsichtlich der güterrechtlichen Wirkungen der Ehe), Art. 19 Abs. 1 S. 3 (Abstammung des Kindes im Fall einer verheirateten Mutter) und Art. 22 Abs. 1 S. 2 EGBGB (Annahme als Kind durch einen oder beide Ehegatten) auf Art. 14 EGBGB als Verweisungsziel referieren.

381 **Beachte:** Das **Scheidungsstatut** folgt seit dem 21.6.2012 der Rom III-VO. Vgl. zudem auch ab dem 29.1.2019 die Geltung der Rom IVa-VO zum ehelichen Güterrecht. Beachte i.Ü. das

– **Haager Ehewirkungsabkommen vom 17.7.1905**, das Deutschland jedoch am 23.8.1987 gekündigt hat (*Ring/Olsen-Ring*, § 1 Rn. 69) und das

– **Deutsch-Iranische Niederlassungsabkommen vom 17.2.1929**, das im Hinblick auf eine Ehescheidung rein iranischer Ehen in Deutschland und rein deutscher Ehen im Iran die gleiche Staatsangehörigkeit der Beteiligten voraussetzt (näher *Ring/Olsen-Ring*, § 1 Rn. 220).

1. Möglichkeit einer (beschränkten) Rechtswahl

382 Gehört ein Ehegatte mehreren Staaten an (**Doppel- oder Mehrstaater**), so können die Ehegatten nach Art. 14 Abs. 2 EGBGB als **Sachnormverweisung** das Recht eines dieser Staaten wählen, falls ihm auch der andere Ehegatte angehört.

383 Dies gilt ungeachtet des Art. 5 Abs. 1 EGBGB, wonach, wenn auf das Recht des Staates verwiesen wird, dem eine Person angehört, und sie mehreren Staaten angehört (Mehrstaater), das Recht desjenigen dieser Staaten anzuwenden ist, mit dem die Person am engsten verbunden ist (effektive Staatsangehörigkeit), insbesondere durch ihren gewöhnlichen Aufenthalt oder durch den Verlauf ihres Lebens. Ist die Person jedoch auch Deutscher, so geht diese Rechtsstellung immer vor (vgl. Art. 5 Abs. 1 S. 2 EGBGB).

Nach Art. 14 Abs. 2 EGBGB können die Ehegatten damit auch **384** dann ein **gemeinsames Heimatrecht** wählen, wenn dieses für den Mehr- oder Doppelstaater nicht das nach Art. 5 Abs. 1 EGBGB maßgebliche ist.

Ehegatten können nach **Art. 14 Abs. 3 S. 1 EGBGB** das Recht des **385** Staates wählen, dem ein Ehegatte angehört (wählbar ist jedes Heimatrecht eines Ehegatten), wenn die Voraussetzungen des Art. 14 Abs. 1 Nr. 1 EGBGB (Anwendbarkeit des Rechts des Staates, dem **beide** Ehegatten angehören oder während der Ehe zuletzt angehörten, wenn einer von ihnen diesem Staat noch angehört) nicht vorliegen **und**

– kein Ehegatte dem Staat angehört, in dem beide Ehegatten ihren gewöhnlichen Aufenthalt haben (Nr. 1), oder
– die Ehegatten ihren gewöhnlichen Aufenthalt nicht in demselben Staat haben (Nr. 2).

Die genannten Konstellationen betreffen Fälle, in denen die Verbindung zum gewöhnlichen Aufenthalt schwach ist.

Die **Wirkungen der Rechtswahl enden**, wenn die Ehegatten eine **386** gemeinsame Staatsangehörigkeit erlangen (so Art. 14 Abs. 3 S. 2 EGBGB).

Die Rechtswahl ist nach Art. 14 Abs. 4 EGBGB **formbedürftig**: **387** Sie muss notariell beurkundet werden. Wird sie nicht im Inland vorgenommen, so genügt es, wenn sie den Formerfordernissen für einen Ehevertrag nach dem gewählten Recht oder am Ort der Rechtswahl entspricht.

2. Mangels Rechtswahl anzuwendendes Recht

Die allgemeinen Wirkungen der Ehe unterliegen nach der sog. **Ke-** **388** **gel'schen Anknüpfungs- (Kaskaden-) leiter** des Art. 14 Abs. 1 EGBGB (der **Grundnorm für ein einheitliches Familienstatut**, so *Rauscher*, IPR, Rn. 739) – womit das Ehewirkungsstatut nach Maßgabe der Anknüpfungskriterien auch wandelbar ist – als **Gesamtverweisung** (umstritten im Hinblick auf Nr. 3, so aber *Rauscher*, IPR, Rn. 752)

– dem Recht des Staates, dem beide Ehegatten angehören oder während der Ehe zuletzt angehörten, wenn einer von ihnen diesem Staat noch angehört (**Staatsangehörigkeit**, Nr. 1 – womit die Regeln des

Personalstatuts nach Art. 5 EGBGB gelten), sonst, d.h. **hilfsweise** (wenn dies nicht der Fall ist),
- dem Recht des Staates, in dem
    - beide Ehegatten ihren **gewöhnlichen Aufenthalt** haben oder
    - während der Ehe zuletzt hatten,
    wenn einer von ihnen dort noch seinen gewöhnlichen Aufenthalt hat (**Recht des gewöhnlichen Aufenthalts**, Nr. 2 – letztes gemeinsames Personalstatut), **hilfsweise** (d.h. wenn auch dies nicht der Fall sein sollte)
- dem Recht des Staates, mit dem die Ehegatten auf andere Weise gemeinsam am engsten verbunden sind (**Recht der gemeinsamen engsten Verbundenheit**, Nr. 3 – **Generalklausel**).

389 **Fall:** Der BGH (NJW 2010, 1528) hat entschieden, dass der Anspruch auf eine nach iranischem Recht vereinbarte **Morgengabe** (*mahr*) als allgemeine Wirkung der Ehe dem von Art. 14 EGBGB berufenen Sachrecht unterliegt: Die Morgengabe könne – je nach Fallgestaltung – aus der Sicht des deutschen Rechts Berührungspunkte mit dem ehelichen bzw. nachehelichen Unterhaltsrecht, dem Ehegüterrecht, dem Scheidungs- und dem Erbrecht aufweisen, lasse sich aber weder generell noch für den zu entscheidenden Fall schwerpunktmäßig einem dieser Institute zuordnen. Gegen eine ausschließlich unterhaltsrechtliche Qualifikation spreche bereits, dass die Morgengabe weder eine Bedürftigkeit der Ehefrau verlangt, noch auf eine bestimmte Bedürfnislage der Ehefrau abgestimmt ist. Gegen eine güterrechtliche Qualifikation spreche, dass die Verpflichtung zur Zahlung einer Morgengabe für sich genommen keinen Güterstand begründet. Da die Parteien im konkreten Fall deutsche Staatsangehörige waren, war die Morgengabe – nach dem von Art. 14 Abs. 1 EGBGB berufenen deutschen Sachrecht – als eine ehevertragliche Zusage des Ehemannes zu qualifizieren. Sie verpflichtete den Ehemann dazu, der Ehefrau den in der Zusage genannten Geldbetrag zu zahlen. Zu weiteren **Qualifikationsfragen des islamischen Rechts** (in Bezug auf eine Morgengabe) auch BGH NJW 1987, 2161.

390 **Beachte: Ehewohnung und Hausrat** unterstehen nach Art. 43 Abs. 1 EGBGB grundsätzlich dem Sachenrechtsstatut (*lex rei sitae*), das jedoch ggf. (bspw. wenn die §§ 1361 a und b bzw. § 1353 BGB den Ehegatten Mitbenutzungsrechte einräumen oder die Ehegatten sich faktisch trennen) durch das Ehewirkungsstatut

(Art. 14 EGBGB) bzw. das Ehegüterstatut (Art. 15 EGBGB, vgl. ab 29.1.2019 die Rom IVa-VO) „überlagert" werden kann.

III. Güterstand – Ehegüterrecht (Art. 15 EGBGB)

Literatur: *Wegmann*, Rechtswahlmöglichkeiten im internationalen Familienrecht, NJW 1987, 1740.

391

Beachte: Die Vorschriften des Gesetzes über den ehelichen Güterstand von Vertriebenen und Flüchtlingen vom 4.8.1969 (VFGüterstandsG – Überleitung mit Widerspruchsrecht, dazu *Rauscher*, IPR, Rn. 790 ff.) bleiben nach Art. 15 Abs. 4 EGBGB unberührt.

Beachte auch Art. 234 § 4 und § 4 a des Einigungsvertrages mit der dort enthaltenen Überleitung der ehegüterrechtlichen Verhältnisse der ehemaligen DDR.

Beachte weiterhin die ab dem 29.1.2019 geltende Rom IVa-VO zum ehelichen Güterrecht. Dazu *Ring*, § 4 Rn. 1: Die Kollisionsnormen der Rom IVa-VO in ihren Art. 20 ff. gelten ab dem 29.1.2019, wenn Ehegatten nach diesem Stichtag heiraten oder eine Rechtswahl treffen. Infolgedessen wird das alte nationale Güterrechts-IPR in Deutschland (d.h. Art. 15 EGBGB) auch noch für lange Zeit Bedeutung haben. Das mangels Rechtswahl der Parteien (Rechtswahlvereinbarung) nach Art. 22 Rom IVa-VO) anzuwendende Recht orientiert sich nach der Anknüpfungsleiter des Art. 26 Abs. 1 Rom IVa-VO an dem nach dem Haager Güterstandsübereinkommen anzuwendenden Recht. Zunächst gilt das Recht des Staates,

– in dem die Ehegatten nach der Eheschließung ihren ersten gemeinsamen gewöhnlichen Aufenthalt haben (Buchst. a), oder andernfalls

– dessen Staatsangehörigkeit beide Ehegatten zum Zeitpunkt der Eheschließung besitzen (Buchst. b), oder andernfalls

– mit dem die Ehegatten unter Berücksichtigung aller Umstände zum Zeitpunkt der Eheschließung gemeinsam am engsten verbunden sind (Buchst. c).

Rück- und Weiterverweisungen sind nach Art. 32 Rom IVa-VO ausgeschlossen.

Vorrangig bestimmt sich der Güterstand gemäß Art. 22 Rom IVa-VO nach der von den Ehegatten getroffenen **Rechtswahl**. Die Ehegatten oder künftigen Ehegatten können das auf ihren ehelichen

Güterstand anzuwendende Recht nach Art. 22 Abs. 1 Rom IVa-VO durch Vereinbarung bestimmen oder ändern, sofern es sich dabei um das Recht eines der folgenden Staaten handelt:

– Das Recht des Staates, in dem die Ehegatten oder künftigen Ehegatten oder einer von ihnen zum Zeitpunkt der Rechtswahl ihren/seinen gewöhnlichen Aufenthalt haben/hat (Buchst. a), oder

– das Recht eines Staates, dessen Staatsangehörigkeit einer der Ehegatten oder künftigen Ehegatten zum Zeitpunkt der Rechtswahl besitzt (Buchst. b).

Beachte: Nach Art. 21 Rom IVa-VO ist eine **statutenspaltende Rechtswahl** für den Grundbesitz oder einzelne Grundstücke (vgl. Art. 15 Abs. 2 Nr. 3 EGBGB) **nicht mehr möglich**.

Die Rechtswahlvereinbarung nach Art. 22 Rom IVa-VO bedarf gemäß Art. 23 Abs. 1 Rom IVa-VO der **Schriftform**. Sieht das Recht eines Mitgliedstaats, in dem beide Ehegatten zum Zeitpunkt der Rechtswahl ihren gewöhnlichen Aufenthalt haben, zusätzliche Formvorschriften für Vereinbarungen über den ehelichen Güterstand vor (z.B. eine notarielle Beurkundung), so sind nach Art. 23 Abs. 2 Rom IVa-VO diese Formvorschriften anzuwenden: so *Ring*, § 4 Rn. 1.

1. Rechtswahl

392   Die Ehegatten können für die güterrechtlichen Wirkungen ihrer Ehe (**Ehegüterrechtsstatut** – Ordnung des Vermögens der Ehegatten während der Ehe [d.h. gesetzlicher bzw. vertraglicher Güterstand und dessen Wirkungen, Haftung und Verwaltung des Vermögens sowie die Auseinandersetzung des Güterstandes]) nach **Art. 15 Abs. 2 EGBGB** privatautonom wählen (**wählbare Rechtsordnungen**):

– das Recht des Staates, dem einer von ihnen angehört (Nr. 1 – **Heimatrecht** eines der Ehegatten),

– das Recht des Staates, in dem einer von ihnen seinen „gewöhnlichen Aufenthalt" hat (Nr. 2 – **Recht des Staates des gewöhnlichen Aufenthalts**), oder

– für **unbewegliches Vermögen** (was nach deutschem Recht zu beurteilen ist, so *Rauscher*, IPR, Rn. 787 – mit der Gefahr einer Rechtsspaltung) das **Recht des Lageorts** (Nr. 3).

393   Gemäß **Art. 15 Abs. 3 EGBGB (Form der Rechtswahl)** gilt Art. 14 Abs. 4 EGBGB entsprechend mit der Folge, dass die Wahl der güterrechtlichen Wirkungen der Ehe **notariell beurkundet** werden

muss. Wird die Rechtswahl nicht im Inland vorgenommen, so genügt es, wenn sie den Formerfordernissen für einen Ehevertrag nach dem gewählten Recht oder am Ort der Rechtswahl entspricht.

2. Mangels Rechtswahl anzuwendendes Recht

Die güterrechtlichen Wirkungen der Ehe unterliegen **unwandelbar** 394 und **einheitlich** (für alle Vermögensgegenstände) nach der objektiven Anknüpfung des **Art. 15 Abs. 1 EGBGB** dem bei der Eheschließung für die allgemeinen Wirkungen der Ehe maßgebenden Recht (**Ehewirkungsstatut im Zeitpunkt der Eheschließung** – womit die Anknüpfungsleiter nach Art. 14 EGBGB zur Anwendung gelangt – ebenso wie ggf. die Rechtswahlmöglichkeiten nach Art. 14 Abs. 2 und 3 EGBGB).

Exkurs: Der Deutsch-französische Wahlgüterstand 395

Literatur: *Klippstein*, Der deutsch-französische Wahlgüterstand der Wahl-Zugewinngemeinschaft, FPR 2010, 510.

Nach dem **Deutsch-französischen Abkommen über den Güterstand der Wahl-Zugewinngemeinschaft** (dem auch andere EU-Mitgliedstaaten beitreten können) haben (nicht nur gemischtnationale) Ehegatten die Möglichkeit, mittels Ehevertrag ihren Güterstand zu wählen, wenn deutsches oder französisches Ehegüterrecht nach dem IPR Deutschlands, Frankreichs oder eines Drittstaats wählbar ist (näher *Ring/Olsen-Ring*, § 1 Rn. 84).

3. Der Schutz Dritter

Zum Schutz des inländischen Rechtsverkehrs erklärt Art. 16 EG- 396 BGB im Hinblick auf
– das **Ehewirkungsstatut** (Art. 14 EGBGB – dazu Art. 16 Abs. 2 EGBGB – Schutz gutgläubiger Dritter beim Betrieb eines selbständigen Erwerbsgeschäfts durch einen Ehegatten in einem fremden Güterstand) und
– das **Ehegüterrechtsstatut** (Art. 15 EGBGB – dazu Art. 16 Abs. 1 EGBGB – Schutz Dritter gegen Einwendungen, die sich aus einem ausländischen Güterstand ergeben)
einige Regelungen des deutschen Eherechts für zwingend anwendbar, sofern die Ehegatten eine Rechtswahl getroffen haben (**Anwendung deutschen Rechts zum Schutze Dritter**):
Unterliegen die güterrechtlichen Wirkungen einer Ehe dem Recht 397 eines anderen Staates und hat einer der Ehegatten seinen gewöhnlichen Aufenthalt im Inland oder betreibt er hier ein Gewerbe, so ist § 1412

BGB (Wirkung der Rechtswahl gegenüber Dritten) entsprechend anzuwenden. Der fremde gesetzliche Güterstand steht einem vertragsmäßigen gleich.

398   Auf **im Inland** vorgenommene Rechtsgeschäfte ist nach Art. 16 Abs. 2 EGBGB die Regelung § 1357 BGB (Geschäfte zur Deckung des Lebensbedarfs) und auf hier befindliche bewegliche Sachen § 1362 BGB (Eigentumsvermutung) anwendbar. Auf ein hier betriebenes Erwerbsgeschäft finden die §§ 1431 und 1456 BGB (Selbständiges Erwerbsgeschäft) sinngemäß Anwendung, soweit diese Vorschriften für **gutgläubige Dritte günstiger** sind **als das fremde Recht**.

IV. Scheidung (Rom III-VO und Art. 17 EGBGB)

Literatur: *Becker*, Die Vereinheitlichung von Kollisionsnormen im europäischen Familienrecht – Rom III, NJW 2011, 1543; *Gruber*, Scheidung auf Europäisch – die Rom III-Verordnung, IPRax 2012, 381; *Hau*, Zur Durchführung der Rom III-VO in Deutschland, FamRZ 2013, 249; *Helms*, Reform des internationalen Scheidungsrechts durch die Rom III-VO, FamRZ 2011, 1765; *Mörsdorf-Schulte*, Europäisches Internationales Scheidungsrecht (Rom III-VO), RabelsZ 77 (2013), 786; *Stürner*, Die Rom III-VO – ein neues Scheidungskollisionsrecht, JURA 2012, 708.

399   Seit dem 21.6.2012 gilt die EU-Verordnung Nr. 1259/2010 des Rates vom 20.12.2010 zur Durchführung einer Verstärkten Zusammenarbeit im Bereich des auf die Ehescheidung und Trennung ohne Auflösung des Ehebandes anzuwendenden Rechts (fortan: **Rom III-VO** – ABl. EG Nr. L 343/10).

400   Vgl. zum Verhältnis der Rom III-VO zu bestehenden internationalen Übereinkünften Art. 19 Rom III-VO – beachte danach den **Vorrang** von Art. 8 Abs. 3 S. 1 des **Deutsch-Iranischen Niederlassungsabkommens** (das auf dem Staatsangehörigkeitsprinzip beruht, z.B. sofern zwei Iraner mit Wohnsitz in Deutschland betroffen sind).

1. Anwendungsbereich der Rom III-VO

401   Die Rom III-VO gilt nach ihrem Art. 1 Abs. 1 (**sachlicher Anwendungsbereich**) nur für die **Ehescheidung** und die (gerichtliche) **Trennung ohne Auflösung des Ehebandes** in Fällen, die eine **Verbindung zum Recht verschiedener Staaten** aufweisen. Die Scheidung gleichgeschlechtlicher Ehen wird von der Rom III-VO nicht erfasst (umstr., zumindest wird Staaten, die wie Deutschland eine gleichgeschlechtliche Ehe nicht anerkennen, ein Recht zur Entscheidungsverweigerung eingeräumt, vgl. Art. 13 Alt. 2 Rom III-VO, nachstehende Rn. 421).

Beachte zum Problem der Privatscheidung (i.S. einer rechtsge- **402** schäftlichen Scheidung ohne gerichtliche Beteiligung) näher *Rauscher*, IPR, Rn. 808 und 810.

Beispiel: Die Scheidung nach mosaischem Recht durch Übergabe des Schei- **403** debriefs (*Get*) ist – so der BGH (BGHZ 176, 365 = NJW-RR 2008, 1169) – (auch wenn diese in ein strenges und formalisierten Verfahrensvorschriften unterliegendes gerichtsförmiges Verfahren eingebettet ist) eine rechtsgeschäftliche Scheidung (**Privatscheidung**) und keine Statusentscheidung des Rabbinatsgerichts. Maßstab für die Anerkennung einer solchen ausländischen Privatscheidung sind daher nicht die prozessualen Anerkennungsvoraussetzungen, sondern Art. 17 Abs. 2 EGBGB. Es geht nämlich nicht um die Anerkennung eines konstitutiven Hoheitsakts (in Gestalt einer Statusentscheidung), sondern um die Anerkennung eines privaten Rechtsgeschäfts. Nach diesem Maßstab ist die Anerkennung einer im Ausland erfolgten Privatscheidung nur möglich, wenn die Voraussetzungen des aus deutscher Sicht maßgeblichen Scheidungsstatuts vorliegen. Bei Geltung deutschen Scheidungsstatuts ist eine im Ausland vollzogene rechtsgeschäftliche Scheidung stets unwirksam und nicht anerkennungsfähig.

Die Rom III-VO erfasst jedoch nicht folgende Regelungsgegenstän- **404** de (so **Art. 1 Abs. 2 Rom III-VO**), auch wenn diese sich nur als **Vorfragen** im Zusammenhang mit einem Verfahren betreffend die Ehescheidung oder Trennung ohne Auflösung des Ehebandes stellen:
– die Rechts- und Handlungsfähigkeit natürlicher Personen (Nr. 1 – hier ist das nach Art. 7 EGBGB zu bestimmende Recht maßgeblich),
– das Bestehen, die Gültigkeit oder die Anerkennung einer Ehe (Nr. 2 – hier ist das nach den Art. 13 und Art. 11 EGBGB bestimmte Recht maßgeblich),
– die Ungültigerklärung einer Ehe (Nr. 3 – z.B. eine Eheaufhebung, hier ist gleichermaßen das nach den Art. 13 und Art. 11 EGBGB bestimmte Recht maßgeblich),
– die Namen der Ehegatten (Nr. 4 – hier ist das nach Art. 10 Abs. 2 EGBGB zu bestimmende Recht maßgeblich),
– die vermögensrechtlichen Folgen der Ehe (Nr. 5 – in Bezug auf den Güterstand ist das nach Art. 15 EGBGB zu bestimmende Recht maßgeblich, ab dem 29.1.2019 gelangt hierauf die Rom IVa-VO zur Anwendung),
– die elterliche Verantwortung (Nr. 6, vgl. zu den Wirkungen des Eltern-Kind-Verhältnisses Art. 21 EGBGB),
– Unterhaltspflichten (Nr. 7, vgl. die UnterhaltsVO mit ihrem Verweis in Art. 15 auf das Haager Unterhaltsprotokoll [HUP]),
– Trusts und Erbschaften (Nr. 8, vgl. zu letzteren die Rom IV-VO).
Die genannten Fälle sind **selbständig anzuknüpfen**. **405**

406   Die Rom III-VO gibt das Staatsangehörigkeitsprinzip zugunsten einer Regelanknüpfung an den „**gewöhnlichen Aufenthalt**" auf.

407   Die Rom III-VO lässt als IPR-Regelung nach ihrem Art. 2 (als Klarstellung einer Selbstverständlichkeit) die Anwendung der Verordnung (EG) Nr. 2201/2003 des Rates vom 27.11.2003 über die Zuständigkeit und die Anerkennung und Vollstreckung von Entscheidungen in Ehesachen und in Verfahren betreffend die elterliche Verantwortung (**Brüssel IIa-VO** [Europäische Ehe- und Sorgerechtsverordnung] – kurz: **EheVO**) als Regelung des IZVR (dazu *Ring/Olsen-Ring*, IZVR, 2017) unberührt.

408   Das nach der Rom III-VO bezeichnete Recht ist nach ihrem Art. 4 auch dann anzuwenden, wenn es nicht das Recht eines teilnehmenden Mitgliedstaats ist (**universelle Anwendung – unbeschränkter räumlicher Anwendungsbereich,** *loi uniforme*).

409   Die Rom III-VO gilt nach ihrem Art. 21 Unterabs. 2 in **zeitlicher Hinsicht** für Verfahren, die ab dem 21.6.2012 (durch Anrufung des Gerichts, so *Rauscher*, IPR, Rn. 808) eingeleitet worden sind. Nach der **Übergangsbestimmung** des Art. 18 Abs. 1 Rom III-VO gilt sie nur für gerichtliche Verfahren und für Vereinbarungen nach Art. 5 Rom III-VO, die ab dem 21.6.2012 eingeleitet bzw. geschlossen wurden. Eine Rechtswahlvereinbarung, die vor dem 21.6.2012 geschlossen wurde, ist ebenfalls wirksam, sofern sie die Voraussetzungen nach den Art. 6 und Art. 7 Rom III-VO erfüllt. Die Rom III-VO lässt nach ihrem Art. 18 Abs. 2 Rechtswahlvereinbarungen unberührt, die nach dem Recht eines teilnehmenden Mitgliedstaats geschlossen wurden, dessen Gerichtsbarkeit vor dem 21.6.2012 angerufen wurde.

2. Rechtswahl

410   In Bezug auf die **Rechtswahl der Parteien** bestimmt Art. 5 Abs. 1 Rom III-VO einen Katalog wählbarer Rechte (wodurch es auch zur **Anwendung eines Nicht-EU-Rechts** kommen kann): Die Ehegatten können das auf die Ehescheidung anzuwendende Recht (**Scheidungsstatut**) durch **Vereinbarung** bestimmen, sofern es sich dabei um das Recht eines der folgenden Staaten handelt (**beschränkte Rechtswahl**):
– Das Recht des Staates, in dem die Ehegatten zum Zeitpunkt der Rechtswahl ihren **gewöhnlichen Aufenthalt** haben (Buchst. a); oder
– das Recht des Staates, in dem die Ehegatten zuletzt ihren **(gemeinsamen) gewöhnlichen Aufenthalt** hatten, sofern einer von ihnen zum Zeitpunkt der Rechtswahl dort noch seinen gewöhnlichen Aufenthalt hat (Buchst. b); oder
– das Recht des Staates, dessen **Staatsangehörigkeit einer der Ehegatten** zum Zeitpunkt der Rechtswahl besitzt (Buchst. c); oder

– das Recht des Staates des angerufenen (anzurufenden, so *Rauscher*, IPR, Rn. 818 – arg.: Art. 5 Abs. 3 Rom III-VO) Gerichts (Buchst. d).

Sieht das Recht des Staates des angerufenen Gerichts (mithin die *lex* **411** *fori*) dies vor, so können die Ehegatten die **Rechtswahl** vor Gericht gemäß **Art. 5 Abs. 3 Rom III-VO** auch noch **im Laufe des Verfahrens** vornehmen. In diesem Fall nimmt das Gericht die Rechtswahl im Einklang mit dem Recht des Staates des angerufenen Gerichts zu Protokoll.

Vgl. dazu die Ausführungsregelung des **Art. 46 d Abs. 2 S. 1 EG-** **412** **BGB:** In Deutschland ist eine Rechtswahl bis zum Schluss der mündlichen Verhandlung im ersten Rechtszug möglich.

Unbeschadet des Art. 5 Abs. 3 Rom III-VO kann eine Rechtswahl- **413** vereinbarung auch **jederzeit** (mit der Möglichkeit, diese auch schon vorsorglich zu treffen), spätestens jedoch zum Zeitpunkt der Anrufung des Gerichts (der sich aus Art. 16 Brüssel IIa-VO ergibt), **geschlossen** oder **geändert** werden (so **Art. 5 Abs. 2 Rom III-VO**).

Das **Zustandekommen und die Wirksamkeit einer Rechtswahl-** **414** **vereinbarung** oder einer ihrer Bestimmungen richten sich gemäß Art. 6 Abs. 1 Rom III-VO nach dem Recht, das nach der Rom III-VO anzuwenden wäre, wenn die Vereinbarung oder die Bestimmung wirksam wäre. Die Rechtswahl hat somit **Vorwirkung**. Ergibt sich jedoch aus den Umständen, dass es „nicht gerechtfertigt" wäre, die Wirkung des Verhaltens eines Ehegatten nach dem in Art. 6 Abs. 1 Rom III-VO bezeichneten Recht zu bestimmen, so kann sich dieser Ehegatte für die Behauptung, er habe der Vereinbarung nicht zugestimmt, auf das Recht des Staates berufen, in dem er zum Zeitpunkt der Anrufung des Gerichts seinen gewöhnlichen Aufenthalt hat (**Aufenthaltsstatut** im Zeitpunkt der Anrufung des Gerichts, so Art. 6 Abs. 2 Rom III-VO).

Die Anknüpfung der Form von Rechtswahlvereinbarungen ist in **415** Art. 7 Rom III-VO komplex, weil differenziert nach dem Zeitpunkt der Rechtswahl und dem gewöhnlichen Aufenthalt der Ehegatten geregelt: Die Rechtswahlvereinbarung nach Art. 5 Abs. 1 und 2 Rom III-VO bedarf im Hinblick auf ihre **Form** gemäß Art. 7 Abs. 1 Rom III-VO der **Schriftform**, der **Datierung** sowie der **Unterzeichnung** durch beide Ehegatten. **Elektronische Übermittlungen**, die eine dauerhafte Aufzeichnung der Vereinbarung ermöglichen, erfüllen die Schriftform. Sieht jedoch das Recht des teilnehmenden Mitgliedstaats, in dem beide Ehegatten zum Zeitpunkt der Rechtswahl ihren gewöhnlichen Aufenthalt hatten, zusätzliche Formvorschriften für solche Vereinbarungen vor, so sind diese Formvorschriften anzuwenden (so Art. 7 Abs. 2 Rom III-VO). Haben die Ehegatten zum Zeitpunkt der Rechtswahl ihren „gewöhnlichen Aufenthalt" in verschiedenen teilnehmenden Mitgliedstaaten und sieht das Recht beider Staaten unterschiedliche Formvorschriften vor, so ist nach Art. 7 Abs. 3 Rom III-VO die Vereinbarung formgültig, wenn sie den Vorschriften des Rechts eines dieser Mitgliedstaaten genügt. Hat zum Zeitpunkt der Rechtswahl nur einer der Ehegatten seinen „gewöhnlichen Aufenthalt" in einem teilnehmenden Mitgliedstaat und sind in diesem Staat zusätzliche Formanforderungen für diese Art der Rechtswahl vorgesehen, so sind gemäß Art. 7 Abs. 4 Rom III-VO diese Formanforderungen anzuwenden.

416   Vgl. dazu auch die Ausführungsbestimmungen in **Art. 46 d Abs. 1 EGBGB**, wonach eine Rechtswahlvereinbarung nach Art. 5 Rom III-VO in Deutschland notariell zu beurkunden ist.

3. Das in Ermangelung einer Rechtswahl anwendbare Recht

417   Art. 8 Rom III-VO regelt das **in Ermangelung einer Rechtswahl** (d.h. nachrangig) **anzuwendende Recht**: Mangels einer Rechtswahl gemäß Art. 5 Rom III-VO unterliegt die Ehescheidung (d.h. das **Scheidungsstatut**) nach folgender **Anknüpfungsleiter**

– dem Recht des Staates, in dem die Ehegatten zum Zeitpunkt der Anrufung des Gerichts ihren gewöhnlichen Aufenthalt haben (Buchst. a – Anknüpfung an den **gemeinsamen gewöhnlichen Aufenthalt**), **oder anderenfalls**

– dem Recht des Staates, in dem die Ehegatten zuletzt ihren gewöhnlichen Aufenthalt hatten, sofern dieser nicht vor mehr als einem Jahr vor Anrufung des Gerichts endete **und** (kumulativ) einer der Ehegatten zum Zeitpunkt der Anrufung des Gerichts dort noch seinen gewöhnlichen Aufenthalt hat (Buchst. b – Anknüpfung an den **letzten gemeinsamen gewöhnlichen Aufenthalt**), **oder anderenfalls**

– dem Recht des Staates, dessen Staatsangehörigkeit beide Ehegatten zum Zeitpunkt der Anrufung des Gerichts besitzen (Buchst. c – Anknüpfung an die **gemeinsame Staatsangehörigkeit**, d.h. das **gemeinsame Heimatrecht der Ehegatten**), **oder anderenfalls**

– dem Recht des Staates des angerufenen Gerichts (Buchst. d – Anknüpfung an die *lex fori*, womit es zu einem Gleichlauf zwischen Zuständigkeit und anwendbarem Recht kommt).

418   Die genannten Anknüpfungen sind **Sachnormverweisungen** i.S. von Art. 11 Rom III-VO. Unter dem nach der Rom III-VO anzuwendenden Recht eines Staates sind die in diesem Staat geltenden Rechtsnormen unter Ausschluss derjenigen des IPR (über eine Rück- und Weiterverweisung) zu verstehen.

4. *Ordre public*-Vorbehalt

Die Anwendung einer Vorschrift des nach der Rom III-VO be- **419**
zeichneten Rechts kann nach Art. 12 Rom III-VO (**öffentliche Ordnung – *ordre public***) nur versagt werden, wenn ihre Anwendung mit
der öffentlichen Ordnung (*ordre public*) des Staates des angerufenen
Gerichts (d.h. mit wesentlichen Grundlagen des eigenen Rechts, bspw.
auch Fälle einer Unscheidbarkeit einer Ehe) „offensichtlich unvereinbar" ist. Eine Anwendung des deutschen *ordre public* setzt allerdings
einen Inlandsbezug voraus (so *Rauscher*, IPR, Rn. 824).

Vgl. auch **Art. 17 Abs. 2 EGBGB**, wonach eine Ehe in Deutsch- **420**
land nur durch ein Gericht (d.h. durch gerichtliche Entscheidung)
geschieden werden kann (**Verbot einer Privatscheidung** – bspw.
„*talaq*" nach islamischem Recht).

Im Hinblick auf **Unterschiede beim nationalen Recht** bestimmt **421**
Art. 13 Rom III-VO (sog. **Malta-Klausel**), dass nach der Rom III-VO
die Gerichte eines teilnehmenden Mitgliedstaats,
– nach dessen Recht die Scheidung nicht vorgesehen ist (1. Alt.) oder
– die betreffende Ehe für die Zwecke des Scheidungsverfahrens nicht
 als gültig angesehen wird (2. Alt. – Prinzip selbständiger Vorfra-
 genanknüpfung, vgl. auch Art. 1 Abs. 2 Buchst. b Rom III-VO –
 selbständige Anknüpfung der Vorfrage),
nicht verpflichtet sind, eine Ehescheidung in Anwendung der Rom
III-VO auszusprechen (**Verweigerungsrecht**). Mittlerweile gestattet
allerdings auch das maltesische Recht eine Ehescheidung.

5. Umwandlung einer Trennung in eine Ehescheidung

Im Hinblick auf die **Umwandlung einer Trennung ohne Auflö- 422**
sung des Ehebandes in eine Ehescheidung bestimmt die Son-
deranknüpfungsregelung des **Art. 9 Abs. 1 Rom III-VO**, dass das auf
die Ehescheidung anzuwendende Recht das Recht ist, das auf die
Trennung ohne Auflösung des Ehebandes angewendet wurde, sofern
die Parteien nicht gemäß Art. 5 Rom III-VO etwas anderes vereinbart
haben (Kontinuitätsgedanke). Die Norm könnte bspw. dann zur Anwendung gelangen, wenn vor einem deutschen Gericht die Umwandlung einer Trennung von Tisch und Bett nach italienischem Recht in
eine Scheidung beantragt wird. Sieht das Recht, das auf die Trennung
ohne Auflösung des Ehebandes angewendet wurde, jedoch keine
Umwandlung der Trennung ohne Auflösung des Ehebandes in eine
Ehescheidung vor, so findet nach der sübsidiären Anknüpfung gemäß
Art. 9 Abs. 2 Rom III-VO die Regelung des Art. 8 Rom III-VO (mithin
Anwendung des in Ermangelung einer Rechtswahl anzuwendenden

Rechts, d.h. des allgemeinen Kollisionsrechts) Anwendung, sofern die Parteien nicht gemäß Art. 5 Rom III-VO etwas anderes vereinbart haben.

V. Scheidungsfolgen

423   Bis zur Anwendbarkeit der Rom IVa-VO zum ehelichen Güterrecht am 29.1.2019 (dazu bereits vorstehende Rn. 364) beurteilen sich die Ehescheidungsfolgen (vgl. auch Art. 1 Abs. 2 Buchst. e und g Rom III-VO, wonach die vermögensrechtlichen Folgen der Ehe und die Unterhaltspflichten nicht dem Anwendungsbereich der Rom III-VO unterfallen) nach dem **Scheidungsstatut**.

1. Vermögensrechtliche Scheidungsfolgen

424   Die vermögensrechtlichen Scheidungsfolgen, die nicht von anderen Vorschriften des dritten Abschnitts EGBGB (Familienrecht) erfasst sind, unterliegen gemäß **Art. 17 Abs. 1 EGBGB** dem nach der Rom III-VO anzuwendenden Recht (**Scheidungsstatut**).

2. Versorgungsausgleich (Art. 17 Abs. 3 EGBGB)

425   Der Versorgungsausgleich unterliegt gemäß Art. 17 Abs. 3 S. 1 Hs. 1 EGBGB dem nach der Rom III-VO auf die Scheidung anzuwendenden Recht (d.h. dem **Scheidungsstatut**). Er ist nach Art. 17 Abs. 3 S. 1 Hs. 2 EGBGB aber nur i.S. einer **Schrankenregelung** durchzuführen, wenn danach deutsches Recht anzuwenden ist und das Recht eines der Staaten, denen die Ehegatten im Zeitpunkt des Eintritts der Rechtshängigkeit des Scheidungsantrags angehören, („im Kern“, so *Rauscher*, IPR, Rn. 856) einen Versorgungsausgleich **kennt**.

426   Im Übrigen kann ein **Versorgungsausgleich auf Antrag eines Ehegatten** gemäß Art. 17 Abs. 3 S. 2 EGBGB nach deutschem Recht durchgeführt werden, wenn einer der Ehegatten in der Ehezeit ein Anrecht bei einem inländischen Versorgungsträger erworben hat, soweit die Durchführung des Versorgungsausgleichs insbesondere im Hinblick auf die beiderseitigen wirtschaftlichen Verhältnisse während der gesamten Ehezeit der „Billigkeit“ nicht widerspricht.

427   **Beachte:** Auch bei einer **Scheidung im Ausland** nach Maßgabe einer ausländischen Rechtsordnung kann noch ein **nachträglicher Versorgungsausgleich vor deutschen Gerichten** in Betracht kommen (so *Rauscher*, IPR, Rn. 863 ff. – vgl. dazu auch § 102 Nr. 1 und 2 FamFG).

3. Ehewohnung und Haushaltsgegenstände (Art. 17a EGBGB)

Die Nutzungsbefugnis für die im Inland belegene Ehewohnung und **428** die im Inland befindlichen Haushaltsgegenstände sowie damit zusammenhängende Betreuungs-, Näherungs- und Kontaktverbote unterliegen nach Art. 17a EGBGB deutschen Sachvorschriften.

4. Weitere Anknüpfungen an eigenständige Statute

An eigenständige Statute knüpfen weiterhin an (nach *Rauscher*, **429** IPR, Rn. 849):
- die elterliche Sorge für gemeinsame Kinder (Art. 19 bis 21 EGBGB sowie KSÜ und MSA);
- Unterhalt während des Getrenntlebens (Art. 5 HUntProt);
- Kindesunterhalt (Art. 4 HUntProt);
- güterrechtliche Ansprüche auch im Kontext mit einer Scheidung (Art. 15 EGBGB – Güterrechtsstatut, nach dem 29.1.2919 Geltung der Rom IVa-VO);
- namensrechtliche Konsequenzen im Kontext mit der Scheidung (Art. 10 Abs. 1 EGBGB);
- Hausrat- und Wohnungsverteilung während des Getrenntlebens (Art. 14 Abs. 1 EGBGB – Ehewirkungsstatut; vgl. auch Art. 17a EGBGB) bzw.
- Rückforderung von Schenkungen oder unbenannten Zuwendungen (Schuldvertragsstatut).

VI. Eingetragene Lebenspartnerschaft (Art. 17b EGBGB)

Literatur: *Wagner*, Das neue Internationale Privat- und Verfahrensrecht zur eingetragenen Lebenspartnerschaft, IPRax 2001, 281.

Die **Begründung**, die **allgemeinen und die güterrechtlichen Wir-** **430** **kungen** sowie die **Auflösung** einer eingetragenen Lebenspartnerschaft unterliegen nach Art. 17b Abs. 1 S. 1 EGBGB den Sachvorschriften des registerführenden Staates (**Anwendung des Sachrechts des registerführenden Staates**). Vorfragen der Begründung (bspw. das Bestehen einer Ehe) sind hingegen selbständig anzuknüpfen.

Beachte: Ab dem 29.1.2019 wird die VO (EU) 2016/1104 des Ra- **431** tes vom 24.6.2016 zur Durchführung der Verstärkten Zusammenarbeit im Bereich der Zuständigkeit, des anzuwendenden Rechts und der Anerkennung und Vollstreckung von Entscheidungen in Fragen güterrechtlicher Wirkungen eigetragener Partnerschaften (**Rom IVb-VO** bzw. **EU-PartnerVO**) die **güterrechtlichen Wirkungen eingetrage-**

ner Lebenspartnerschaften in Analogie zur Rom IVa-VO (dazu vorstehende Rn. 391) regeln.

432   Der **Versorgungsausgleich** unterliegt gemäß Art. 17b Abs. 1 S. 2 EGBGB dem nach Satz 1 anzuwendenden Recht. Er ist **nur** durchzuführen, **wenn** danach **deutsches Recht anzuwenden ist** und das Recht eines der Staaten, denen die Lebenspartner im Zeitpunkt der Rechtshängigkeit des Antrags auf Aufhebung der Lebenspartnerschaft angehören, einen Versorgungsausgleich zwischen Lebenspartnern **kennt**.

433   Im Übrigen ist – wie beim ehelichen Versorgungsausgleich (vorstehende Rn. 425 ff.) – der **Versorgungsausgleich auf Antrag** eines Lebenspartners gemäß Art. 17b Abs. 1 S. 3 EGBGB nach deutschem Recht durchzuführen, wenn der andere Lebenspartner während der Lebenspartnerschaftszeit eine inländische Versorgungsanwartschaft (Anrecht bei einem inländischen Versorgungsträger) erworben hat, soweit die Durchführung des Versorgungsausgleichs im Hinblick auf die beiderseitigen wirtschaftlichen Verhältnisse während der gesamten Zeit der Lebenspartnerschaft der Billigkeit nicht widerspricht.

434   Bestehen zwischen denselben Personen eingetragene Lebenspartnerschaften in verschiedenen Staaten, so ist nach Art. 17b Abs. 3 EGBGB die zuletzt begründete Lebenspartnerschaft vom Zeitpunkt ihrer Begründung an für die in Art. 17b Abs. 1 EGBGB umschriebenen Wirkungen und Folgen maßgebend (**Registrierungsstatut der zuletzt registrierten Lebenspartnerschaft**).

435   Art. 10 Abs. 2 EGBGB (**Namenswahl**) und Art. 17a EGBGB (**Ehewohnung und Haushaltsgegenstände**) gelten nach Art. 17b Abs. 2 S. 1 EGBGB entsprechend.

436   Unterliegen die allgemeinen Wirkungen der Lebenspartnerschaft dem Recht eines anderen Staates, so ist auf im Inland befindliche bewegliche Sachen gemäß Art. 17b Abs. 2 S. 2 EGBGB (vergleichbar Art. 16 EGBGB, vorstehende Rn. 396 ff.) die Regelung des § 8 Abs. 1 LPartG und auf im Inland vorgenommene Rechtsgeschäfte § 8 Abs. 2 LPartG i.V.m. § 1357 BGB anzuwenden, soweit diese Vorschriften für gutgläubige Dritte günstiger sind als das fremde Recht.

437   Die **Wirkungen einer im Ausland eingetragenen Lebenspartnerschaft** gehen nicht weiter als nach den Vorschriften des BGB und des LPartG vorgesehen (so Art. 17b Abs. 4 EGBGB – **Kappungsregel** [zum Schutz des deutschen *ordre public* nach Art. 6 EGBGB], so *Rauscher*, IPR, Rn. 885, die ausländische gleichgeschlechtliche Ehen und Erbfolgen erfassen soll).

VII. Sonstige nichteheliche Lebensgemeinschaften

Die nichteheliche Lebensgemeinschaft wird nach deutschem IPR **438** **nicht familienrechtlich** angeknüpft, sondern hinsichtlich in Frage stehender Ausgleichsansprüche nach Maßgabe des Schuldvertrags-, Bereicherungs-, Delikts- oder Gesellschaftsstatuts beurteilt (so *Rauscher*, IPR, Rn. 871 ff., der im Falle einer fremden Rechtsordnung, die erb- und familienrechtlichen Normen auf diese Verhältnisse zur Anwendung gelangen lässt, in Deutschland für eine analoge Anwendung des Internationalen Ehegüterrechts [HUntProt – analog Art. 15 EG-BGB] und Erbrechts [analog Art. 25 EGBGB i.V.m. Rom IV-VO] plädiert).

B. Unterhaltsrecht

Literatur: *Andrae*, Zum Verhältnis der Haager Unterhaltskonvention 2007 und des Haager Protokolls zur geplanten EU-Unterhaltsverordnung, FPR 2008, 196; *Finger*, Die Europäische Unterhaltsverordnung und das Haager Unterhaltsprotokoll, FPR 2014, 83; *Gruber*, Die neue EG-Unterhaltsverordnung, IPRax 2010, 128; *Janzen*, Die neuen Haager Übereinkünfte zum Unterhaltsrecht und die Arbeiten an einer EG-Unterhaltsverordnung, FPR 2008, 218; *Ring*, Materiell-rechtliche Berücksichtigung des Auslandsbezugs bei Geltendmachung von Kindesunterhalt nach dem HUP, FPR 2013, 15; *Ring/Olsen-Ring*, § 1 Rn. 132 ff. (zur Unterhalts-VO und Rn. 210 ff. (zum HUntProt).

Nach Art. 15 der VO (EG) 2009/4 des Rates vom 18.12.2008 über **439** die Zuständigkeit, das anwendbare Recht, die Anerkennung und Vollstreckung von Entscheidungen und die Zusammenarbeit in Unterhaltssachen (**UnterhaltsVO**) bestimmt sich das auf Unterhaltspflichten anwendbare Recht für die Mitgliedstaaten, die durch das Haager Protokoll vom 23.11.2007 über das auf Unterhaltspflichten anzuwendende Recht (**Haager Unterhaltsprotokoll** – fortan: **HUntProt**) gebunden sind, nach diesem Protokoll. Das HUntProt hat seit dem 18.6.2010 im „Verhältnis zwischen den Vertragsstaaten" nach seinem Art. 18 das Haager Übereinkommen vom 2.10.1973 über das auf Unterhaltspflichten anzuwendende Recht (**HUntÜ 1973**) und das Haager Übereinkommen vom 24.10.1956 über das auf Unterhaltsverpflichtungen gegenüber Kindern anzuwendende Recht (**HKindUntÜ 1956**) ersetzt.

Das HUntProt ist nach seinem Art. 2 als *loi uniforme* allseitig, d.h. **440** auch dann anzuwenden, wenn das darin bezeichnete Recht das Recht eines Nichtvertrags- (Dritt-) Staates ist (**universelle Anwendung**).

I. HUntProt – EU-Recht, Geltungsbereich und Inkraftsetzung

441   Das HUntProt regelt als EU-Recht umfassend die **Anknüpfung des Unterhaltsstatuts** zwischen dem Unterhaltsberechtigten (Anspruchsteller) und dem Unterhaltsverpflichteten (Anspruchsgegner) und verdrängt damit Art. 18 EGBGB alt, der weggefallen ist (*Ring/Olsen-Ring*, § 1 Rn. 211).

442   Es beansprucht – mit Ausnahme des Vereinigten Königreichs und Dänemarks – für alle EU-Mitgliedstaaten Geltung und ist (da es keine Gegenseitigkeit voraussetzt, vgl. Art. 2 HUntProt, vorstehende Rn. 440) aber auch im Verhältnis zu Dänemark und Großbritannien anzuwenden.

443   Nach Art. 76 Abs. 3 UnterhaltsVO war deren Anwendbarkeit vom 18.6.2011 an davon abhängig, dass spätestens zu diesem Zeitpunkt auch das HUntProt in der EU anwendbar war. Da zu diesem Zeitpunkt aber neben der EU selbst noch kein weiterer Staat dem HUntProt beigetreten und dieses damit nach seinem Art. 25 noch nicht in Kraft getreten war (Voraussetzung ist die Ratifikation durch zwei Vertragsstaaten), hat die EU von der Möglichkeit Gebrauch gemacht, das HUntProt nach Art. 4 des EU-Ratsbeschlusses vom 30.11.2009 **vorläufig** ab dem 18.6.2011 in Kraft zu setzen. Nach Art. 5 des Ratsbeschlusses wurde auch die zeitliche Anwendbarkeit des Protokolls (Art. 22 HUntProt) vorverlagert mit der Folge, dass für Unterhaltsverfahren, die **nach dem 18.6.2011 eingeleitet werden**, auch für vorher entstandene Unterhaltsansprüche das HUntProt zur Anwendung gelangt (*Ring/Olsen-Ring*, § 1 Rn. 213).

444   Durch den Beitritt der EU zum HUntProt ist dieses Bestandteil des europäischen Gemeinschaftsrechts geworden mit der Folge, dass die **Möglichkeit von Vorabentscheidungsverfahren** nach Art. 267 AEUV zum EuGH eröffnet ist (*Ring/Olsen-Ring*, § 1 Rn. 215). Infolge der Bindung der EU-Mitgliedstaaten über Art. 15 UnterhaltsVO an das HUntProt ist dieses als EU-Recht zu behandeln. Damit hat die EU von einer eigenständigen Regelung des Unterhaltskollisionsrechts Abstand genommen (*Ring/Olsen-Ring*, § 1 Rn. 216).

445   **Beachte:** Infolge von Art. 19 Abs. 1 HUntProt (Koordinierung mit anderen Übereinkünften) geht das immer noch geltende **Deutsch-iranische Niederlassungsabkommen** (Niederlassungsabkommen zwischen dem Deutschen Reich und dem Kaiserreich Persien vom 17.2.1929) dem HUntProt vor.

II. Anwendungsbereich

Das HUntProt bestimmt nach seinem **Art. 1 Abs. 1 (sachlicher An-** 446
wendungsbereich – zum Anwendungsbereich näher *Ring/Olsen-Ring*,
§ 1 Rn. 221 ff.) das auf solche Unterhaltspflichten anzuwendende
Recht, die sich aus Beziehungen der Familie, Verwandtschaft, Ehe
oder Schwägerschaft ergeben, einschließlich der Unterhaltspflichten
gegenüber einem Kind, ungeachtet des Familienstands seiner Eltern.

Das HUntProt erfasst **Unterhaltsvereinbarungen** nur, wenn sie 447
sich auf die gesetzliche Unterhaltspflicht beziehen.

Das auf die Unterhaltspflicht anzuwendende Recht (d.h. das nach 448
den Art. 3 ff. HUntProt zu bestimmende **Unterhaltsstatut**) bestimmt
nach **Art. 11 HUntProt**, der den Umfang der sachlichen Verweisung
regelt, insbesondere (d.h. beispielhaft, **Geltungsbereich des anzu-**
wendenden Rechts)
– ob, in welchem Umfang und von wem die berechtigte Person Unterhalt verlangen kann (Buchst. a);
– in welchem Umfang die berechtigte Person Unterhalt für die Ver-
   gangenheit verlangen kann (Buchst. b);
– die Grundlage für die Berechnung des Unterhaltsbetrags und für die
   Indexierung (Buchst. c);
– wer zur Einleitung des Unterhaltsverfahrens berechtigt ist, unter
   Ausschluss von Fragen der Prozessfähigkeit und der Vertretung im
   Verfahren (Buchst. d);
– die Verjährungsfristen oder die für die Einleitung eines Verfahrens
   geltenden Fristen (Buchst. e); bzw.
– den Umfang der Erstattungspflicht der verpflichteten Person, wenn
   eine öffentliche Aufgaben wahrnehmende Einrichtung die Erstattung
   der berechtigten Person anstelle von Unterhalt erbrachten Leistungen verlangt (Buchst. f).

Der Begriff „**Recht**" i.S. des HUntProt bedeutet nach Art. 12 HUnt- 449
Prot das in einem Staat geltende Recht (**Sachnormverweisung**) mit
Ausnahme des Kollisionsrechts. Dadurch erfolgt ein Ausschluss der
Rück- und Weiterverweisung.

Von der Anwendung des nach dem HUntProt bestimmten Rechts 450
darf gem. Art. 13 HUntProt nur abgesehen werden, soweit seine Wirkungen der öffentlichen Ordnung (***ordre public***) des Staates des angerufenen Gerichts offensichtlich widersprechen.

Nach Art. 14 HUntProt sind bei der **Bemessung des Unterhaltsbe-** 451
trags – auch bei Anwendung der *lex fori* – die Bedürfnisse der berechtigten Person und die wirtschaftlichen Verhältnisse der verpflichteten
Person sowie etwaige der berechtigten Person anstelle einer regelmä-

ßigen Unterhaltszahlung geleistete Entschädigungen zu berücksichtigen, selbst wenn das anzuwendende Recht etwas anderes bestimmt.

452   **Vorfragen** im Hinblick auf familienrechtliche Verhältnisse können entweder nach Maßgabe des HUntProt oder auch weiterhin selbstständig (national) entschieden werden. Die in Anwendung des HUntProt ergangenen Entscheidungen lassen gemäß **Art. 1 Abs. 2 HUntProt** die Frage des Bestehens einer der in Art. 1 Abs. 1 HUntProt genannten Beziehungen unberührt (**keine Präjudizwirkung für spätere Statusklagen**).

III. Kollisionsrechtliche Anknüpfung

453   **Zentrale Kollisionsnormen** sind Art. 3 Abs. 1 und Art. 4 Abs. 3 HUntProt (dazu näher *Ring/Olsen-Ring*, § 1 Rn. 224 ff.).

1. Grundsatzanknüpfung

454   Soweit im HUntProt nichts anderes bestimmt ist, ist nach **Art. 3 Abs. 1 HUntProt** als **Grundnorm für die Anknüpfung für Unterhaltspflichten** (allerdings vorbehaltlich der **Sonderanknüpfungsregel** des Art. 4 Abs. 3 HUntProt: *lex fori* bei Vorliegen der Voraussetungen des Art. 4 Abs. 1 HUntProt, d.h. wenn ein qualifizierter Unterhaltsberechtigter im Aufenthaltsstaat des Unterhaltspflichtigen klagt) das (materielle Unterhalts-) Recht des Staates maßgebend, in dem die berechtigte Person (d.h. der Unterhaltsgläubiger) ihren „gewöhnlichen Aufenthalt" hat (**Regelanknüpfung an das Recht des Staates des gewöhnlichen Aufenthalts des Unterhaltsgläubigers**).

455   Von der Grundnorm des Art. 3 Abs. 1 HUntProt besteht
– die Möglichkeit einer **Ersatzanknüpfung** nach Maßgabe von Art. 4 Abs. 2 und Abs. 4 HUntProt (*lex fori* bzw. Recht des Staates, dem die berechtigte und die verpflichtete Person gemeinsam angehören – **gemeinsames Heimatrecht**),
– im Hinblick auf Unterhaltsansprüche zwischen Ehegatten und frühere Ehegatten die **Auflockerungsregel** des Art. 5 HUntProt (nachstehende Rn. 464),
– die Einrede nach Art. 6 HUntProt gegen die nach dem Unterhaltsstatut gemäß Art. 3 und Art. 4 HUntProt an sich bestehende Unterhaltspflicht bzw.
– die Möglichkeit einer **Rechtswahl** nach Art. 7 oder Art. 8 HUntProt.

456   Wechselt die berechtigte Person ihren gewöhnlichen Aufenthalt, so ist vom Zeitpunkt des Aufenthaltswechsels an das Recht des Staates (**Unterhaltsstatut**) des neuen gewöhnlichen Aufenthalts anzuwenden (Art. 3 Abs. 2 HUntProt – **Wandelbarkeit des anwendbaren Rechts**).

2. Unterhaltspflichten der Eltern und anderer Personen gegenüber Kindern und der Kinder gegenüber ihren Eltern

Art. 4 HUntProt trifft **Sonderregelungen** zugunsten bestimmter be- **457** rechtigter Personen: nämlich in Bezug auf Unterhaltspflichten der Eltern gegenüber ihren Kindern sowie anderer Personen als der Eltern gegenüber Personen, die das 21. Lebensjahr noch nicht vollendet haben, ferner der Kinder gegenüber ihren Eltern (*Ring/Olsen-Ring*, § 1 Rn. 227) – und zwar   .

– in Art. 4 Abs. 2 und Abs. 4 HUntProt eine **Ersatzanknüpfung** zugunsten des Berechtigten; bzw.

– in Art. 4 Abs. 3 HUntProt eine **Sonderanknüfungsregel** bei einer Klage am gewöhnlichen Aufenthalt des Verpflichteten.

Unterhaltsansprüche aus der Ehe unterfallen vorrangig auch dann **458** **Art. 5 HUntProt** (nachstehende Rn. 464), wenn der Ehegatte jünger als 21 Jahre ist (*Ring/Olsen-Ring*, § 1 Rn. 228).

Kann eine entsprechende, nach Art. 4 Abs. 1 HUntProt berechtigte **459** Person nach dem in Art. 3 HUntProt vorgesehenen Recht des „gewöhnlichen Aufenthalts" von der verpflichteten Person keinen Unterhalt erhalten, so ist als **Ersatzanknüpfung** das am Ort des angerufenen Gerichts geltende Recht anzuwenden (**Art. 4 Abs. 2 HUntProt** – mithin die *lex fori* als **Ausweichsrechtsordnung** – *Ring/Olsen-Ring*, § 1 Rn. 229).

Kann die berechtigte Person nach dem in Art. 3 HUntProt (**Aufent-** **460** **haltsstatut**) und dem in Art. 4 Abs. 2 und Abs. 3 HUntProt vorgesehenen Recht (**Anwendbarkeit der *lex fori***) von der verpflichteten Person keinen Unterhalt erhalten, so ist gemäß der **Ersatzanküpfung** nach **Art. 4 Abs. 4 HUntProt** ggf. das Recht des Staates anzuwenden, dem die berechtigte und die verpflichtete Person gemeinsam angehören (**Anknüpfung an das Recht der gemeinsamen Staatsangehörigkeit** – d.h. an das **gemeinsame Heimatrecht als Ausweichrechtsordnung** – *Ring/Olsen-Ring*, § 1 Rn. 229).

Gegen eine Ersatzanknüpfung kann die **Einrede nach Art. 6** **461** **HUntProt** erhoben werden (außer bei Unterhaltspflichten gegenüber einem Kind, die sich aus einer Eltern-Kind-Beziehung ergeben).

Zudem bleibt die **Rechtswahlmöglichkeit** nach Art. 7 oder Art. 8 **462** HUntProt bestehen, die – sofern wirksam – eine Ersatzanknüpfung ausschließt.

Hat die berechtigte Person i.S. von Art. 4 Abs. 1 HUntProt die zu- **463** ständige Behörde des Staates angerufen, in dem die verpflichtete Person ihren gewöhnlichen Aufenthalt hat, so ist nach der **Son-deranknüpfung des Art. 4 Abs. 3 S. 1 HUntProt** ungeachtet der Regelanknüpfung des Art. 3 HUntProt das am Ort des angerufenen

Gerichts geltende Recht anzuwenden (Vorrang der *lex fori*). Kann die berechtigte Person jedoch nach diesem Recht von der verpflichteten Person keinen Unterhalt erhalten, so ist das Recht des Staates des gewöhnlichen Aufenthalts der berechtigten Person anzuwenden (Art. 4 Abs. 3 S. 2 HUntProt – **Rechtsausweichklausel** – so *Ring/Olsen-Ring*, § 1 Rn. 230).

3. Unterhalt zwischen den Ehegatten

464   Eine besondere Regel normiert **Art. 5 HUntProt** als **Auflockerungsklausel (besondere Ausweichklausel)** in Bezug auf Unterhaltspflichten zwischen Ehegatten, früheren Ehegatten oder Personen, deren Ehe für ungültig erklärt wurde: Auch hier gelangt grundsätzlich Art. 3 HUntProt (gewöhnlicher Aufenthalt des unterhaltsberechtigten früheren Ehegatten) zur Anwendung. Es gibt jedoch keine Ersatzanknüpfung nach Art. 4 HUntProt. Auch die Einrede nach Art. 6 HUntProt findet keine Anwendung. Art. 3 HUntProt findet jedoch dann keine Anwendung, wenn eine der Parteien sich (einredeweise) gegen eine Anwendung des Rechts des Aufenthaltsorts nach Art. 3 HUntProt wendet und das Recht eines anderen Staates, insbesondere des Staates des letzten gemeinsamen gewöhnlichen Aufenthalts der (früheren) Ehegatten i.S. eines in der Ehezeit liegenden Aufenthalts, zu der betreffenden Ehe eine „engere Verbindung" aufweist (**engerer Bezug zu einer anderen Rechtsordnung**). In diesem Fall ist das Recht dieses anderen Staates anzuwenden (so *Ring/Olsen-Ring*, § 1 Rn. 231).

4. Besondere Mittel der Verteidigung

465   Außer bei Unterhaltspflichten gegenüber einem Kind, die sich aus einer Eltern-Kind-Beziehung ergeben, und den in Art. 5 HUntProt vorgesehenen Unterhaltspflichten (früherer Ehegatten) kann die verpflichtete Person gemäß der im Prozess geltend zu machenden Einrede des Art. 6 HUntProt (besondere Mittel der Verteidigung) dem Anspruch der berechtigten Person entgegenhalten, dass für sie weder nach dem Recht des Staates des gewöhnlichen Aufenthalts der verpflichteten Person noch ggf. nach dem Recht des Staates, dem die Parteien gemeinsam angehören, eine solche Pflicht besteht. Wird die Einrede wirksam geltend gemacht, entfällt die Unterhaltspflicht. Art. 6 HUntProt schützt (wie auch Art. 5 HUntProt) den Unterhaltsverpflichteten vor einem „Unterhaltsshopping" (**Schutz vor einem Unterhaltsshopping**, so *Ring/Olsen-Ring*, § 1 Rn. 232).

IV. Rechtswahl

Art. 7 HUntProt eröffnet hinsichtlich aller Unterhaltsverhältnisse **466** eine **(eingeschränkte) Rechtswahlmöglichkeit** im Hinblick auf ein einzelnes konkret bevorstehendes Verfahren. Die Regelung des **Art. 8 HUntProt** erweitert die Rechtswahlmöglichkeit in umfassenderer Weise (näher *Ring/Olsen-Ring*, § 1 Rn. 234 ff.).

1. Rechtswahl für die Zwecke eines einzelnen Verfahrens

Im Hinblick auf „ein einzelnes Verfahren in einem bestimmten Staat" **467** gestattet Art. 7 Abs. 1 HUntProt auch im Vorfeld, ungeachtet der Art. 3 bis Art. 6 HUntProt, der berechtigten und der verpflichteten Person ausdrücklich das Recht dieses Staates als das auf eine Unterhaltspflicht anzuwendende Recht zu bestimmen (**Wahl der *lex fori***). Erfolgt die Rechtswahl vor der Einleitung des Verfahrens, so geschieht dies nach Art. 7 Abs. 2 HUntProt durch eine von beiden Parteien unterschriebene Vereinbarung in Schriftform oder erfasst auf einem Datenträger, dessen Inhalt für eine spätere Einsichtnahme zugänglich ist (*Ring/Olsen-Ring*, § 1 Rn. 235).

2. Allgemeine Rechtswahl

Ungeachtet der Art. 3 bis Art. 6 HUntProt können die berechtigte **468** und die verpflichtete Person aber auch jederzeit nach Art. 8 Abs. 1 HUntProt eine über einen einzelnen Rechtsstreit (vgl. Art. 7 HUntProt) hinausgehende Rechtswahl treffen, indem sie eine der folgenden Rechtsordnungen als das auf eine Unterhaltspflicht anzuwendende Recht bestimmen (so *Ring/Olsen-Ring*, § 1 Rn. 236):
– das Recht eines Staates, dem eine der Parteien im Zeitpunkt der Rechtswahl angehört (Buchst. a – Staatsangehörigkeit, **Heimatrecht des Unterhaltsberechtigten oder -verpflichteten**);
– das Recht des Staates, in dem eine der Parteien im Zeitpunkt der Rechtswahl ihren „gewöhnlichen Aufenthalt" hat (Buchst. b, **Recht des gewöhnlichen Aufenthalts einer der Parteien**);
– das Recht, das die Parteien als das auf ihren Güterstand anzuwendende Recht bestimmt haben, oder das tatsächlich darauf angewandte Recht (Buchst. c, **akzessorische Rechtswahl**); bzw.
– das Recht, das die Parteien als das auf ihre Ehescheidung oder Trennung ohne Auflösung der Ehe anzuwendende Recht bestimmt haben, oder das tatsächlich auf diese Ehescheidung oder Trennung angewandte Recht (Buchst. d, **akzessorische Rechtswahl**).

469   Eine solche Vereinbarung ist gem. Art. 8 Abs. 2 HUntProt schriftlich zu erstellen oder auf einem Datenträger zu erfassen, dessen Inhalt für eine spätere Einsichtnahme zugänglich ist, und von beiden Parteien zu unterschreiben (*Ring/Olsen-Ring*, § 1 Rn. 237).

470   Art. 8 Abs. 1 HUntProt findet keine Anwendung auf Unterhaltspflichten betreffend eine Person, die das 18. Lebensjahr noch nicht vollendet hat, oder einen Erwachsenen, der aufgrund einer Beeinträchtigung oder der Unzulänglichkeit seiner persönlichen Fähigkeiten nicht in der Lage ist, seine Interessen zu schützen (i.S. von Art. 1 Abs. 1 des Haager Übereinkommens vom 13.1.2000 über den internationalen Schutz von Erwachsenen), so Art. 8 Abs. 3 HUntProt (von einer Rechtswahl nach Art. 8 HUntProt ausgeschlossener Personenkreis). Dann kommt allein eine Rechtswahl nach Art. 7 HUntProt in Betracht (*Ring/Olsen-Ring*, § 1 Rn. 238).

471   Ungeachtet des von den Parteien nach Art. 8 Abs. 1 HUntProt bestimmten Rechts ist gem. Art. 8 Abs. 4 HUntProt (**Missbrauchskontrolle**) das Recht des Staates, in dem die berechtigte Person im Zeitpunkt der Rechtswahl ihren gewöhnlichen Aufenthalt hat, dafür maßgebend, ob die berechtigte Person auf ihren Unterhaltsanspruch verzichten kann – wobei die Wahl eines Rechts, das für den Berechtigten im konkreten Fall keinen Anspruch vorsieht, erweiternd einem „Verzicht" gleichstehen soll (*Ring/Olsen-Ring*, § 1 Rn. 239).

472   Das von den Parteien bestimmte Recht ist nach Art. 8 Abs. 5 HUntProt (**allgemeine Billigkeitskontrolle**) i.S. einer Schaffung von Einzelfallgerechtigkeit nicht anzuwenden, wenn seine Anwendung für eine der Parteien offensichtlich unbillige oder unangemessene Folgen hätte, es sei denn, dass die Parteien im Zeitpunkt der Rechtswahl umfassend unterrichtet und sich der Folgen ihrer Wahl vollständig bewusst waren (**Vorbehalt in Bezug auf das materielle Recht**, *Ring/Olsen-Ring*, § 1 Rn. 240).

C. Kindschaftsrecht

Literatur: *Benicke*, Haager Kinderschutzübereinkommen, IPRax 2013, 44; *Heindler*, Vorrang des Haager KSÜ vor der EuEheVO bei Wegzug, IPRax 2014, 201; *Henrich*, Kindschaftsrechtsreformgesetz und IPR, FamRZ 1998, 1401; *Rieck*, Kindesentführung und die Konkurrenz zwischen dem HKÜ und der EheEuGVVO (Brüssel IIa), NJW 2008, 182; *Ring/Olsen-Ring*, § 1 Rn. 322 ff.; *Schulz*, Inkrafttreten des Haager Kinderschutzübereinkommens v. 19.10.1996 für Deutschland am 1.1.2011, FamRZ 2011, 156.

I. Das KSÜ

Seit dem 1.1.2011 hat in Deutschland das Haager Übereinkommen **473**
über die Zuständigkeit, das anzuwendende Recht, die Anerkennung,
Vollstreckung und Zusammenarbeit auf dem Gebiet der elterlichen
Verantwortung und der Maßnahmen zum Schutz von Kindern (**Haager
Kinderschutzübereinkommen** – fortan: **KSÜ**) vom 19.10.1996 das
Haager Übereinkommen über die Zuständigkeit der Behörden und das
anzuwendende Recht auf dem Gebiet des Schutzes von Minderjährigen
(**MSA**) vom 5.10.1961 abgelöst (zum MSA näher *Ring/Olsen-Ring*,
§ 1 Rn. 291 ff.).

Nach Art. 51 KSÜ gilt das MSA aber weiter im Verhältnis zu Ver- **474**
tragsstaaten, die das KSÜ noch nicht ratifiziert haben. Das KSÜ ist
nach seinem Art. 53 in Deutschland auf alle Schutzmaßnahmen anwendbar, die seit dem 1.1.2011 getroffen wurden.

Beachte: Nach den Art. 16 ff. KSÜ gilt dieses seit dem 1.1.2011 **475**
mit ex-tunc-Wirkung für die **Bestimmung des auf die elterliche
Sorge anwendbaren Rechts**.

Beachte zudem: Das KSÜ wird im Verhältnis der EU-
Mitgliedstaaten (mit Ausnahme Dänemarks) hinsichtlich **verfah-
rensrechtlicher Fragen** durch die Brüssel II-VO und die EheVO
2003 im sachlichen Anwendungsbereich der Eheverordnungen
durch diese verdrängt bzw. ergänzt (vgl. Art. 37 Brüssel II-VO
bzw. Art. 61 EheVO 2003). Für kollisionsrechtliche Fragen (die
von der EheVO 2003 nicht geregelt werden) bleibt es bei einer
Anwendung des KSÜ.

1. Zielsetzung des KSÜ

Das KSÜ zielt gemäß seinem **Art. 1 Abs. 1** darauf ab: **476**
– den Staat zu bestimmen, dessen Behörden zuständig sind, Maßnahmen zum Schutz der Person oder des Vermögens des Kindes (i.S.
  jeder nach öffentlichem oder privatem Recht gerichtlich oder be-
  hördlich zu regelnden Maßnahme, die im Kindesinteresse erforderlich ist, so *Rauscher*, IPR, Rn. 940) zu treffen (Buchst. a);
– das von diesen Behörden bei der Ausübung ihrer Zuständigkeit
  anzuwendende Recht zu bestimmen (Buchst. b);
– das auf die **elterliche Verantwortung** (d.h. nach **Art. 1 Abs. 2
  KSÜ** die elterliche Sorge und jedes andere entsprechende Sorgever-
  hältnis, das die Rechte, Befugnisse und Pflichten der Eltern, des
  Vormunds oder eines anderen gesetzlichen Vertreters in Bezug auf

die Person oder das Vermögen des Kindes bestimmt – mithin den gesamten, auch den öffentlich-rechtlichen **Kinderschutz**) anzuwendende Recht zu bestimmen (Buchst. c);
- die Anerkennung und Vollstreckung der Schutzmaßnahmen in allen Vertragsstaaten sicherzustellen (Buchst. d); sowie
- die zur Verwirklichung der Ziele des Übereinkommens notwendige Zusammenarbeit zwischen den Behörden der Vertragsstaaten einzurichten (Buchst. e).

2. Anwendungsbereich

a) Persönlicher Anwendungsbereich

477   Das KSÜ ist auf Kinder von ihrer Geburt bis zur Vollendung des 18. Lebensjahres anzuwenden (**Art. 2 KSÜ – persönlicher Anwendungsbereich**).

b) Sachlicher Anwendungsbereich

478   Entsprechende Maßregeln des Kinderschutzes können nach dem **Positivkatalog des Art. 3 KSÜ** (der allerdings keine kraft Gesetzes eintretenden Rechtsfolgen umfasst) insbesondere Folgendes umfassen (**sachlicher Anwendungsbereich** – „Maßnahmen zum Schutz der Person und des Vermögens des Kindes"):
- die Zuweisung, die Ausübung und die vollständige oder teilweise Entziehung der elterlichen Verantwortung sowie deren Übertragung (Buchst. a);
- das (elterliche) Sorgerecht einschließlich der Sorge für die Person des Kindes und insbesondere des Rechts, den Aufenthalt des Kindes zu bestimmen, sowie das Recht zum persönlichen Umgang einschließlich des Rechts, das Kind für eine begrenzte Zeit an einen anderen Ort als den seines gewöhnlichen Aufenthalts zu bringen (Buchst. b);
- die Vormundschaft, die Pflegschaft und entsprechende Einrichtungen (Buchst. c);
- die Bestimmung und den Aufgabenbereich jeder Person oder Stelle, die für die Person oder das Vermögen des Kindes verantwortlich ist, das Kind vertritt oder ihm beisteht (Buchst. d);
- die Unterbringung des Kindes in einer Pflegefamilie oder einem Heim oder seine Betreuung durch Kafala (von „*kafil*" [der „Bürge"] als staatlich geregeltes Verfahren der Aufnahme eines fremden Kindes in eine Familie nach islamischem Recht, das sowohl die Übernahme einer Vormundschaft als auch einer Pflegschaft sowie die Adoption umfasst) oder eine entsprechende Einrichtung (Buchst. e);

– die behördliche Aufsicht über die Betreuung eines Kindes durch jede Person, die für das Kind verantwortlich ist (Buchst. f); bzw.
– die Verwaltung und Erhaltung des Vermögens des Kindes oder die Verfügung darüber (Buchst. g).

Beachte: Das KSÜ regelt nach seinem Art. 1 Buchst. b und c kolli- **479** sionsrechtlich das auf die **elterliche Verantwortung** (d.h. die elterliche Sorge und den Umgang) anwendbare Recht – und zwar nicht nur, wenn Schutzmaßnahmen zu treffen sind (so *Rauscher*, IPR, Rn. 942: **umfassende Regelung des Sorgerechtsstatuts**).

Nicht anzuwenden ist das Übereinkommen (**Ausschluss des KSÜ**) **480** nach Art. 4 KSÜ auf **statusrechtliche Vorfragen**, wie etwa auf die Feststellung und Anfechtung des Eltern-Kind-Verhältnisses (d.h. die elterliche Abstammung), auf Adoptionsentscheidungen und Maßnahmen zur Vorbereitung einer Adoption sowie auf die Ungültigerklärung und den Widerruf der Adoption, auf Namen und Vornamen des Kindes, auf die Volljährigerklärung, auf Unterhaltspflichten, auf Trusts und Erbschaften, auf die soziale Sicherheit, auf öffentliche Maßnahmen allgemeiner Art in Angelegenheiten der Erziehung und Gesundheit, auf Maßnahmen infolge von Straftaten, die von Kindern begangen wurden, bzw. auf Entscheidungen über Asylrecht und Einwanderung.

Beachte: Soweit der sachliche oder persönliche Anwendungsbe- **481** reich des KSÜ nicht eröffnet ist, kann Art. 21 EGBGB noch zur Anwendung gelangen.

c) Räumlicher Anwendungsbereich

Im Hinblick auf den räumlichen Anwendungsbereich ist zu unter- **482** scheiden zwischen
– **Schutzmaßnahmen** (wobei ein „gewöhnlicher Aufenthalt" in einem Vertragsstaat nicht erforderlich ist, vgl. Art. 11 Abs. 1 KSÜ – Schutzmaßnahmen hinsichtlich des Kindesvermögens):
– Hat das Kind seinen gewöhnlichen Aufenthalt in einem Brüssel IIa-VO-Mitgliedstaat, geht die Brüssel IIa-VO vor.
– Hat das Kind seinen gewöhnlichen Aufenthalt in einem MSA-Mitgliedstaat, der nicht das KSÜ gezeichnet hat und auch nicht Brüssel IIa-VO-Mitgliedstaat ist, geht das MSA vor (vgl. Art. 13 MSA und Art. 51 KSÜ).
und
– **Kollisionsnormen** (Art. 15 bis Art. 21 KSÜ), die als *loi uniforme* auch dann zur Anwendung gelangen, wenn das danach bestimmte Recht das eines Nicht-Mitgliedstaates ist (so Art. 20 KSÜ).

Damit trifft das KSÜ sowohl Regelungen des IPR als auch des IZVR, die hier wegen ihres Zusammenhangs in einem Übereinkommen auch zusammen dargestellt werden.

3. Anzuwendendes Recht bei Schutzmaßnahmen

483   Nach der kollisionsrechtlichen Norm des **Art. 15 Abs. 1 KSÜ** wenden die Behörden der Vertragsstaaten bei der Ausübung ihrer internationalen Zuständigkeit für Schutzmaßnahmen nach den Art. 5 bis Art. 14 KSÜ im Hinblick auf alle gerichtlichen oder behördlichen Umgangs- und Sorgerechtsregelungen ihr **eigenes Recht** (*lex fori*) an – i.d.R. das **Aufenthaltsrecht** (da nach Art. 5 KSÜ regelmäßig das Gericht am Ort des gewöhnlichen Aufenthalts zuständig ist).

484   Ausnahmsweise (i.s. einer Ausweichklausel – **Auflockerung der** *lex-fori***-Anknüpfung**) kann nach **Art. 15 Abs. 2 KSÜ** zum Schutz der Person oder des Vermögens des Kindes auch ein fremdes Recht angewendet oder berücksichtigt werden, wenn der Sachverhalt zu dem fremden Staat eine „enge Verbindung" aufweist.

485   Wechselt der „gewöhnliche Aufenthalt" des Kindes von einem Vertragsstaat in einen anderen, so bestimmt nach **Art. 15 Abs. 3 KSÜ** das Recht dieses anderen Staates vom Zeitpunkt des Wechsels an (d.h. ex nunc) die Bedingungen, unter denen die im Staat des früheren gewöhnlichen Aufenthalts getroffenen Maßnahmen (die weiter Bestand haben) angewendet werden (**Wandelbarkeit des Schutzmaßnahmenstatuts**).

486   Die **internationale Zuständigkeit für Schutzmaßnahmen** ist in den Art. 5 bis Art. 14 KSÜ geregelt. International zuständig sind nach der **Grundregel des Art. 5 Abs. 1 KSÜ** (unabhängig von der Staatsangehörigkeit) grundsätzlich und an erster Stelle die „Behörden" (Gerichte oder Verwaltungsbehörden) des Vertragsstaates, in dem das Kind seinen **gewöhnlichen Aufenthalt** hat (oder in dem sich das Flüchtlingskind „aufhält", so Art. 6 KSÜ): sog. **Aufenthaltszuständigkeit**. Sie sind zuständig, Maßnahmen zum Schutz der Person oder des Vermögens des Kindes zu treffen (so *Ring/Olsen-Ring*, § 1 Rn. 328). Durch einen **Wechsel des gewöhnlichen Aufenthalts** kommt es gemäß Art. 5 Abs. 2 KSÜ zu einem Zuständigkeitswechsel.

487   **Art. 7 Abs. 1 KSÜ** regelt eingehend die Zuständigkeit im Falle eines widerrechtlichen Verbringens oder Zurückhaltens des Kindes i.S. von Art. 7 Abs. 2 KSÜ, der gesetzlichen Fiktion der Widerrechtlichkeit des Verbringens oder Zurückhaltens eines Kindes (**Kindesentführung** – so *Ring/Olsen-Ring*, § 1 Rn. 329). Danach bleiben die Behörden des Vertragsstaates, in dem das Kind unmittelbar vor dem Verbringen oder Zurückhalten seinen „gewöhnlichen Aufenthalt" hatte, so lange international zuständig (und die Behörden des neuen Vertragsstaates auf

dringliche Maßnahmen beschränkt, vgl. Art. 7 Abs. 3 KSÜ), bis das Kind einen gewöhnlichen Aufenthalt in einem anderen Staat erlangt hat und

– jede sorgeberechtigte Person, Behörde oder sonstige Stelle das Verbringen oder Zurückhalten genehmigt hat, oder

– das Kind sich in diesem anderen Staat **mindestens ein Jahr** aufgehalten hat, nachdem die sorgeberechtigte Person, Behörde oder sonstige Stelle seinen Aufenthaltsort kannte oder hätte kennen müssen, kein während dieses Zeitraums gestellter Antrag auf Rückgabe mehr anhängig ist und das Kind sich in seinem neuen Umfeld eingelebt hat.

Eine **Lockerung der Aufenthaltszuständigkeit** (nach den Art. 5, 6 **488** bzw. 7 KSÜ – so *Ring/Olsen-Ring*, § 1 Rn. 330) erfolgt gem. **Art. 8 Abs. 2 KSÜ** in vier Fällen zugunsten einer eingeschränkten Zuständigkeit der Behörden jenes Staates,

– dem das Kind angehört (**Staatsangehörigkeitszuständigkeit**, Buchst. a);

– in dem sich Vermögen des Kindes befindet (**Belegenheitszuständigkeit**, Buchst. b);

– in dem ein Scheidungs- oder Eheverfahren der Eltern anhängig ist (**Verbundzuständigkeit**, Buchst. c); bzw.

– zu dem das Kind eine „**enge Verbindung**" hat (Buchst. d).

In den genannten Fällen können die kraft Aufenthalts zuständigen **489** Behörden im Einzelfall im Interesse des Kindeswohls entweder selbst oder über die Parteien die Behörden des anderen Vertragsstaates bitten, die Zuständigkeit zu übernehmen (Art. 8 Abs. 1 KSÜ – Übernahme des Verfahrens durch ein sachnäheres Gericht – **einverständliche Abgabe an ein „besser geeignetes Forum"** – so *Ring/Olsen-Ring*, § 1 Rn. 331). Die Behörden des anderen Vertragsstaates können aber auch selbst oder über die Parteien um Überlassung der Zuständigkeit bitten (Art. 9 Abs. 1 KSÜ). Sind die in Art. 8 Abs. 2 KSÜ genannten Behörden eines Vertragsstaates der Auffassung, dass sie besser in der Lage sind, das Wohl des Kindes im Einzelfall zu beurteilen, so können sie

– entweder die zuständige Behörde des Vertragsstaates des gewöhnlichen Aufenthalts des Kindes unmittelbar oder mit Unterstützung der Zentralen Behörde dieses Staates ersuchen, ihnen zu gestatten, die Zuständigkeit auszuüben, um die von ihnen für erforderlich gehaltenen Schutzmaßnahmen zu treffen,

– oder die Parteien einladen, bei der Behörde des Vertragsstaates des gewöhnlichen Aufenthalts des Kindes einen solchen Antrag zu stellen.

Eine **Verbundzuständigkeit** regelt Art. 10 KSÜ (**Annexzustän- 490 digkeit im Scheidungsverfahren**). Danach können (unbeschadet der

Art. 5 bis Art. 9 KSÜ) die Behörden eines Vertragsstaates, in dem eine Ehesache der Eltern anhängig ist oder ein Elternteil sich aufhält, sofern die Eltern (und wer sonst die elterliche Verantwortung trägt) einverstanden und das Kindeswohl gewahrt ist, Maßnahmen zum Schutz der Person oder des Vermögens des Kindes treffen, auch wenn dieses sich in einem anderen Vertragsstaat gewöhnlich aufhält (so *Ring/Olsen-Ring*, § 1 Rn. 332).

491   Art. 11 Abs. 1 KSÜ trifft eine Regelung für „dringende Fälle" (**Eilzuständigkeit**) – Art 12 Abs. 1 KSÜ gestattet **vorläufige Maßnahmen** zum Schutz der Person oder des Vermögens eines Kindes durch Behörden eines Vertragsstaates, in dem sich das Kind aufhält oder Vermögen hat.

492   Das **Konkurrenzverhältnis** zwischen den normalerweise (d.h. den nach den Art. 5 bis Art. 10 KSÜ) zuständigen Behörden löst **Art. 13 KSÜ** dahingehend, dass ein Vorrang der Behörde jenes Vertragsstaates gebührt, die zuerst angerufen wird (i.S. der Einleitung des Verfahrens) – „eine Art Rechtshängigkeit" (so *Ring/Olsen-Ring*, § 1 Rn. 335).

493   Selbst wenn durch eine Änderung der Umstände die Grundlage der Zuständigkeit wegfällt (**Wegfall der zuständigkeitsbegründenden Umstände**), bleiben gem. **Art. 14 KSÜ** die nach den Art. 5 bis Art. 10 KSÜ getroffenen Maßnahmen innerhalb ihrer Reichweite so lange in Kraft, bis die nach dem KSÜ zuständigen Behörden sie ändern, ersetzen oder aufheben – eine Art *perpetuatio fori* (so *Ring/Olsen-Ring*, § 1 Rn. 336).

4. Das auf die „elterliche Sorge" anzuwendende Recht

494   Die materiell-rechtliche Frage nach der Zuweisung, der Entziehung bzw. der Ausübung der „elterlichen Verantwortung" (i.S. von Art. 3 KSÜ) beurteilt sich nach dem **Recht des gewöhnlichen Aufenthalts des Kindes** (vgl. Art. 16 Abs. 1 und Abs. 2 bzw. Art. 17 S. 1 KSÜ – d.h. dem Recht des Ortes, wo der **Daseinsmittelpunkt des Kindes** ist).

495   Erfolgt ein **Statutenwechsel** durch Verlegung des gewöhnlichen Aufenthalts in einen anderen Staat, so wirkt das grundsätzlich ex nunc (vgl. Art. 16 Abs. 3 und Abs. 4 bzw. Art. 17 KSÜ): Die Anknüpfung ist zwar wandelbar, doch bleibt eine einmal erworbene elterliche Verantwortung auch nach einem Statutenwechsel bestehen (so *Rauscher*, IPR, Rn. 960).

496   **Beachte:** Die Aufenthaltsbehörden können aber unter dem neuen Aufenthaltsrecht in die elterliche Verantwortung durch **Schutzmaßnahmen** eingreifen (vgl. Art. 18 KSÜ).

Nach **Art. 21 Abs. 1 KSÜ** ist eine **Rück- und Weiterverweisung** 497
grundsätzlich ausgeschlossen (**Ausschluss des renvoi**), womit Vereinbarungen nach dem KSÜ **Sachnormverweisungen** sind. Der Begriff
„Recht" i.s. der Art. 15 ff. KSÜ (Anzuwendendes Recht) meint das in
einem Staat geltende Recht mit Ausnahme des Kollisionsrechts. Davon
macht jedoch **Art. 21 Abs. 2 KSÜ** im Hinblick auf die Weiterverweisung insoweit eine Ausnahme für den Fall, dass das nach Art. 16 KSÜ
anzuwendende **Recht** das **eines Nicht-Vertragsstaates** (**Drittstaates**)
ist und das Kollisionsrecht dieses Staates auf das Recht eines anderen
Nicht-Vertragsstaates verweist, der sein eigenes Recht anwenden
würde. Dann ist das Recht dieses anderen Staates anzuwenden. Be-
trachtet sich das Recht dieses anderen Nicht-Vertragsstaates als nicht
anwendbar, so ist das nach Art. 16 KSÜ bestimmte Recht anzuwenden
(**keine doppelte Weiterverweisung**).

5. Exkurs: Rückführung bei Kindesentführung

Das **Haager Übereinkommen über die zivilrechtlichen Aspekte** 498
internationaler Kindesentführung vom 25.10.1980 (HKEntfÜ) ist
nach Art. 50 KSÜ neben diesem anwendbar. Das HKEntfÜ zielt nach
seinem Art. 1 auf zweierlei:
- die Sicherstellung einer sofortigen Rückgabe „widerrechtlich"
  (Widerrechtlichkeit ist dann anzunehmen, wenn das Sorgerecht nach
  dem Recht des Staates des gewöhnlichen Aufenthalts verletzt wird,
  so Art. 3a HKEntfÜ) in einen Vertragsstaat verbrachter oder dort
  zurückgehaltener Kinder (unter 16 Jahren, vgl. Art. 4 HKEntfÜ);
- die Gewährleistung der tatsächlichen Beachtung des in einem Vertragsstaat bestehenden Sorgerechts in den anderen Vertragsstaaten.

Das HKEntfÜ regelt allerdings **nicht** die internationale Zuständig- 499
keit und das anwendbare Recht (so *Rauscher*, IPR, Rn. 965).

Über die **Wiederherstellung des status quo ante** entscheidet nach 500
Art. 16 HKEntfÜ der Staat, in dem das Kind vor der Entführung lebte,
wenn nicht die Rückführung ausnahmsweise versagt wird. Eine **Ver-
weigerung der Rückführung** des Kindes ist nach Art. 13 Abs. 1
Buchst. b HKEntfÜ nur im Falle schwerwiegender Gefahren (Gefahr
körperlicher oder seelischer Schäden) für das Kind statthaft.

Beachte: Das KSÜ bestimmt auch im Falle einer Kindesentführung 501
die internationale Zuständigkeit für die Sorgerechtsentscheidung.

II. Abstammung (Art. 19 und Art. 20 EGBGB)

502   Die Feststellung der Abstammung eines Kindes von Mutter und Vater (**Abstammungsstatut** – z.B. Fragen nach Anerkenntnissen [vgl. für Zustimmungserfordernisse Art. 23 EGBGB], Abstammungsvoraussetzungen bzw. gerichtliche Feststellungen zur Abstammung [vgl. das selbständige Anfechtungsstatut nach Art. 20 EGBGB]) unterliegt nach Art. 19 Abs. 1 S. 1 EGBGB (vorbehaltlich des als Staatsvertrag vorrangigen **Deutsch-iranischen Niederlassungsabkommens**, dazu bereits vorstehende Rn. 381, 400 und 425) dem Recht des Staates, in dem das Kind seinen **gewöhnlichen Aufenthalt** hat (**Grundsatzanknüpfung**).

Vgl. als nach Art. 3 Nr. 2 EGBGB vorrangige staatsvertragliche Regelung auch das **CIEC-Übereinkommen über die Feststellung der mütterlichen Abstammung nichtehelicher Kinder** vom 12.9.1962 (BGBl 1963 II, S. 23) im Verhältnis zu dessen Vertragsstaaten.

503   **Beachte:** Nach Art. 4a KSÜ erfasst das KSÜ nicht die Abstammung.

504   Art. 19 Abs. 1 S. 2 und S. 3 EGBGB regeln **Zusatzanknüpfungen** (zwecks Begünstigung der Herstellung einer Abstammung bzw. zur Vermeidung „hinkender Kindschaftsverhältnisse", so *Rauscher*, IPR, Rn. 977). So kann das Abstammungsstatut
— im Verhältnis zu jedem Elternteil auch nach dem Recht des Staates bestimmt werden, dem dieser Elternteil angehört (S. 2 – **Heimatrecht eines Elternteils**).
— Ist die **Mutter verheiratet**, so kann die Abstammung ferner nach dem Recht bestimmt werden, dem die allgemeinen Wirkungen ihrer Ehe bei der Geburt nach Art. 14 Abs. 1 EGBGB unterliegen (S. 3 Hs. 1 – **allgemeines Ehewirkungsstatut der Ehe der Mutter** [Art. 14 Abs. 1 EGBGB, ohne Rechtswahlmöglichkeit]).
— Ist die **Ehe** vorher **durch Tod aufgelöst** worden, so ist der Zeitpunkt der Auflösung maßgebend (S. 3 Hs. 2 – **allgemeines Ehewirkungsstatut der Mutter**).

505   Art. 19 Abs. 1 S. 1 und S. 2 EGBGB eröffnen die **Möglichkeit einer Wandelbarkeit des Abstammungsstatuts** mit dem Problem, inwieweit einmal wirksam begründete Abstammungsverhältnisse dann noch Bestand haben. *Rauscher* (IPR, Rn. 982) plädiert hier für den **intertemporalen Grundsatz des Erhalts wohlerworbener Rechte**.

506   Sind die **Eltern nicht miteinander verheiratet**, so unterliegen nach **Art. 19 Abs. 2 EGBGB** Verpflichtungen des Vaters gegenüber der

Mutter auf Grund der Schwangerschaft dem Recht des Staates, in dem die Mutter ihren gewöhnlichen Aufenthalt hat.

Problem (KG NJW 2011, 535, 537): Verstoß gegen die Freizügig- **507** keit (Art. 21 Abs. 1 AEUV – freies Bewegungs- und Aufenthaltsrecht aufgrund der Unionsbürgerschaft), wenn bereits eine Eintragung in ein amtliches ausländisches Register erfolgt ist (kritisch, *Rauscher*, IPR, Rn. 971): Der Anwendungsvorrang des europäischen Gemeinschaftsrechts kann es gebieten, ein nach französischem Recht vorgerichtlich wirksam beurkundetes Vaterschaftsanerkenntnis in das deutsche Geburtenbuch als Randvermerk beizuschreiben, auch wenn die Mutter ihre nach deutschem Recht erforderliche Zustimmung zum Vaterschaftsanerkenntnis nachträglich verweigert (im Anschluss an EuGH, FamRZ, 2008, 2089 – *Grunkin-Paul* auch für Statusverhältnisse, zu dieser Entscheidung bereits vorstehende Rn. 122). Auch der auf Erklärung der Mutter in der französischen Geburtsurkunde ausgewiesene Familienname des Kindes ist in Deutschland anzuerkennen und das Geburtenbuch entsprechend zu berichtigen.

Die Abstammung kann nach der einheitlichen Anknüpfung des **508** Art. 20 S. 1 EGBGB (**Anfechtung der Abstammung – Abstammungsstatut** [das die Frage der Anfechtungsgründe, der Anfechtungsberechtigung und der Anfechtungsform bestimmt]) im Interesse einer Statuswahrung alternativ nach jedem Recht angefochten werden, aus dem sich ihre Voraussetzungen ergeben. D.h., eine Anfechtung kann nach jedem der gemäß Art. 19 EGBGB berufenen Rechtsordnungen erfolgen (keine selbständige Anknüpfung). Das **Kind** kann die Abstammung in jedem Fall nach dem Recht des Staates anfechten, in dem es seinen „gewöhnlichen Aufenthalt" hat (so Art. 20 S. 2 EGBGB – **wandelbare Anknüpfung**). Unter einer wandelbaren Anknüpfung ist eine solche zu verstehen, die zum jeweiligen Zeitpunkt der Beurteilung erfolgt – womit sich das anwendbare Recht also ändern kann.

III. Wirkungen des Eltern-Kind-Verhältnisses (Art. 21 EGBGB)

Das Rechtsverhältnis zwischen einem Kind und seinen Eltern unter- **509** liegt gemäß Art. 21 EGBGB (**Eltern-Kind-Verhältnis**) dem Recht des Staates, in dem das Kind seinen „gewöhnlichen Aufenthalt" hat. Dieses Recht bestimmt dann grundsätzlich – mit Ausnahmen (siehe nachstehende Rn. 511) – bspw. Rechtsfragen hinsichtlich des Inhalts und des Umfangs der elterlichen Sorge (d.h. die Personen- und Vermögenssorge, einschließlich der gesetzlichen Vertretung), deren Inhaber (auch nach Scheidung und Trennung) sowie Eingriffe in dieselbe (Schutzmaßnahmen), aber auch Haftungs- und Umgangsfragen.

510   Das **Eltern-Kind-Statut** ist – da es an den „gewöhnlichen Aufenthalt" des Kindes anknüpft – aber **wandelbar** (mit der Gefahr „hinkender Sorgerechts- und Vertretungsverhältnisse", so *Rauscher*, IPR, Rn. 998).

511   **Beachte:** Art. 15 ff. KSÜ bestimmen das auf die Zuweisung bzw. das Erlöschen der elterlichen Verantwortung anwendbare Recht und verdrängen insoweit weitgehend Art. 21 EGBGB.

Beachte zudem: Das KSÜ – respektive Art. 21 EGBGB – erfassen **nicht**

– das **Kindesnamensstatut** (hier gilt Art. 10 EGBGB) sowie

– den **Kindesunterhalt** (auf den das HUntProt zur Anwendung gelangt).

512   **Problem:** Seit dem Wegfall der **Legitimation** nichtehelicher Kinder im BGB im Jahre 1998 fehlt es auch an einer Kollisionsnorm, weshalb die Anknüpfung (in Fällen mit Auslandsbezug) eines Abstammungsstatuts zu einem anderen schwierig ist. *Rauscher* (IPR, Rn. 101 ff.) plädiert dafür,

– bei gleicher Staatsangehörigkeit der Eltern, diese Anknüpfung auf die Legitimation anzuwenden,

– bei verschiedener Staatsangehörigkeit der Eltern, eine analoge Anwendung des Art. 19 EGBGB vorzunehmen (arg.: „rechtliche Meistbegünstigung aller Kinder").

513   Wenn deutsches Recht Legitimationsstatut sein sollte, führt diese Verweisung – mangels Anerkennung einer Legitimation – in eine materiell-rechtliche Lücke (so *Rauscher*, IPR, Rn. 1005 ff. – und dort auch näher zu dieser Problemlösung).

IV. Annahme als Kind
(Adoption – Art. 22 und Art. 23 EGBGB)

Literatur: *Busch*, Adoptionswirkungsgesetz und Haager Adoptionsübereinkommen – von der Nachadoption zur Anerkennung und Wirkungsfeststellung, IPRax 2003, 13; *Weitzel*, Das Haager Adoptionsübereinkommen vom 29.5.1993, NJW 2008, 186.

514   In Bezug auf die Annahme als Kind (Adoption) bestehen weder unmittelbar anwendbare EU-Regelungen noch solche in völkerrechtlichen Verträgen, die nach Art. 3 EGBGB Vorrang vor den Art. 22 und Art. 23 EGBGB (**Adoptionsstatut**) genießen:

- Das **Haager Übereinkommen über die behördliche Zuständigkeit, das anzuwendende Recht und die Anerkennung von Entscheidungen auf dem Gebiet der Annahme an Kindes statt vom 15.11.1965** (dazu *Ring/Olsen-Ring*, § 1 Rn. 433) ist von Deutschland nicht gezeichnet worden.
- Das **Haager Übereinkommen über den Schutz von Kindern und die Zusammenarbeit auf dem Gebiet der Internationalen Adoption vom 29.5.1993 (HAdÜ)** (dazu *Ring/Olsen-Ring*, § 1 Rn. 415 ff.), das in Deutschland seit dem 1.3.2002 gilt, beinhaltet keine Regelungen über das auf Adoptionen anwendbare (Kollsions-) Recht.
- Das **Europäische Übereinkommen vom 27.11.2008 über die Adoption von Kindern** (in Kraft getreten am 1.9.2011), das das Europäische Übereinkommen vom 24.4.1967 über die Adoption von Kindern ersetzt und eine materiellrechtliche Regelung in Bezug auf Mindestanforderungen an eine Adoption statuiert, ist in Deutschland am 1.7.2015 in Kraft getreten.

515 Die Annahme als Kind (**Adoption**) umfasst alle Rechtsinstitute, „durch die ein Verwandtschaftsverhältnis begründet wird" (*Rauscher*, IPR, Rn. 1015: z.B. Vertrags- oder Dekretadoptionen bzw. rechtlich verfestigte Pflegekindschaftsverhältnisse – nicht jedoch Sorgerechtsregelungen für in Familienpflege befindliche Kinder [letztere unterfallen dem Eltern-Kind-Beziehungs-Statut nach Art. 21 EGBGB] bzw. reine Namensadoptionen).

516 Dem **Adoptionsstatut** unterfallen die Voraussetzungen und die Durchführung der Adoption sowie unmittelbar statusgestaltende Adoptionsfolgen (*Rauscher*, IPR, Rn. 1016 f.). Hingegen werden die Folgen einer Adoption im Hinblick auf

- das Namensrecht nach dem Namensstatut (Art. 10 EGBGB),
- das Unterhaltsrecht nach dem Unterhaltsstatut (nach dem HUntProt) und
- die Rechtsbeziehung zwischen Adoptiertem und Adoptierenden nach dem Eltern-Kind-Verhältnis-Statut (Art. 21 EGBGB)

bestimmt.

517 Die Annahme als Kind unterliegt nach **Art. 22 Abs. 1 S. 1 EGBGB** dem Recht des Staates, dem der Annehmende – der unverheiratet ist – bei der Annahme angehört (**Heimatrecht des Adoptierenden**).

518 **Beachte:** Nach Art. 22 Abs. 1 S. 3 EGBGB unterliegt die **Annahme durch einen Lebenspartner** dem Recht, das nach Art. 17b

Abs. 1 S. 1 EGBGB für die allgemeinen Wirkungen der Lebenspartnerschaft maßgebend ist – und damit den **Sachvorschriften des registerführenden Staates**.

519   Die Annahme durch **einen** oder **beide Ehegatten** unterliegt gemäß **Art. 22 Abs. 1 S. 2 EGBGB** dem Recht, das nach Art. 14 Abs. 1 EGBGB für die allgemeinen Wirkungen der Ehe maßgebend ist (**gesetzlich bestimmtes** [nicht ein gewähltes] **Ehewirkungsstatut nach Art. 14 Abs. 1 EGBGB**). Damit ist das Adoptionsstatut bis zum Zeitpunkt, zu dem die letzte Wirksamkeitsvoraussetzung für die Adoption erfüllt ist, **wandelbar** (so *Rauscher*, IPR, Rn. 1012).

520   Die **Folgen der Annahme in Bezug auf das Verwandtschaftsverhältnis** zwischen dem Kind und dem Annehmenden sowie den Personen, zu denen das Kind in einem familienrechtlichen Verhältnis steht, unterliegen nach Art. 22 Abs. 2 EGBGB dem nach Abs. 1 anzuwendenden Recht, d.h. entweder dem Heimatrecht des Adoptierenden (S. 1 – vorstehende Rn. 518) oder dem Ehewirkungsstatut nach Art. 14 Abs. 1 EGBGB (S. 2 – Rn. 519).

521   In Ansehung der **Rechtsnachfolge von Todes wegen** nach dem Annehmenden, dessen Ehegatten oder Verwandten steht der Angenommene nach Art. 22 Abs. 3 S. 1 EGBGB ungeachtet des nach den Art. 22 Abs. 1 und 2 EGBGB anzuwendenden Rechts einem nach den deutschen Sachvorschriften angenommenen Kind gleich, wenn der Erblasser dies in der Form einer Verfügung von Todes wegen angeordnet hat und die Rechtsnachfolge deutschem Recht unterliegt. Art. 22 Abs. 3 S. 1 EGBGB gilt entsprechend, wenn die Annahme auf einer ausländischen Entscheidung beruht (so Art. 22 Abs. 3 S. 2 EGBGB). Die Regelungen der Art. 22 Abs. 3 S. 1 und S. 2 EGBGB finden nach Art. 22 Abs. 3 S. 3 EGBGB keine Anwendung, wenn der Angenommene im Zeitpunkt der Annahme das achtzehnte Lebensjahr vollendet hatte.

522   **Exkurs: Das Haager Übereinkommen über den Schutz von Kindern und die Zusammenarbeit auf dem Gebiet der Internationalen Adoption vom 29.5.1993** (fortan: HAdÜ, Rn. 514)
    Die Art. 23 bis 27 HAdÜ regeln die **gegenseitige Anerkennung und die Wirkungen einer internationalen Adoption:** Eine nach Maßgabe des HAdÜ vollzogene Adoption wird in den anderen Vertragsstaaten nach Art. 23 Abs. 1 HAdÜ kraft Gesetzes **anerkannt**, wenn die zuständige Behörde des Staates, in dem sie durchgeführt worden ist, bescheinigt, dass sie gemäß dem Übereinkommen zustande gekommen ist. Diese Anerkennung einer in einem Vertragsstaat vollzogenen Adoption macht (sicherheitshalber erfolgte) **Zweitadoptionen** im Aufnahmestaat entbehrlich – unabhängig von dem dort angewand-

ten Recht. Die Anerkennung kann in einem Vertragsstaat gemäß Art. 24 HAdÜ nur noch versagt werden, wenn die Adoption seiner öffentlichen Ordnung offensichtlich widerspricht, wobei das Wohl des Kindes zu berücksichtigen ist (*ordre public*-**Klausel**).

Art. 26 HAdÜ umschreibt vor dem Hintergrund, dass die **Adopti-** **523** **onswirkungen** nicht in allen Staaten gleich sind, die **Reichweite der internationalen Adoption**. Sie umfasst die Anerkennung
- des Eltern-Kind-Verhältnisses zwischen dem Kind und seinen Adoptiveltern (Buchst. a);
- der elterlichen Verantwortlichkeit der Adoptiveltern für das Kind; (Buchst. b) sowie die Anerkennung
- der Beendigung des früheren Rechtsverhältnisses zwischen dem Kind und seiner Mutter und seinem Vater, wenn die Adoption dies in dem Vertragsstaat bewirkt, in dem sie durchgeführt worden ist (Buchst. c).

Bewirkt die Adoption die Beendigung des früheren Eltern-Kind- **524** Verhältnisses, so genießt das Kind im Aufnahmestaat und in jedem anderen Vertragsstaat (in dem die Adoption anerkannt wird) Rechte entsprechend denen, die sich aus Adoptionen mit dieser Wirkung in jedem dieser Staaten ergeben. Dabei bietet die Konvention lediglich eine **Minimallösung** (vgl. Art. 26 Abs. 3 HAdÜ, wonach die vorab umschriebenen Regelungen die Anwendung für das Kind günstigerer Bestimmungen unberührt lassen, die in einem Vertragsstaat gelten, der die Adoption anerkennt). Die Konvention überlässt ansonsten aber die Beantwortung der Frage nach den **Adoptionswirkungen dem nationalen Kollisionsrecht**.

Nach deutschem Recht erfährt Art. 26 HAdÜ eine Ergänzung durch **525** das Adoptionswirkungsgesetz als Art. 2 des Gesetzes zur Regelung von Rechtsfragen auf dem Gebiet der internationalen Adoption und zur Weiterentwicklung des Adoptionsvermittlungsrechts vom 5.11.2001 (**AdWirkG**). Nach § 2 Abs. 1 AdWirkG stellt in Deutschland das Familiengericht auf Antrag hin fest, ob eine Annahme als Kind i.S. des § 1 AdWirkG (Anwendungsbereich) anzuerkennen oder wirksam und ob das Eltern-Kind-Verhältnis des Kindes zu seinen bisherigen Eltern durch die Annahme erloschen ist.

Bewirkt eine im Heimatstaat durchgeführte Adoption nicht die Be- **526** endigung des früheren Eltern-Kind-Verhältnisses (sog. **schwache Adoption**), so kann sie gemäß Art. 27 Abs. 1 HAdÜ im Aufnahmestaat, der die Adoption nach dem Übereinkommen anerkennt, in eine Adoption mit einer derartigen Wirkung (mithin in eine Volladoption) umgewandelt werden (ohne dass es einer Wiederholung der Adoption bedürfte), wenn
- das Recht des Aufnahmestaats dies gestattet (Buchst. a) und

     – die in Art. 4c und Art. 4d HAdÜ vorgesehenen Zustimmungen zum Zweck einer solchen Adoption (d.h. einer Volladoption) erteilt worden sind oder werden (Buchst. b).

527   Wenn deutsche Adoptiveltern eine im Heimatstaat des Kindes vollzogene schwache Adoption in eine Volladoption umwandeln wollen, so müssen im Geltungsbereich der Konvention gemäß § 3 AdWirkG weder die Zustimmungserfordernisse des deutschen Rechts (Adoptionsstatut) noch die Zustimmungserfordernisse des Staates, dem das Kind angehört (Art. 23 EGBGB), beachtet werden.

V. Zustimmungserfordernisse (Art. 23 EGBGB)

528   Die Erforderlichkeit und die Erteilung der Zustimmung des Kindes und einer Person, zu der das Kind in einem familienrechtlichen Verhältnis steht, zu einer
    – Abstammungserklärung,
    – Namenserteilung oder
    – Annahme als Kind
    (Zustimmungserfordernisse) unterliegen nach **Art. 23 S. 1 EGBGB zusätzlich** (d.h. **kumulativ** zwecks Vermeidung „hinkender Rechtsverhältnisse") dem Recht des Staates, dem das Kind angehört **(Heimatrecht des Kindes)**. Soweit es zum „Wohl des Kindes erforderlich ist", ist nach der eng auszulegenden Ausnahmenorm (so *Rauscher*, IPR, Rn. 991) des Art. 23 S. 2 EGBGB stattdessen das deutsche Recht anzuwenden.

VI. Vormundschaft, Betreuung und Pflegschaft (Art. 24 EGBGB)

529   Im Hinblick auf Vormundschaft und Pflegschaft bestehen folgende in ihrem Anwendungsbereich vorrangig geltende internationale Vereinbarungen
    – für **Minderjährige**: das
      – **Haager Abkommen zur Regelung der Vormundschaft über Minderjährige vom 12.6.1902** im Verhältnis Deutschlands zu Italien, Belgien und Luxemburg;
      – **Deutsch-Österreichische Vormundschaftsabkommen vom 5.2.1927**; sowie das
      – **KSÜ** (für eine mit „gewöhnlichem Aufenthalt" in einem KSÜ-Vertragsstaat angeordnete Vormundschaft für einen Minderjährigen), hilfsweise das **MSA** (für dessen Vertragsstaaten, die das KSÜ noch nicht gezeichnet haben) (dazu bereits vorstehende Rn. 473 ff.); und

– für **Volljährige** das **Haager Übereinkomen vom 13.1.2000 über den internationalen Schutz von Erwachsenen** (HErwSÜ – für Deutschland mit dem 1.1.2009 in Kraft getreten). Dieses erfasst nach seinem Art. 2 Abs. 1 im Hinblick auf die Vormundschaft, die Pflegschaft und auf entsprechende Einrichtungen (vgl. Art. 3 HErwSÜ) Personen, die das 18. Lebensjahr vollendet haben. Zuständig sind zunächst die Behörden des Vertragsstaats, in dem der Erwachsene seinen „gewöhnlichen Aufenthalt" hat (Art. 5 Abs. 1 HErwSÜ) – hilfsweise die Behörden des Heimatstaats (Art. 7 Abs. 1 HErwSÜ) oder der Belegenheit von Vermögen (Art. 9 HErwSÜ). I.Ü. besteht eine Notzuständigkeit aller Vertragsstaaten (Art. 10 HErwSÜ) bzw. (für einstweilige Maßnahmen) eine Zuständigkeit der Behörden des Staates des „schlichten Aufenthalts" (Art. 11 HErwSÜ). Die genannte Behörde wendet grundsätzlich jeweils ihr eigenes Recht an (*lex fori* – so Art. 13 Abs. 1 HErwSÜ). Ausnahmsweise kann sie aber auch im Falle einer engen Verbindung des Sachverhalts das Recht eines anderen Staates anwenden (Art. 13 Abs. 2 HErwSÜ).

Vormundschafts-, Betreuungs- und Pflegschaftsmaßnahmen eines **530** anderen Vertragsstaates sind anzuerkennen und zu vollstrecken nach den

– Art. 23 ff. KSÜ,
– Art. 7 MSA bzw.
– Art. 22 ff. HErwSÜ.

Autonomes deutsches IPR in Gestalt von Art. 24 EGBGB gelangt **531** daher nur noch dann zur Anwendung, wenn ein bestimmtes Rechtsverhältnis nicht von internationalen Vereinbarungen (vorstehende Rn. 529) erfasst wird – d.h, im Hinblick auf Erwachsene, wenn diese ihren Aufenthalt in einem Nicht-HErwSÜ-Vertragsstaat haben.

Die Entstehung, die Änderung und das Ende der Vormundschaft, **532** Betreuung und Pflegschaft sowie der Inhalt der gesetzlichen Vormundschaft und Pflegschaft unterliegen nach **Art. 24 Abs. 1 S. 1 EGBGB** dem Recht des Staates, dem der Mündel, Betreute oder Pflegling angehört (**Heimatrecht i.S. einer Gesamtverweisung i.S. von Art. 4 Abs. 1 EGBGB**). Für einen Angehörigen eines fremden Staates, der seinen gewöhnlichen Aufenthalt oder, mangels eines solchen, seinen Aufenthalt im Inland hat, kann ein Betreuer nach deutschem Recht bestellt werden (so Art. 24 Abs. 1 S. 2 EGBGB).

Ist eine Pflegschaft erforderlich, weil nicht feststeht, wer an einer **533** Angelegenheit beteiligt ist, oder weil ein Beteiligter sich in einem anderen Staat befindet, so ist gemäß **Art. 24 Abs. 2 EGBGB** das Recht anzuwenden, das für die Angelegenheit maßgebend ist.

534   Vorläufige Maßregeln sowie der Inhalt der Betreuung und der ange-
ordneten Vormundschaft und Pflegschaft unterliegen nach **Art. 24
Abs. 3 EGBGB** dem Recht des anordnenden Staates.

Kapitel 5. Erbrecht

Literatur: *Dutta*, Das neue internationale Erbrecht der Europäischen Union, FamRZ 2013, 4; *Kunz*, Die neue Europäische Erbrechtsverordnung – ein Überblick, GPR 2012, 208 (Teil I) und 253 (Teil II); *Rauscher*, IPR, Rn. 1042 ff.; *Staudinger/Friesen*, Leben und sterben lassen in der EU – Europäisches Internationales Erbrecht in Erbsachen nach der Verordnung (EU) Nr. 650/2012, JA 2014, 641.

Seit dem 17.8.2015 regelt die Verordnung (EU) Nr. 650/2012 des Europäischen Parlaments und des Rates vom 4.7.2012 über die Zuständigkeit, das anzuwendende Recht, die Anerkennung und Vollstreckung von Entscheidungen und die Annahme und Vollstreckung öffentlicher Urkunden in Erbsachen sowie zur Einführung eines Europäischen Nachlasszeugnisses (fortan: **Rom IV-VO** – bzw. **ErbRVO**, ABl. Nr. L 201/107 vom 27.7.2012) die Materie „Erbrecht" u.a. auch in kollisionsrechtlicher Hinsicht (vgl. Art. 21 ff.) mit der Zielsetzung einer erleichterten Abwicklung grenzüberschreitender Erbfälle. Sie gilt nach ihrem Art. 84 Rom IV-VO unmittelbar für **alle Erbfälle in den EU-Mitgliedstaaten** mit Ausnahme Dänemarks (vgl. Erwägungsgrund 83 der Rom IV-VO) sowie Irlands und des Vereinigten Königreichs (Erwägungsgrund 82 der Rom IV-VO). **535**

A. Überblick

I. Verhältnis zu bestehenden Abkommen und Art. 25 EGBGB

Nach Art. 75 Abs. 1 Rom IV-VO bleiben bereits abgeschlossene internationale Übereinkommen der Mitgliedstaaten weiterhin verbindlich. Insbesondere wenden die Mitgliedstaaten, die Vertragsparteien des **Haager Testamentsformübereinkommens** sind, anstelle des Art. 27 Rom IV-VO (dazu noch nachstehende Rn. 560) weiterhin die Bestimmungen dieses Übereinkommens an. Auch bilaterale Staatsverträge – wie der Deutsch-türkische Konsularvertrag vom 28.5.1929 und das Deutsch-iranische Niederlassungsabkommen vom 17.2.1929 – gehen der Rom IV-VO vor. Die Rom IV-VO hat allerdings Vorrang vor internationalen Übereinkommen, die ausschließlich zwischen EU-Mitgliedstaaten geschlossen worden sind, vgl. Art. 75 Abs. 2 Rom IV-VO.

536   **Beachte:** Soweit die Rechtsnachfolge von Todes wegen nicht in den Anwendungsbereich der Rom IV-VO fällt, gelten nach Art. 25 EGBGB die Vorschriften des Kapitels III (Art. 20 bis 38) dieser Verordnung entsprechend. Dies bedeutet, dass Art. 25 EGBGB den sachlichen Anwendungsbereich der Rom IV-VO – zwecks Vermeidung von Regelungslücken – auch auf solche Gegenstände erweitert, die zwar nicht nach der Verordnung, aber nach früherem autonomem deutschem IPR erbrechtlich qualifiziert worden sind.

II. Anwendungsbereich der Rom IV-VO

537   Die Rom IV-VO ist nach ihrem Art. 1 Abs. 1 S. 1 auf die **Rechtsnachfolge von Todes wegen** anzuwenden (**Anwendungsbereich**). „Rechtsnachfolge von Todes wegen" ist gemäß der **Begriffsbestimmung** in Art. 3 Abs. 1 Buchst. a Rom IV-VO jede Form des Übergangs von Vermögenswerten, Rechten und Pflichten von Todes wegen, sei es im Wege der gewillkürten Erbfolge durch eine Verfügung von Todes wegen (vgl. dazu die Begriffsbestimmung in Art. 3 Buchst. d Rom IV-VO) oder im Wege der gesetzlichen Erbfolge. Die Verordnung gilt nach ihrem Art. 1 Abs. 1 S. 2 jedoch nicht für Steuer- und Zollsachen sowie verwaltungsrechtliche Angelegenheiten.

Vom Anwendungsbereich der Rom IV-VO sind gemäß Art. 1 Abs. 2 eine Vielzahl von Rechtsbereichen ausgenommen (**Ausnahmen vom Anwendungsbereich**):

– der Personenstand sowie Familienverhältnisse und Verhältnisse, die nach dem auf diese Verhältnisse anzuwendenden Recht vergleichbare Wirkungen entfalten (Buchst. a),
– die **Rechts-, Geschäfts- und Handlungsfähigkeit von natürlichen Personen**, unbeschadet Art. 23 Abs. 2 Buchst. c (wonach die Erbfähigkeit dem anzuwendenden Recht unterfällt) und Art. 26 Rom IV-VO (bezüglich der Zulässigkeit einer Stellvertretung bei der Errichtung einer Verfügung von Todes wegen und des Wechsels des auf die Testierfähigkeit anwendbaren Rechts) (Buchst. b),
– Fragen betreffend die Verschollenheit oder die Abwesenheit einer natürlichen Person oder die Todesvermutung (Buchst. c),
– **Fragen des ehelichen Güterrechts** sowie die Güterrechts aufgrund von Verhältnissen, die nach dem auf diese Verhältnisse anzuwendenden Recht mit der Ehe vergleichbare Wirkungen entfalten (Buchst. d),
– **Unterhaltspflichten** außer derjenigen, die mit dem Tod entstehen (Buchst. e),
– die **Formgültigkeit mündlicher Verfügungen von Todes wegen** (Buchst. f, vgl. dazu nachstehende Rn. 560),

– Rechte und Vermögenswerte, die auf andere Weise als durch Rechtsnachfolge von Todes wegen begründet oder übertragen werden, wie unentgeltliche Zuwendungen, Miteigentum mit Anwachsungsrecht des Überlebenden (*joint tenancy*), Rentenpläne, Versicherungsverträge und ähnliche Vereinbarungen, unbeschadet des Art. 23 Abs. 2 Buchst. i Rom IV-VO (wonach das anzuwendende Recht auch die Ausgleichung und Anrechnung unentgeltlicher Zuwendungen bei der Bestimmung der Anteile der einzelnen Berechtigten erfasst) (Buchst. g),
– Fragen des Gesellschaftsrechts, des Vereinsrechts und des Rechts der juristischen Personen, wie Klauseln im Errichtungsakt oder in der Satzung einer Gesellschaft, eines Vereins oder einer juristischen Person, die das Schicksal der Anteile verstorbener Gesellschafter beziehungsweise Mitglieder regeln (Buchst. h),
– die Auflösung, das Erlöschen und die Verschmelzung von Gesellschaften, Vereinen oder juristischen Personen (Buchst. i),
– die Errichtung, Funktionsweise und Auflösung eines Trusts (Buchst. j),
– die Art der dinglichen Rechte (Buchst. k) und
– jede Eintragung von Rechten an beweglichen oder unbeweglichen Vermögensgegenständen in einem Register, einschließlich der gesetzlichen Voraussetzungen für eine solche Eintragung, sowie die Wirkungen der Eintragung oder der fehlenden Eintragung solcher Rechte in einem Register (Buchst. l).

III. Reichweite des Erbrechtsstatuts

Das **Erbstatut** erfasst sowohl die **gesetzliche** als auch die **gewill-** 538
kürte (testamentarische) Erbfolge und damit etwa die Frage, wer gesetzlicher Erbe ist, den Erbverzicht, die Zulässigkeit und die Form letztwilliger Verfügungen (einschließlich der Testierfähigkeit), Pflichtteilsrechte, Anfall und Ausschlagung einer Erbschaft bzw. das Vermächtnis.

Beachte folgende Sonderfälle: 539
– **Schenkungen von Todes** wegen sollen dem Erbstatut (und nicht dem Schenkungsstatut) unterfallen (so *Rauscher*, IPR, Rn. 1045 – funktionelle Qualifikation, vgl. aber auch Art. 2 Buchst. g Rom IV-VO – „unentgeltliche Zuwendungen").
– **Verträge zugunsten Dritter auf den Todesfall** (soweit diese erst im Todeszeitpunkt vollzogen werden) sollen im Valutaverhältnis dem Erbstatut (Rom IV-VO – tritt die dingliche Wirkung hingegen vor dem Todeszeitpunkt ein, greift die Rom I-VO) und im Deckungsverhältnis (als Schuldvertrag) dem Schuldvertragsstatut (d.h.

der Rom I-VO, arg. Art. 1 Abs. 2 Buchst. g Rom IV-VO) unterfallen (so *Rauscher*, IPR, Rn. 1046; Palandt/*Thorn*, Art. 1 Rom IV-VO Rn. 11).

– Dem Güterrechtsstatut (Art. 15 EGBGB) unterfällt hingegen der güterrechtliche Ausgleich bei der **Auflösung der Ehe im Todesfall** (so *Rauscher*, IPR, Rn. 1048, vgl. auch Art. 2 Buchst. d Rom IV-VO).

540 Zum Problem der **Vererbung von Anteilen an Personengesellschaften** (Nachfolge bei Personengesellschaften – Konkurrenzverhältnis zwischen Gesellschaftsstatut und Erbstatut) näher *Rauscher*, IPR, Rn. 1051 ff.: Die Frage nach dem Fortbestand der Personengesellschaft soll dabei nach dem Gesellschaftsstatut zu beurteilen sein. Wer von den Erben Gesellschafter wird, soll sich hingegen nach dem Erbstatut richten (vgl. aber auch Art. 2 Buchst. h Rom IV-VO – „Schicksal der Anteile verstorbener Gesellschafter").

541 Die Rom IV-VO findet nach ihrem Art. 83 Abs. 1 auf die Rechtsnachfolge von Personen Anwendung, die am **17.8.2015** oder danach verstorben sind (**zeitlicher Anwendungsbereich**). Für Altfälle gelten weiterhin die nationalen Vorschriften (d.h. die Art. 25 und 26 EGBGB alt).

542 Das nach der Rom IV-VO bezeichnete Recht ist auch dann anzuwenden, wenn es nicht das Recht eines Mitgliedstaats ist (so Art. 20 Rom IV-VO, **universelle Anwendbarkeit**). Damit gilt die Rom IV-VO auch im Verhältnis zu Dänemark, Großbritannien und Irland (vgl. dazu vorstehende Rn. 523) sowie zu Drittstaaten.

In Bezug auf eine **Rück- und Weiterverweisung** bestimmt Art. 34 Abs. 1 Rom IV-VO, dass (vorbehaltlich Art. 34 Abs. 2 Rom IV-VO, d.h. im Falle einer Rechtswahl oder einer „wesentlich engeren Verbindung" zu einer anderen Rechtsordnung) unter dem nach der Verordnung anzuwendenden Recht eines Drittstaats die in diesem Staat geltenden Rechtsvorschriften einschließlich derjenigen seines Internationalen Privatrechts zu verstehen sind, soweit diese zurück- oder weiterverweisen auf das Recht eines Mitgliedstaats (i.S. eines teilnehmenden EU-Mitgliedstaats, Buchst. a) oder das Recht eines anderen Drittstaats, der sein eigenes Recht anwenden würde (Buchst. b): **Gesamtverweisung zwecks Schaffung eines internationalen Entscheidungsgleichklangs mit Drittstaaten**.

Die Anwendung einer Vorschrift des nach der Verordnung bezeichneten Rechts eines Staates darf nach Art. 35 Rom IV-VO nur versagt werden, wenn ihre Anwendung mit der **öffentlichen Ordnung** (*ordre public*) des Staates des angerufenen Gerichts offensichtlich unvereinbar ist.

Verweist die Verordnung auf das Recht eines Staates, der mehrere Gebietseinheiten umfasst, von denen jede eigene Rechtsvorschriften für die Rechtsnachfolge von Todes wegen hat (**interlokale Kollisionsvorschriften**), so bestimmen nach Art. 36 Abs. 1 Rom IV-VO die internen Kollisionsvorschriften dieses Staates die Gebietseinheit, deren Rechtsvorschriften anzuwenden sind. Gelten in einem Staat für die Rechtsnachfolge von Todes wegen zwei oder mehr Rechtssysteme oder Regelwerke für verschiedene Personengruppen (**Staaten mit mehr als einem Rechtssystem – interpersonale Kollisionsvorschriften**), so ist nach Art. 37 Rom IV-VO jede Bezugnahme auf das Recht dieses Staates als Bezugnahme auf das Rechtssystem oder das Regelwerk zu verstehen, das die in diesem Staat geltenden Vorschriften zur Anwendung berufen. In Ermangelung solcher Vorschriften ist das Rechtssystem oder das Regelwerk anzuwenden, zu dem der Erblasser die „engste Verbindung" hatte.

Die **Reichweite des anzuwendenden Rechts** bestimmt Art. 23 **543** Rom IV-VO: Dem auf die Rechtswahl (Art. 22 Rom IV-VO, nachstehende Rn. 553) bzw. subsidiär greifenden allgemeinen Kollisionsrecht (Art. 21 Rom IV-VO, Rn. 544) bezeichneten Recht unterliegt die **gesamte Rechtsnachfolge von Todes wegen** (vgl. Art. 3 Abs. 1 Buchst. a Rom IV-VO). Diesem Recht unterliegen nach Art. 23 Abs. 2 Rom IV-VO „insbesondere" (d.h. beispielhaft)
– die Gründe für den Eintritt des Erbfalls sowie dessen Zeitpunkt und Ort (Buchst. a),
– die Berufung der Berechtigten, die Bestimmung ihrer jeweiligen Anteile und etwaiger ihnen vom Erblasser auferlegter Pflichten sowie die Bestimmung sonstiger Rechte an dem Nachlass, einschließlich der Nachlassansprüche des überlebenden Ehegatten oder Lebenspartners (Buchst. b),
– die Erbfähigkeit (Buchst. c), die Enterbung und die Erbunwürdigkeit (Buchst. d),
– der Übergang der zum Nachlass gehörenden Vermögenswerte, Rechte und Pflichten auf die Erben und gggf. die Vermächtnisnehmer, einschließlich der Bedingungen für die Annahme oder die Ausschlagung der Erbschaft oder eines Vermächtnisses und deren Wirkungen (Buchst. e),
– die Rechte der Erben, Testamentsvollstrecker und anderer Nachlassverwalter, insbesondere im Hinblick auf die Veräußerung von Vermögen und die Befriedigung der Gläubiger, unbeschadet der Befugnisse (des Nachlassverwalters in bestimmten Situationen) nach Art. 29 Abs. 2 und 3 Rom IV-ErbVO (Buchst. f),
– die Haftung für die Nachlassverbindlichkeiten (Buchst. g),

– der verfügbare Teil des Nachlasses, die Pflichtteile und andere
  Beschränkungen der Testierfreiheit sowie etwaige Ansprüche von
  Personen, die dem Erblasser nahe stehen, gegen den Nachlass oder
  gegen den Erben (Buchst. h),
– die Ausgleichung und Anrechnung unentgeltlicher Zuwendungen
  bei der Bestimmung der Anteile der einzelnen Berechtigten
  (Buchst. i) und
– die Teilung des Nachlasses (Buchst. j).

B. Allgemeine Kollisionsnormen

544   Die Rom IV-VO hat seit dem **17.8.**2015 sowohl für das Erbstatut als
auch für die allgemeine internationale Entscheidungszuständigkeit der
Gerichte einen Wechsel vom Staatsangehörigkeits- zum **Aufenthaltsprinzip** als grundlegender EU-Systemwechsel vollzogen. Damit besteht ein grundsätzlicher „Gleichlauf von jus und forum" (*Kunz*, GPR
2012, 208). Die Gerichte wenden dabei grundsätzlich ihr Heimatrecht
an (vgl. Art. 4 Rom IV-VO, wonach für Entscheidungen in Erbsachen
für den gesamten Nachlass die Gerichte des Mitgliedstaats zuständig
sind, in dessen Hoheitsgebiet der Erblasser im Zeitpunkt seines Todes
seinen „gewöhnlichen Aufenthalt" hatte). Die Rechtsnachfolge von
Todes wegen unterlag hingegen bis zum Inkrafttreten der Rom IV-VO
dem Erbstatut nach Art. 25 Abs. 1 EGBGB alt (**objektive Anknüpfung** und **Gesamtverweisung** i.S. von Art. 4 Abs. 1 S. 1 EGBGB –
Erbstatut als Gesamtstatut) mit der Folge, dass das Recht des Staates
zur Anwendung gelangte, dem der Erblasser im Zeitpunkt seines Todes
angehörte (**Staatsangehörigkeit** – Heimatrecht des Erblassers).

I. Die allgemeine Kollisionsnorm des Art. 21 Rom IV-VO

545   Nach der **allgemeinen Kollisionsnorm** des **Art. 21 Abs. 1 Rom
IV-VO** unterliegt – sofern in der Rom IV-VO nichts anderes vorgesehen ist – die **gesamte** Rechtsnachfolge von Todes wegen (vgl. Art. 3
Abs. 1 Buchst. a Rom IV-VO) (sog. **Grundsatz der Nachlasseinheit,**
womit die Möglichkeit einer Nachlassspaltung – vgl. Art. 3a Abs. 2
EGBGB – regelmäßig nicht mehr in Betracht kommt) jetzt dem Recht
des Staates, in dem der Erblasser im Zeitpunkt seines Todes seinen
gewöhnlichen Aufenthalt hatte (kritisch dazu *Rauscher*, IPR,
Rn. 1055, der Manipulationen gegen das Pflichtteils- bzw. Noterbrecht
befürchtet)..

546   Die Rom IV-VO definiert den auslegungsbedürftigen Rechtsbegriff
des „**gewöhnlichen Aufenthalts**" nicht näher. Unter Zugrundelegung

von Erwägungsgrund 23 der Rom IV-VO soll bei der Bestimmung des „gewöhnlichen Aufenthalts" die mit der Erbsache befasste Behörde aber eine Gesamtbeurteilung der Lebensumstände des Erblassers in den Jahren vor seinem Tod und im Zeitpunkt seines Todes vornehmen und dabei alle relevanten Tatsachen berücksichtigen, insbesondere die Dauer und die Regelmäßigkeit des Aufenthalts des Erblassers in dem betreffenden Staat sowie die damit zusammenhängenden Umstände und Gründe.

In einigen Fällen kann es sich als komplex erweisen, den Ort zu be- **547** stimmen, an dem der Erblasser seinen „gewöhnlichen Aufenthalt" hatte. Dies kann insbesondere dann der Fall sein, wenn sich der Erblasser aus beruflichen oder wirtschaftlichen Gründen (unter Umständen auch für längere Zeit) in einen anderen Staat begeben hat, um dort zu arbeiten, aber eine enge und feste Bindung zu seinem Herkunftsstaat aufrechterhalten hat. In diesem Fall könne (entsprechend den jeweiligen Umständen) nach Ansicht des Verordnungsgebers (vgl. Erwägunggrund 24) davon ausgegangen werden, dass der Erblasser seinen gewöhnlichen Aufenthalt weiterhin in seinem Herkunftsstaat hat, in dem sich in familiärer und sozialer Hinsicht sein Lebensmittelpunkt befand. Weitere komplexe Fälle können sich ergeben, wenn der Erblasser abwechselnd in mehreren Staaten gelebt hat oder auch von Staat zu Staat gereist ist, ohne sich in einem Staat für längere Zeit niederzulassen. War der Erblasser ein Staatsangehöriger eines dieser Staaten oder hatte er alle seine wesentlichen Vermögensgegenstände in einem dieser Staaten, so könnte seine Staatsangehörigkeit oder der Ort, an dem diese Vermögensgegenstände sich befinden, ein besonderer Faktor bei der Gesamtbeurteilung aller tatsächlichen Umstände sein.

In Bezug auf die Bestimmung des auf die Rechtsnachfolge von To- **548** des wegen anzuwendenden Rechts kann die mit der Erbsache befasste Behörde in **Ausnahmefällen** – in denen der Erblasser bspw. erst kurz vor seinem Tod in den Staat seines gewöhnlichen Aufenthalts umgezogen ist und sich aus der Gesamtheit der Umstände ergibt, dass er eine offensichtlich engere Verbindung zu einem anderen Staat hatte – zu dem Schluss gelangen, dass die Rechtsnachfolge von Todes wegen nicht dem Recht des „gewöhnlichen Aufenthalts" des Erblassers unterliegt, sondern dem Recht des Staates, zu dem der Erblasser **offensichtlich eine engere Verbindung** hatte. Die offensichtlich engste Verbindung sollte jedoch nicht als subsidiärer Anknüpfungspunkt gebraucht werden, wenn sich die Feststellung des gewöhnlichen Aufenthaltsorts des Erblassers im Zeitpunkt seines Todes als schwierig erweist (so Erwägungsgrund 25 der Rom IV-VO).

549   Ergibt sich ausnahmsweise aus der „Gesamtheit der Umstände",
dass der Erblasser im Zeitpunkt seines Todes eine **offensichtlich
engere Verbindung** zu einem anderen als dem Staat hatte, dessen
Recht nach Art. 21 Abs. 1 Rom IV-VO anzuwenden wäre, so ist deshalb auf die Rechtsfolge von Todes wegen das Recht dieses anderen
Staates anzuwenden (so **Art. 21 Abs. 2 Rom IV-VO**).

II. Verfügungen von Todes wegen
(mit Ausnahme des Erbvertrags)

550   Die Zulässigkeit und die materielle Wirksamkeit einer **Verfügung
von Todes wegen** mit Ausnahme eines **Erbvertrags** unterliegen nach
Art. 24 Abs. 1 Rom IV-VO dem Recht, das nach der Verordnung auf
die Rechtsnachfolge von Todes wegen anzuwenden wäre, wenn die
Person, die die Verfügung errichtet hat, zu diesem Zeitpunkt verstorben wäre. „**Verfügung von Todes wegen**" ist nach der Begriffsbestimmung des Art. 3 Abs. 1 Buchst. d Rom IV-VO ein Testament, ein
gemeinschaftliches Testament oder ein Erbvertrag (vgl. zum „**gemein-
schaftlichen Testament**" auch Art. 3 Abs. 1 Buchst. c Rom IV-VO,
ein von zwei oder mehr Personen in einer einzigen Urkunde errichtetes
Testament). Art. 24 Abs. 1 Rom IV-VO gilt in entsprechender Anwendung gemäß Art. 24 Abs. 3 S. 1 Rom IV-VO gleichermaßen auch für
die **Änderung** oder den **Widerruf einer Verfügung von Todes wegen** mit Ausnahme eines Erbvertrags.

III. Erbverträge

551   Die Zulässigkeit, die materielle Wirksamkeit und die Bindungswirkungen eines **Erbvertrags, der den Nachlass einer einzigen Person
betrifft,** einschließlich der Voraussetzungen für seine Auflösung,
unterliegen nach Art. 25 Abs. 1 Rom IV-VO dem Recht, das nach der
Verordnung auf die Rechtsnachfolge von Todes wegen anzuwenden
wäre, wenn diese Person zu dem Zeitpunkt verstorben wäre, in dem
der Erbvertrag geschlossen wurde. „**Erbvertrag**" ist nach der Begriffsbestimmung des Art. 3 Abs. 1 Buchst. b Rom IV-VO eine Vereinbarung, einschließlich einer Vereinbarung aufgrund gegenseitiger
Testamente, die mit oder ohne Gegenleistung Rechte am künftigen
Nachlass oder künftigen Nachlässen einer oder mehrerer an dieser
Vereinbarung beteiligter Personen begründet, ändert oder entzieht.

Ein **Erbvertrag, der den Nachlass mehrerer Personen betrifft**,
ist gemäß Art. 25 Abs. 2 Unterabs. 1 Rom IV- VO nur zulässig, wenn

er nach jedem der Rechte zulässig ist, die nach der Verordnung auf die Rechtsnachfolge der einzelnen beteiligten Personen anzuwenden wären, wenn sie zu dem Zeitpunkt verstorben wären, in dem der Erbvertrag geschlossen wurde. Die materielle Wirksamkeit und die Bindungswirkungen eines Erbvertrags, der dergestalt zulässig ist, einschließlich der Voraussetzungen für seine Auflösung, unterliegen demjenigen der genannten Rechte, zu dem er die engste Verbindung hat (Art. 25 Abs. 2 Unterabs. 2 Rom IV-VO).

IV. Reichweite der materiellen Wirksamkeit

Zur **materiellen Wirksamkeit** i.S. der Art. 24 (vorstehende **552** Rn. 550) und Art. 25 Rom IV-VO (Rn. 551) gehören nach Art. 26 Rom IV-VO
– die Testierfähigkeit der Person, die die Verfügung von Todes wegen errichtet (Buchst. a),
– die besonderen Gründe, aufgrund deren die Person, die die Verfügung errichtet, nicht zugunsten bestimmter Personen verfügen darf oder aufgrund deren eine Person kein Nachlassvermögen vom Erblasser erhalten darf (Buchst. b),
– die Zulässigkeit der Stellvertretung bei der Errichtung einer Verfügung von Todes wegen (Buchst. c),
– die Auslegung der Verfügung (Buchst. d) bzw.
– Täuschung, Nötigung, Irrtum und alle sonstigen Fragen in Bezug auf Willensmängel oder Testierwillen der Person, die die Verfügung errichtet (Buchst. e).
Hat eine Person nach dem nach Art. 24 oder Art. 25 Rom IV-VO anzuwendenden Recht die Testierfähigkeit erlangt, so beeinträchtigt ein späterer Wechsel des anzuwendenden Rechts gemäß 26 Abs. 2 Rom IV-VO nicht ihre Fähigkeit zur Änderung oder zum Widerruf der Verfügung.

C. Rechtswahl

Im Hinblick auf die **Rechtswahl**, die **ausdrücklich** in einer Erklä- **553** rung in Form einer Verfügung von Todes wegen erfolgen oder sich aus den Bestimmungen einer solchen Verfügung ergeben muss (Art. 22 Abs. 2 Rom IV-VO, womit eine **isolierte Rechtswahl ausgeschlossen** wird), bestimmt Art. 22 Abs. 1 S. 1 Rom IV-VO, dass eine Person für die Rechtsnachfolge von Todes wegen (vgl. zum Begriff Art. 3 Abs. 1 Buchst. a Rom IV-VO) das Recht des Staates wählen kann, dem sie im

Zeitpunkt der Rechtswahl oder im Zeitpunkt ihres Todes angehört (**Heimatrecht**).

Dadurch wird die **Parteiautonomie** im Vergleich zu Art. 25 Abs. 2 EGBGB alt gestärkt, da der Erblasser nunmehr sein Heimatrecht für seinen gesamten Nachlass zum Erbstatut bestimmen kann. .

554   **Mehrstaater** können nach Art. 22 Abs. 1 S. 2 Rom IV-VO das Recht eines der Staaten wählen, denen sie im Zeitpunkt der Rechtswahl oder im Zeitpunkt ihres Todes angehören.

555   Die materielle Wirksamkeit der Rechtshandlung, durch die die Rechtswahl vorgenommen wird, unterliegt gemäß Art. 22 Abs. 3 Rom IV-VO dem gewählten Recht.

556   Die **Änderung oder der Widerruf der Rechtswahl** muss den Formvorschriften für die Änderung oder den Widerruf einer Verfügung von Todes wegen entsprechen (so Art. 22 Abs. 4 Rom IV-VO).

557   Ungeachtet Art. 24 Abs. 1 Rom IV-VO kann eine Person für die Zulässigkeit und die materielle Wirksamkeit ihrer **Verfügung von Todes wegen** (vorstehende Rn. 550) nach Art. 24 Abs. 2 Rom IV-VO auch das Recht wählen, das sie nach Art. 22 Rom IV-VO unter den darin genannten Bedingungen hätte wählen können – mithin das Recht des Staates, dem sie im Zeitpunkt der Rechtswahl oder im Zeitpunkt des Todes angehörte (als Mehrstaater auch das Recht einer der Staatsangehörigkeiten). Bei einer Rechtswahl nach Art. 24 Abs. 2 Rom IV-VO unterliegt die Änderung oder der Widerruf dem gewählten Recht (so Art. 24 Abs. 3 S. 2 Rom IV-VO).

558   Ungeachtet Art. 25 Abs. 1 und 2 Rom IV-VO (vorstehende Rn. 551) können die Parteien für die Zulässigkeit, die materielle Wirksamkeit und die Bindungswirkungen ihres **Erbvertrags**, einschließlich der Voraussetzungen für seine Auflösung, nach Art. 25 Abs. 3 Rom IV-VO auch das Recht wählen, das die Person oder eine der Personen, deren Nachlass betroffen ist, nach Art. 22 Rom IV-VO unter den darin genannten Bedingungen hätte wählen können – mithin das Recht des Staates, dem sie im Zeitpunkt der Rechtswahl oder im Zeitpunkt des Todes angehörte (als Mehrstaater auch das Recht einer der Staatsangehörigkeiten).

D. Formgültigkeit einer schriftlichen Verfügung von Todes wegen und einer Annahme oder Ausschlagungserklärung

Eine schriftliche Verfügung von Todes wegen ist nach Art. 27 **559** Abs. 1 S. 1 Rom IV-VO hinsichtlich ihrer **Form** wirksam, wenn diese dem Recht des Staates entspricht,

— in dem die Verfügung errichtet oder der Erbvertrag geschlossen wurde (Buchst. a),

— dem der Erblasser oder mindestens eine der Personen, deren Rechtsnachfolge von Todes wegen durch einen Erbvertrag betroffen ist, entweder im Zeitpunkt der Errichtung der Verfügung bzw. des Abschlusses des Erbvertrags oder im Zeitpunkt des Todes angehörte (Buchst. b),

— in dem der Erblasser oder mindestens eine der Personen, deren Rechtsnachfolge von Todes wegen durch einen Erbvertrag betroffen ist, entweder im Zeitpunkt der Errichtung der Verfügung oder des Abschlusses des Erbvertrags oder im Zeitpunkt des Todes den Wohnsitz hatte (Buchst. c),

— in dem der Erblasser oder mindestens eine der Personen, deren Rechtsnachfolge von Todes wegen durch einen Erbvertrag betroffen ist, entweder im Zeitpunkt der Errichtung der Verfügung oder des Abschlusses des Erbvertrags oder gewöhnlichen Aufenthalt hatte (Buchst. d), oder

— in dem sich unbewegliches Vermögen befindet, soweit es sich um dieses handelt (Buchst. e).

Ob der Erblasser oder eine der Personen, deren Rechtsnachfolge von Todes wegen durch einen Erbvertrag betroffen ist, in einem bestimmten Staat ihren **Wohnsitz** hatte, regelt nach Art. 27 Abs. 1 S. 2 Rom IV-VO das in diesem Staat geltende Recht. Art. 27 Abs. 1 Rom IV-VO ist nach Art. 27 Abs. 2 Rom IV-VO auch auf Verfügungen von Todes wegen anzuwenden, durch die eine frühere Verfügung geändert oder widerrufen wird. Die Änderung oder der Widerruf ist hinsichtlich ihrer Form auch dann gültig, wenn sie den Formerfordernissen einer der Rechtsordnungen entsprechen, nach denen die geänderte oder widerrufene Verfügung von Todes wegen nach Art. 27 Abs. 1 Rom IV-VO gültig war. Für die Zwecke des Art. 27 Rom IV-VO werden nach dessen Abs. 3 Rechtsvorschriften, welche die für Verfügungen von Todes wegen zugelassenen Formen mit Beziehung auf das Alter, die Staatsangehörigkeit oder andere persönliche Eigenschaften des Erblassers oder der Personen, deren Rechtsnachfolge von Todes wegen durch einen Erbvertrag betroffen ist, beschränken, als zur Form gehörend angesehen. Das Gleiche gilt für Eigenschaften, welche die für die

Gültigkeit einer Verfügung von Todes wegen erforderlichen Zeugen besitzen müssen.

Art. 27 Rom IV-VO entspricht weitestgehend dem **Haager Testamentsformübereinkommen** (nachstehende Rn. 560 ff.) – allerdings ohne die Öffnungsklausel in Art. 3 des Übereinkommens (von der Deutschland in Art. 26 Abs. 1 S. 1 EGBGB Gebrauch gemacht hat).

Eine Erklärung über die Annahme oder die Ausschlagung der Erbschaft, eines Vermächtnisses oder eines Pflichtteils oder eine Erklärung zur Begrenzung der Haftung des Erklärenden (**Formgültigkeit einer Annahme- oder Ausschlagungserklärung**) ist nach Art. 28 Rom IV-VO hinsichtlich ihrer Form wirksam, wenn diese den Formerfordernissen entspricht
– des nach den Art. 21 oder 22 Rom IV-VO auf die Rechtsnachfolge von Todes wegen anzuwendenden Rechts (Buchst. a) oder
– des Rechts des Staates, in dem der Erklärende seinen gewöhnlichen Aufenthalt hat (Buchst. b).

E. Haager Testamentsformübereinkommen

560   Art. 27 Rom IV-VO (vorstehende Rn. 559) und das Haager Übereinkommen vom 5.10.1961 über das auf die Form letztwilliger Verfügungen anzuwendende Recht (**Haager Testamentsformübereinkommen**) unterscheiden sich in Bezug auf ihren **sachlichen Anwendungsbereich.** Das Haager Testamentsformübereinkommen findet auf gemeinschaftliche Testamente (Art. 4) und mündliche Testamente Anwendung, hingegen nicht auf Erbverträge, wohingegen Art. 27 Rom IV-VO auch Erbverträge erfasst (hingegen keine mündlichen Verfügungen von Todes wegen, vgl. Art. 2 Abs. 2 Buchst. f Rom IV-VO). Für die 14 Mitgliedstaaten des Haager Testamentsformübereinkommens geht nach Art. 75 Abs. 1 Rom IV-VO das Übereinkommen der Regelung des Art. 27 Rom IV-VO vor (vorstehende Rn. 535).

Nach Art. 26 Abs. 1 EGBGB ist in Ausführung des Art. 3 des Haager Testamentsformübereinkommens (nachstehende Rn. 562) eine letztwillige Verfügung – auch wenn sie von mehreren Personen in derselben Urkunde errichtet oder durch sie eine frühere letztwillige Verfügung widerrufen wird – hinsichtlich ihrer Form gültig, wenn sie den Formerfordernissen des Rechts entspricht, das auf die Rechtsnachfolge von Todes wegen anzuwenden ist oder im Zeitpunkt der Verfügung anzuwenden wäre. Die weiteren Vorschriften des Haager Übereinkommens bleiben unberührt.

Das Haager Testamentsformübereinkommen ist nach seinem Art. 6 als *loi uniforme* unmittelbar anwendbares Recht.

Für die Form anderer Verfügungen von Todes wegen ist gemäß **561** Art. 26 Abs. 2 EGBGB die Regelung des Art. 27 Rom IV-VO maßgeblich.

Beachte: Nach Art. 3 des Haager Testamentsformübereinkommens **562** kann – wodurch die Wirksamkeit diverser Formen begünstig werden soll (**Formwahl**) – **alternativ** zur Formwahrung angeknüpft werden am Recht

– des **Erfüllungsortes** (Buchst. a),
– eines **Heimatrechts** im Zeitpunkt der Errichtung des Testaments oder des Todes (Buchst. b – **beachte aber:** Es kommt hier nach Art. 5 Abs. 1 EGBGB weder auf die Effektivität noch auf den Vorrang der Staatsangehörigkeit an, so *Rauscher*, IPR, Rn. 1077),
– des Ortes, an dem der Erblasser bei Errichtung des Testaments oder bei seinem Tod seinen **Wohnsitz** hatte (Buchst. c – der Wohnsitz wird nach Art. 1 Abs. 3 Testamentsformübereinkommen nach dem Recht des Staates bestimmt, in dem der Wohnsitz vorgeblich besteht),
– des **gewöhnlichen Aufenthalts** des Testators (Buchst. d) bzw.
– dem Recht des **Belegenheitsorts** für Immobilien (Buchst. e).

Für den Bereich des Haager Testamentsformübereinkommens werden nach dessen Art. 5 die Vorschriften, welche die für letztwillige Verfügungen zugelassenen Formen mit Beziehung auf das Alter, die Staatsangehörigkeit oder andere persönliche Eigenschaften des Erblassers beschränken, als zur Form gehörend angesehen. Das gleiche gilt für Eigenschaften, welche die für die Gültigkeit einer letztwilligen Verfügung erforderlichen Zeugen besitzen müssen.

Das Haager Testamentsformübereinkommen ist nach seinem Art. 4 auch auf die Form letztwilliger Verfügungen anzuwenden, die zwei oder mehrere Personen in derselben Urkunde errichtet haben (mithin für **gemeinschaftliche Testamente**).

Art. 1 des Haager Testamentsformübereinkommens ist nach seinem Art. 2 (**Widerruf letztwilliger Verfügungen**) auch auf letztwillige Verfügungen anzuwenden, durch die eine frühere letztwillige Verfügung widerrufen wird. Der Widerruf ist hinsichtlich seiner Form auch dann gültig, wenn dieser einer der Rechtsordnungen entspricht, nach denen die widerrufene letztwillige Verfügung gemäß Art. 1 des Haager Testamentsformübereinkommen gültig gewesen ist.

F. Erbrechtliche Folgen der eingetragenen Lebenspartnerschaft

563 Auf die erbrechtlichen Folgen der **Lebenspartnerschaft** war nach Art. 17b Abs. 1 S. 2 EGBGB alt das nach den allgemeinen Vorschriften maßgebende Recht anzuwenden. Die Regelung des autonomen deutschen IPR wurde 2015 mit Inkrafttreten der Rom IV-VO gestrichen. Seitdem beurteilen sich die erbrechtlichen Folgen der Begründung oder Auflösung einer eingetragenen Lebenspartnerschaft nach dem **allgemeinen Erbstatut** der Art. 21 und 22 Rom IV-VO. Sofern das dergestalt ermittelte Erbstatut einem der eingetragenen Lebenspartner ein Erbrecht vorenthält, ist der Fall nach der ordre-public-Klausel des Art. 35 Rom IV-VO (vorstehende Rn. 542) zu lösen.

Kapitel 6. Internationales Arbeitsrecht

Art. 8 Rom I-VO regelt das **Arbeitsvertragsstatut** im Hinblick auf **564** Individualarbeitsverträge (dazu vorstehende Rn. 249 ff.): Individualarbeitsverträge unterliegen demnach gemäß Art. 8 Abs. 1 Rom I-VO dem von den Parteien nach Art. 3 Rom I-VO gewählten Recht (**Grundsatz der freien Rechtswahl**). Die Rechtswahl der Parteien darf jedoch nicht dazu führen, dass dem Arbeitnehmer der Schutz entzogen wird, der ihm durch Bestimmungen gewährt wird, von denen nach dem Recht, das nach Art. 8 Abs. 2, Abs. 3 und Abs. 4 Rom I-VO mangels einer Rechtswahl anzuwenden wäre, nicht durch Vereinbarung abgewichen werden darf.

Beachte: Die **EG-Entsenderichtlinie** 96/71/EG vom 16.12.1996 (in Deutschland mit dem Arbeitnehmerentsendegesetz 1998 umgesetzt) überlagert Art. 8 Rom I-VO dahingehend, dass in Deutschland bestimmte Arbeitnehmerschutzvorschriften auf alle Arbeitsverhältnisse zwischen einem ausländischen Arbeitgeber und seinen in Deutschland beschäftigten Arbeitnehmern zwingend anwendbar sind (vgl. § 7 Abs. 1 AEntG als Sonderanknüpfung von **Eingriffsnormen** nach Art. 9 Abs. 2 Rom I-VO, vorstehende Rn. 202 ff.).

Soweit das auf den Arbeitsvertrag anzuwendende Recht nicht durch **565** Rechtswahl bestimmt ist, unterliegt der Arbeitsvertrag nach Art. 8 Abs. 2 S. 1 Rom I-VO dem Recht des Staates, **in dem** (1. Alt., **Recht des normativen Arbeitsortes**) oder andernfalls **von dem aus** (2. Alt., **Ort der Einsatzbasis**) der Arbeitnehmer in Erfüllung des Vertrags gewöhnlich seine Arbeit verrichtet. Der Staat, in dem die Arbeit gewöhnlich verrichtet wird, wechselt gemäß Art. 8 Abs. 2 S. 2 Rom I-VO nicht, wenn der Arbeitnehmer seine Arbeit vorübergehend in einem anderen Staat verrichtet. Die vorübergehende – d.h. nicht endgültige – **Entsendung** eines Arbeitnehmers in einen anderen Staat lässt die Anwendung des Rechts des gewöhnlichen Arbeitsorts damit fortbestehen. Hingegen kommt es bei einer dauerhaften **Versetzung** an einen Arbeitsort in einem anderen Staat zu einem Statutenwechsel.

Kann das anzuwendende Recht nicht nach Art. 8 Abs. 2 Rom I-VO **566** bestimmt werden, so unterliegt der Vertrag dem Recht des Staates, in dem sich die Niederlassung befindet, die den Arbeitnehmer eingestellt hat (so Art. 8 Abs. 3 Rom I-VO, **Anwendbarkeit des Rechts der Niederlassung**). Dasselbe gilt für Beschäftigungsverhältnisse auf hoher See.

567   Ergibt sich aus der Gesamtheit der Umstände, dass der Vertrag eine „engere Verbindung" zu einem anderen als dem in Art. 8 Abs. 2 oder 3 Rom I-VO bezeichneten Staat aufweist (z.B. Wohnsitz des Arbeitnehmers, Sitz des Arbeitgebers oder Ort der Steuer- oder Sozialversicherungspflicht), ist nach Art. 8 Abs. 4 Rom I-VO das Recht dieses anderen Staates anzuwenden (**Ausweichklausel**).

568   **Beachte:** Die **Arbeitnehmerhaftung** – einschließlich einer ggf. bestehenden deliktischen Haftung – wird akzessorisch angeknüpft (**akzessorische Anknüpfung der Arbeitnehmerhaftung**) und damit mittelbar dem Arbeitsvertragsstatut unterstellt (*Rauscher*, IPR, Rn. 1236 – arg.: Art. 41 Abs. 2 Nr. 1 EGBGB; Art. 4 Abs. 3 Rom II-VO).

Beachte zudem: Art. 8 Abs. 1 Rom I-VO erfasst **nicht das kollektive Arbeitsrecht** (arg. Wortlaut „Individualarbeitsverträge"). Damit kann das **Tarifvertragsstatut** entweder frei gewählt werden. Oder es wird an das Recht der „engsten Verbindung" (Art. 4 Abs. 4 Rom I-VO, vorstehende Rn. 567) angeknüpft (*Rauscher*, IPR, Rn. 1238: wobei die Einwirkung eines Tarifvertrags auf einen Individualarbeitsvertrag allerdings wieder durch das Arbeitsvertragsstatut sowie die Tarifnorm selbst bestimmt wird).

Im Internationalen **Betriebsverfassungsrecht** gilt hingegen das **Territorialitätsprinzip**.

Kapitel 7. Internationales Gesellschaftsrecht

Literatur: (allgemein) *v. Hoffmann/Thorn*, IPR, § 7 Rn. 1 ff.; *Kropholler*, IPR, § 55; *Rauscher*, IPR, Rn. 6626 ff.; *Siehr*, IPR, § 41.

(speziell) *Grohmann/Gruschinske*, Beschränkungen des Wegzugs von Gesellschaften innerhalb der EU – die Rechtssache Cartesio, EuZW 2008, 463; v. *Halen*, Das internationale Gesellschaftsrecht nach dem Überseering-Urteil des EuGH, WM 2003, 571; *Hellgardt/Illmer*, Wiederauferstehung der Sitztheorie?, NZG 2009, 94; *Kieninger*, Sitztheorie bei Sitzverlegung schweizerischer AG – Trabrennbahn, NJW 2009, 292; *Kindler*, Internationales Gesellschaftsrecht 2009: MoMiG, Trabrennbahn, Cartesio und die Folgen, IPRax 2009, 189; *Lieder/Kliebisch*, Nichts Neues im Internationalen Gesellschaftsrecht: Anwendbarkeit der Sitztheorie auf Gesellschaften aus Drittstaaten?, BB 2009, 338; *Ring*, Gesetzesvorschlag zum Internationalen Gesellschaftsrecht, IWB 2008, 821; *Zimmer/Naendrup*, Das Cartesio-Urteil des EuGH: Rück- oder Fortschritt für das internationale Gesellschaftsrecht?, NJW 2009, 545.

Im deutschen Kollisionsrecht existieren bislang im Hinblick auf Ge- **569** sellschaften, Vereine und juristische Personen keine geschriebenen Regelungen (dazu näher *Ring*, § 4a GmbHG Rn. 3). Das Vertrags-, Delikts- und Erbkollisionsrecht nimmt das internationale Gesellschaftsrecht jedoch aus seinem Anwendungsbereich heraus (vgl. Art. 1 Abs. 2 Buchst. f Rom I-VO, Art. 1 Abs. 2 Buchst. d Rom II-VO bzw. Art. 1 Abs. 2 Buchst. h und i Rom IV-VO).

Judikatur und Literatur haben über lange Zeit hinweg vorwiegend **570** die sog. **Sitztheorie** vertreten (so ausdrücklich BGH EuZW 2000, 412). Auch EuGHE 1988, 5505 (Daily Mail) schien die Sitztheorie noch zu billigen. Danach ist auf Gesellschaften das an ihrem **tatsächlichen Sitz** (mithin dem Sitz ihrer Hauptverwaltung, **Verwaltungssitz**) geltende Recht anzuwenden. Ein Sitzwechsel bedeutet nach der Sitztheorie einen Statutenwechsel, womit sich die ursprünglich erlangte Rechtsfähigkeit durch einen Wegzug nicht zwingend fortsetzt.

Der EuGH hat jedoch eine uneingeschränkte Anwendung des Rechts **571** am tatsächlichen Verwaltungssitz einer Gesellschaft in einer Reihe von Entscheidungen (bspw. EuGH NJW 2002, 3614 – Überseering [dazu im Nachgang BGHZ 154, 185]; EuGH NJW 2003, 3331 – Inspire Art) als Verstoß gegen die Niederlassungsfreiheit aus Art. 49 und 54 AEUV qualifiziert. Die genannten Verfahren betrafen Gesellschaften, die nach dem Recht eines EU-Mitgliedstaates wirksam gegründet waren, ihre Aktivitäten jedoch ausschließlich in einem anderen EU-Mitgliedstaat ausübten bzw. ausüben wollten. Aus der Niederlassungsfreiheit leitet der EuGH (und ihm folgend der BGH) ab, dass eine nach dem Recht eines Mitgliedstaates wirksam gegründete und fortexistierende Gesellschaft auch im Staat ihres tatsächlichen Sitzes als rechts- und parteifähig anzusehen ist. Dies gilt gleichermaßen für die Gründung einer Zweigniederlassung, selbst wenn die Gesellschaft ihre Geschäftstätigkeit nur im Inland ausübt.

572   Die so definierte **Gründungstheorie** unterstellt die Gesellschaft der Rechtsordnung, nach der sie gegründet wurde.

573   Dies hat zur Folge, dass die Niederlassung einer Gesellschaft im Staat ihres tatsächlichen Sitzes nicht von bestimmten weiteren Voraussetzungen abhängig gemacht werden darf – vor allem nicht im Hinblick auf dort geltende nationale Vorschriften über eine Mindestkapitalausstattung oder eine Haftung der Geschäftsführer. Andernfalls bejaht der EuGH einen Verstoß gegen die Niederlassungsfreiheit nach Art. 49, 54 AEUV (ex Art. 43 und 48 EGV). Nur in Ausnahmefällen soll von diesem Grundsatz abgewichen werden können, nämlich dann, wenn im konkret in Rede stehenden Einzelfall ein betrügerisches oder missbräuchliches Verhalten der Gesellschaft gegeben ist.

574   Die zitierte EuGH-Judikatur legt den Schluss nahe, dass auf Gesellschaften, Vereine und juristische Personen, die in einem EU-Mitgliedstaat wirksam gegründet worden sind, das **Gründungsrecht** anzuwenden ist (so auch BGH NJW 2005, 1648, näher *Ring*, § 4a GmbHG Rn. 3). Problematisch ist jedoch, dass Umfang, Ausgestaltung und Grenzen der Gründungstheorie im Einzelnen noch ungeklärt sind.

575   **Beachte aber:** Nach der **Cartesio-Entscheidung** des EuGH vom 16.12.2008 (Rs. C-210/06 = NJW 2009, 569) kann ein Mitgliedstaat die Verlegung des Sitzes einer nach seinem Recht gegründeten Gesellschaft in einen anderen Mitgliedstaat der EU (**Wegzug**) verhindern. Dagegen ermöglicht die Niederlassungsfreiheit einer Gesellschaft die Verlegung in einen anderen Mitgliedstaat, indem sie sich in eine Gesellschaftsform des Rechts dieses Staates umwandelt, ohne dass sie im Zuge der Umwandlung im Gründungsstaat aufgelöst und abgewickelt werden muss, wenn das Recht des Aufnahmemitgliedstaats dies gestattet. Ein EU-Mitgliedstaat kann in Ermangelung einer einheitlichen gemeinschaftsrechtlichen Regelung sowohl die Anknüpfung bestimmen, die eine Gesellschaft aufweisen muss, um als nach seinem innerstaatlichen Recht gegründet angesehen zu werden, um damit in den Genuss der Niederlassungsfreiheit zu gelangen, als auch die Anknüpfung, die für den Erhalt dieser Eigenschaft verlangt wird. Die entsprechende Befugnis umfasst die Möglichkeit für diesen Mitgliedstaat, es einer Gesellschaft seines nationalen Rechts nicht zu gestatten, diese Eigenschaft zu behalten, wenn sie sich durch die Verlegung ihres

Sitzes in einen anderen Mitgliedstaat dort neu organisieren möchte und damit die Anknüpfung löst, die das nationale Recht des Gründungsmitgliedstaats vorsieht. Die Niederlassungsfreiheit hindere beim gegenwärtigen Stand des Gemeinschaftsrechts – so der EuGH – daher einen Mitgliedstaat nicht daran, es einer nach seinem Recht gegründeten Gesellschaft zu verwehren, ihren Sitz unter Beibehaltung ihrer Eigenschaft als Gesellschaft des Rechts dieses Staates in einen anderen Mitgliedstaat zu verlegen. Die Konstellation einer solchen Sitzverlegung sei jedoch von dem Fall zu unterscheiden, dass eine Gesellschaft aus einem Mitgliedstaat in einen anderen Mitgliedstaat unter Änderung des anwendbaren nationalen Rechts verlegt und dabei in eine dem nationalen Recht des zweiten Mitgliedstaats unterliegende Gesellschaftsform umgewandelt wird. Denn die Niederlassungsfreiheit ermögliche es einer Gesellschaft, sich auf diese Art umzuwandeln (**Recht auf Umwandlung**), ohne dass sie im ersten Mitgliedstaat aufgelöst und abgewickelt werden muss, wenn das Recht des Aufnahmemitgliedstaats eine solche Umwandlung erlaubt, es sei denn, zwingende Gründe des Allgemeininteresses rechtfertigten eine Beschränkung dieser Freiheit (so *Ring*, § 4a GmbHG Rn. 4).

Im Anschluss an die EuGH-Entscheidungen hat der BGH (NJW   **576** 2011, 3372, 3373) die Sitztheorie nicht in Gänze aufgegeben. In Deutschland kann auf eine Gesellschaftsgründung nach deutschem Recht weiterhin die Sitztheorie zur Anwendung gelangen – ebenso kann die Sitztheorie Anwendung finden auf Nicht-EU- bzw. Nicht-EWR-angehörige Gesellschaften (mit Ausnahme der USA, nachstehende Rn. 577).

Im **Verhältnis Deutschlands zu den USA** gilt Art. XXV Abs. 5 des   **577** Freundschafts-, Handels- und Schifffahrtsvertrages vom 14.7.1956 (BGBl II S. 488), der die gegenseitige Anerkennung im jeweils anderen Staat gegründeter Gesellschaften vorschreibt.

Beachte: Das deutsche autonome Recht erkennt – sofern es nicht   **578** ausnahmsweise zu einer Anwendung des *ordre public*-Vorbehalts nach Art. 6 EGBGB kommt – ausländische juristische Personen im Rahmen ihrer rechtsgeschäftlichen Betätigung in Deutschland ohne konstitutiven Anerkennungsakt an, wenn die Erfordernisse an den Erwerb ihrer Rechtsfähigkeit nach Maßgabe ihres Gesellschaftsstatuts erfüllt sind (**Prinzip automatischer Anerkennung**, dazu *Rauscher*, IPR, Rn. 656).

Beachte zudem: Der Referentenentwurf eines Gesetzes zum Inter-   **579** nationalen Privatrecht der Gesellschaften, Vereine und juristischen Personen vom 7.1.2008 (fortan: RefE, der allerdings nicht mehr weiter verfolgt wird, ebenso wenig wie eine geplante Sitzverlegungsrichtlinie der Europäischen Kommission) sollte das EGBGB um Vorschriften zum **Recht für grenzüberschreitend tätige Gesellschaften, Vereine und juristische Personen** ergänzen und dabei die grundsätzliche Anwendung des **Gründungsrechts** im deutschen Recht verankern (*Ring*, § 4a GmbHG Rn. 2 und 4). Nach Art. 10 Abs. 1 RefE sollten Gesellschaften, Vereine und juristische Personen des Privatrechts dem Recht des Staates unterliegen, in dem sie in ein öffentliches Register eingetragen sind. Sind sie nicht oder noch nicht in ein öffentliches Register eingetragen, sollten sie dem Recht des Staates unterliegen, nach dem sie organisiert sind. Das nach Art. 10 Abs. 1 RefE anzuwendende Recht sollte gemäß Art. 10 Abs. 2 RefE insbesondere maßgebend sein für die Rechtsnatur und die Rechts- und Handlungsfähigkeit, die Gründung und die Auflösung, den Namen und die Firma, die Organisations- sowie die Finanzverfassung, die Vertretungsmacht der Organe, den Erwerb und den Verlust der Mitgliedschaft und die mit diesen verbundenen Rechte und Pflichten, die Haftung der Gesellschaft, des Vereins oder der juristischen Person sowie die Haftung ihrer Mitglieder und Organmitglieder für Verbindlichkeiten der Gesellschaft, des Vereins oder der juristischen Person sowie für die Haftung wegen der Verletzung gesellschaftsrechtlicher Pflichten. Art. 10a RefE sollte die Umwandlung, Art. 10b RefE den Wechsel des anwendbaren Rechts regeln.

580　　Der Entwurf trug damit den Vorgaben des EuGH Rechnung und sollte dadurch Unternehmen bei der Gestaltung ihrer gesellschaftsrechtlichen Strukturen eine größere internationale Flexibilität und Mobilität ermöglichen (RefE, S. 5). Zugleich sollten Umfang und Grenzen der Geltung des Gründungsrechts für den Rechtsverkehr sicher bestimmt werden (RefE S. 6). Der Entwurf beruhte wesentlich auf Vorarbeiten der Spezialkommission „Internationales Gesellschaftsrecht" des Deutschen Rates für Internationales Privatrecht (dazu *Sonnenberger* (Hrsg.), Vorschläge und Berichte zur Reform des Europäischen und Deutschen Internationalen Gesellschaftsrechts, 2007), die vom BMJ eingesetzt worden war, um Regelungen zum Internationalen Privatrecht der Gesellschaften und juristischen Personen auszuarbeiten (so *Ring*, § 4a GmbHG Rn. 2 unter Bezugnahme auf RefE, S. 6).

581　　**Fälle:** In der **Centros-Entscheidung** des EuGH (NJW 1999, 2027) hat das Gericht ausgeführt, dass ein EU-Mitgliedstaat, der die **Eintragung der Zweigniederlassung** einer Gesellschaft verweigert, die in einem anderen Mitgliedstaat, in dem sie ihren Sitz hat, rechtmäßig errichtet worden ist, aber keine Geschäftstätigkeit entfaltet, gegen die Art. 52 und 58 ex-EGV verstößt, wenn die Zweigniederlassung es der Gesellschaft ermöglichen soll, ihre gesamte Geschäftstätigkeit in dem Staat auszuüben, in dem diese Zweigniederlassung errichtet wird, ohne dort eine Gesellschaft zu errichten und damit das dortige Recht über die Errichtung von Gesellschaften zu umgehen, das höhere Anforderungen an die Einzahlung des Mindestgesellschaftskapitals stellt.

Das Recht, eine Gesellschaft nach dem Recht eines Mitgliedstaats zu errichten und in anderen Mitgliedstaaten Zweigniederlassungen zu gründen, folge nämlich im Binnenmarkt unmittelbar aus der vom Vertrag gewährleisteten Niederlassungsfreiheit, so dass es für sich allein keine missbräuchliche Ausnutzung des Niederlassungsrechts darstellen könne, wenn ein Staatsangehöriger eines Mitgliedstaats, der eine Gesellschaft gründen möchte, diese in dem Mitgliedstaat errichtet, dessen gesellschaftsrechtliche Vorschriften ihm die größte Freiheit lassen, und in anderen Mitgliedstaaten Zweigniederlassungen gründet. Diese Auslegung schließe es jedoch nicht aus, dass die Behörden des betreffenden Mitgliedstaats alle geeigneten Maßnahmen treffen können, um Betrügereien zu verhindern oder zu verfolgen. Das gelte – ggf. im Zusammenwirken mit dem Mitgliedstaat, in dem die Gesellschaft errichtet wurde – sowohl gegenüber der Gesellschaft selbst als auch gegenüber den Gesellschaftern, wenn diese sich mittels der Errichtung der Gesellschaft ihren Verpflichtungen gegenüber inländischen privaten oder öffentlichen Gläubigern entziehen möchten.

In der **Überseering-Entscheidung** hat der EuGH (NJW 2002, 3614) entschieden, dass es gegen die Art. 43 und 48 ex-EGV (Art. 49, 54 AEUV) verstößt, wenn einer Gesellschaft, die nach dem Recht des Mitgliedstaats, in dessen Hoheitsgebiet sie ihren satzungsmäßigen Sitz hat, gegründet worden ist und von der nach dem Recht eines anderen Mitgliedstaats angenommen wird, dass sie ihren tatsächlichen Verwaltungssitz dorthin verlegt hat (**Verlegung des tatsächlichen Verwaltungssitzes**), in diesem Mitgliedstaat die Rechtsfähigkeit und damit die Parteifähigkeit von seinen nationalen Gerichten für das Geltendmachen von Ansprüchen aus einem Vertrag mit einer in diesem Mitgliedstaat ansässigen Gesellschaft abgesprochen wird.

582

Mache eine Gesellschaft, die nach dem Recht des Mitgliedstaats gegründet worden ist, in dessen Hoheitsgebiet sie ihren satzungsmäßigen Sitz hat, in einem anderen Mitgliedstaat von ihrer Niederlassungsfreiheit Gebrauch, so sei dieser andere Mitgliedstaat nach den Art. 43 und 48 ex-EGV verpflichtet, die Rechtsfähigkeit und damit die Parteifähigkeit zu achten, die diese Gesellschaft nach dem Recht ihres Gründungsstaats besitzt.

583   In der Entscheidung **Inspire Art** hat der EuGH (NJW 2003, 3331) entschieden, dass wenn eine Bestimmung des Gemeinschaftsrechts für den Fall ihrer Verletzung keine eigene Sanktionsbestimmung enthält oder insoweit auf die nationalen Rechts- und Verwaltungsvorschriften verweist, die Mitgliedstaaten nach Art. 10 ex-EGV verpflichtet sind, alle geeigneten Maßnahmen zu treffen, um die volle Wirksamkeit des Gemeinschaftsrechts zu gewährleisten.

Dabei müssten die Mitgliedstaaten, denen allerdings die Wahl der Sanktion verbleibt, namentlich darauf achten, dass Verstöße gegen das Gemeinschaftsrecht nach ähnlichen sachlichen und verfahrensrechtlichen Regeln geahndet werden wie nach Art und Schwere gleiche Verstöße gegen nationales Recht, wobei die Sanktionen jedenfalls wirksam, verhältnismäßig und abschreckend sein müssten.

Art. 2 der Elften Richtlinie 89/666 über die Offenlegung von Zweigniederlassungen, die in einem Mitgliedstaat von Gesellschaften bestimmter Rechtsformen errichtet wurden, die dem Recht eines anderen Staates unterliegen, enthalte eine Auflistung der Angaben, die in dem Mitgliedstaat, in dem die Zweigniederlassung ansässig ist, offen zu legen sind, sowie eine Aufzählung fakultativer Offenlegungsmaßnahmen. Er stehe einer Regelung eines Mitgliedstaats entgegen, die Zweigniederlassungen einer nach dem Recht eines anderen Mitgliedstaats gegründeten Gesellschaft Offenlegungspflichten aufzuerlegen (**Auferlegung von Offenlegungspflichten für Zweigniederlassungen**), die nicht in dieser Richtlinie vorgesehen sind, wie z.B. die Angabe im Handelsregister, dass es sich um eine formal ausländische Gesellschaft handelt, die Angabe des Datums der ersten Eintragung im ausländischen Handelsregister und der Informationen über den Alleingesellschafter im Handelsregister des Aufnahmestaats, die zwingende Hinterlegung einer Erklärung von Wirtschaftsprüfern, dass die Gesellschaft die Voraussetzungen bezüglich des gezeichneten und eingezahlten Mindestkapitals und des Eigenkapitals erfüllt, oder die Angabe der Eigenschaft „formal ausländische Gesellschaft" auf allen von dieser herrührenden Schriftstücken. Unbeschadet der für Zweigniederlassungen bestehenden sozialrechtlichen, steuerrechtlichen und statistischen Informationspflichten sei nämlich die durch die Elfte Richtlinie herbeigeführte Harmonisierung der Offenlegung solcher Niederlassungen abschließend.

Die Art. 43 EG und 48 ex-EGV stehen einer Regelung eines Mitgliedstaats entgegen, die die Ausübung der Freiheit zur Errichtung einer Zweitniederlassung in diesem Staat durch eine nach dem Recht eines anderen Mitgliedstaats gegründete Gesellschaft von bestimmten Voraussetzungen abhängig macht, die im innerstaatlichen Recht für die Gründung von Gesellschaften bezüglich des Mindestkapitals und der Haftung der Geschäftsführer vorgesehen sind. Die Gründe, aus denen die Gesellschaft in dem anderen Mitgliedstaat errichtet wurde, sowie der Umstand, dass sie ihre Tätigkeit ausschließlich oder nahezu ausschließlich im Mitgliedstaat der Niederlassung ausübt, nähmen ihr nicht das Recht, sich auf die durch den Vertrag garantierte Niederlassungsfreiheit zu berufen, es sei denn, im konkreten Fall würde ein Missbrauch nachgewiesen.

Ein Mitgliedstaat sei berechtigt, Maßnahmen zu treffen, die verhindern sollen, dass sich einige seiner Staatsangehörigen unter Ausnutzung der durch den Vertrag geschaffenen Möglichkeiten in missbräuchlicher Weise der Anwendung des nationalen Rechts entziehen. Die missbräuchliche oder betrügerische Berufung auf Gemeinschaftsrecht sei nicht gestattet.

Es sei jedoch gerade Ziel der Vertragsvorschriften über die Niederlassungsfreiheit, es den nach dem Recht eines Mitgliedstaats errichteten Gesellschaften, die ihren satzungsmäßigen Sitz, ihre Hauptverwaltung oder ihre Hauptniederlassung innerhalb der Gemeinschaft haben, zu erlauben, mittels einer Agentur, Zweigniederlassung oder Tochtergesellschaft in anderen Mitgliedstaaten tätig zu werden.

Wenn also ein Staatsangehöriger eines Mitgliedstaats, der eine Gesellschaft gründen möchte, diese in dem Mitgliedstaat errichtet, dessen gesellschaftsrechtliche Vorschriften ihm die größte Freiheit lassen, und anschließend in anderen Mitgliedstaaten Zweigniederlassungen gründet, so übe er damit die durch den Vertrag garantierte Niederlassungsfreiheit im Binnenmarkt aus.

Darüber hinaus belege der Umstand, dass eine Gesellschaft in dem Mitgliedstaat, in dem sie ihren Sitz hat, keine Tätigkeit entfaltet und ihre Tätigkeit ausschließlich oder hauptsächlich im Mitgliedstaat ihrer Zweigniederlassung ausübt, noch kein missbräuchliches und betrügerisches Verhalten, das es dem letzteren Mitgliedstaat erlauben würde, auf die betreffende Gesellschaft die Gemeinschaftsvorschriften über das Niederlassungsrecht nicht anzuwenden.

584 In der **VALE-Entscheidung** hat der EuGH (NJW 2012, 2715) schließlich zur **Frage eines Rechtsformwechsels im Zusammenhang mit einem Wegzug** Stellung genommen: Die Art. 49 und 54 AEUV seien dahin auszulegen, dass sie einer nationalen Regelung entgegenstehen, die zwar für inländische Gesellschaften die Möglichkeit einer Umwandlung vorsieht, aber die Umwandlung einer dem Recht eines anderen Mitgliedstaats unterliegenden Gesellschaft in eine inländische Gesellschaft mittels Gründung der letztgenannten Gesellschaft generell nicht zulässt.

Art. 49 und 54 AEUV seien im Kontext einer **grenzüberschreitenden Umwandlung** einer Gesellschaft im Übrigen auch so auszulegen, dass der Aufnahmemitgliedstaat befugt ist, das für einen solchen Vorgang maßgebende innerstaatliche Recht festzulegen und somit die Bestimmungen seines nationalen Rechts über innerstaatliche Umwandlungen anzuwenden, die – wie die Anforderungen an die Erstellung einer Bilanz und eines Vermögensverzeichnisses – die Gründung und die Funktionsweise einer Gesellschaft regeln. Der Äquivalenzgrundsatz und der Effektivitätsgrundsatz verwehren es jedoch dem Aufnahmemitgliedstaat,

– bei grenzüberschreitenden Umwandlungen die Eintragung der die Umwandlung beantragenden Gesellschaft als „Rechtsvorgängerin" zu verweigern, wenn eine solche Eintragung der Vorgängergesellschaft im Handelsregister bei innerstaatlichen Umwandlungen vorgesehen ist, und

– sich zu weigern, den von den Behörden des Herkunftsmitgliedstaats ausgestellten Dokumenten im Verfahren zur Eintragung der Gesellschaft gebührend Rechnung zu tragen.

Hinweis: Die Entscheidungen **Cartesio** (vorstehende Rn. 575) und **VALE** unterscheiden sich dadurch, dass im Fall VALE die wegziehende Gesellschaft ihre Rechtspersönlichkeit wechseln wollte (Wechsel von einer italienischen Kapitalgesellschaft in eine Gesellschaft nach ungarischem Recht).

Stichwortverzeichnis

Die Zahlen beziehen sich auf Randziffern.